MEER
K A U K A
Samsun
GEBIRGE
Erzurum
Elâziğ
IRAN
ANTI-TAURUS
Tigris
Bagdadbahn
Euphrat
IRAK
SYRIEN
Bagdad

Roeder-Gnadeberg · Aysche

Käthe v. Roeder-Gnadeberg

AYSCHE

EIN FISCHERMÄDCHEN VOM BOSPORUS

Die Geschichte eines türkischen Mädchens
aus den Jahren der Revolution und Reformen
Mustafa Kemal Atatürks 1918–1932

Loewe

Die Deutsche Bibliothek – CIP-Einheitsaufnahme

Roeder-Gnadeberg, Käthe von:
Aysche, ein Fischermädchen vom Bosporus; Die Geschichte eines türkischen Mädchens aus den Jahren der Revolution und Reformen Mustafa Kemal Atatürks 1918–1932/Käthe v. Roeder-Gnadeberg.
Bindlach: Loewe
(LeseRiese)
ISBN 3-7855-2548-6

ISBN 3-7855-2548-6

bereits erschienen unter dem Titel „Aysche“
im K. Thienemanns Verlag, Stuttgart, 1960
Umschlag: Ulrike Heyne und Claudia Böhmer
Satz: Context, Bayreuth

Personen:

Aysche	ein Fischerkind aus Istanbul
Saffet	ihre Freundin, Tochter des Pascha
Hilal	Saffets Bruder
Murat	Saffets Bruder
Saibe Hanim	Saffets Großmutter
Süleyman Pascha	Saffets Vater
Ismet	der alte Diener und Gärtner im Yali des Pascha
Fräulein Berg	Erzieherin im Yali
Nedret	Ayisches Mutter
Husseim	Ayisches Onkel
Sevim	Ayisches Tante
Nedschla	
Leila	} Aysches Cousinen
Nihal	
Fatma	Krankenpflegerin in Ankara
Sahir	Jüngling aus dem Dorf
Achmet	Messingverkäufer vom Bazar in Ankara
Mechmet	Mützenverkäufer vom Bazar in Ankara
Ali	Aysches Mann
Ibrahim	der blinde Märchenerzähler
Mukbil	Aysches Sohn
Turgut	Saffets Mann
Nasli	Saffets Tochter

So berichtet der Märchenerzähler:

Allahu ekber –
Allah ist groß! – Allah ist allmächtig!
Er schwebte über den Wassern der Urzeit –
Er schwebte mit einem Wesen, das Er erschaffen hatte –
Er schwebte – zeitlos –
Da merkte Allah, daß das Wesen an Seiner Seite ermüdete.
Er gab ihm Gestalt und befahl:
„Tauch in die Tiefe der Wasser, und hol mir zwei Hände voll Erde, damit ich dir ein Land baue, auf dem du ruhen kannst!"
Und der Mensch tauchte in die Wasser.
Zwei Hände voll Erde holte er aus der Tiefe und wollte hinauf zu Ihm.
Da versuchte ihn Scheitan aus dem Dunkel und rief:
„Warum, o Mensch, nimmst du nicht auch dir ein wenig von dieser Erde?"
„Wozu?" fragte der Mensch und fühlte ein Unbehagen.
„Du wirst sie brauchen können!" die Stimme.
„Allah gab mir zwei Hände. Zwei Hände voll Erde soll ich Ihm bringen!" wehrte der Mensch.
„Allah gab dir auch einen Mund!" der Versucher.
„Einen Mund?"
„Füll ihn mit Erde, und die Welt wird dir gehören!"
Der Mensch tauchte abermals in die Tiefe und füllte sich den Mund mit Erde. Dann schnellte er hoch. Hinter ihm lachte Scheitan.
Allah nahm die Erde aus den Händen des Menschen und streute sie über das Wasser. Sie war weich und glatt, herrlich zum Ruhen.
Doch als Er den Menschen ansah, rief Er voll Trauer: „Du hast dem Dunklen nicht widerstanden! O Mensch, fühlst du

nicht, wie die Erde in deinem Munde wächst? Schwarze Erde wird zu Wüstensand! Kiesel wachsen zu Felsen! Wassertropfen zu Meeren! – Spuck aus, was du im Munde trägst, eh' es dich zersprengt!"
Und der Mensch spuckte Sand, Felsen und Wasser auf die weiche, schwarze Erde, so daß sie verunstaltet zu seinen Füßen lag.
„Du hast sie dir gebaut", sprach Allah, „nun bleib auf ihr, mit Kindern und Kindeskindern!"
Und Allah warf den Menschen zur Erde.
Als Er ihn aber dastehen sah, winzig zwischen ragenden Felsen und reißenden Wassern, milderte Er in seiner großen Güte mit Schöpferhand das Land zu Seinen Füßen. Er ordnete die Wasser zu Flüssen und ließ Meere das Land umspülen.
In den Osten warf Er die Berge, die in ewigem Schnee durch Jahrtausende hoch in den Himmel ragen.
Im Norden des Landes ließ Er große, dunkle Wälder erstehen, im Süden Palmen, duftende Rosen und goldene Früchte.
Im Westen ließ Er türkisfarbene Wasser das Land teilen und bedeckte die sanften Hügel seiner Ufer mit blühenden Sträuchern.
Er füllte die Wasser mit Fischen und die Luft mit Vögeln.
Er setzte vielfaches Getier in die Welt.
Die Felsen der Wüste aber schob Er zu toter Landschaft in die Mitte des Landes. Da ragen sie noch heute im schroffen Felsenmeer von Kappadozien, in den schwarzen und roten Steinwüsten Anatoliens in die Luft, und die Menschen auf den endlos weiten bräunlichgelben Sandflächen und Lehmbergen sind arm, aber „Allah ist ihnen nah, wie die Schlagader ihrer Herzen" (Koran).
So wurde die Türkei, und so ist sie noch heute.
Gelobt sei Allah, denn was Er tut, ist gut!

SAFFET UND AYSCHE, DIE FREUNDINNEN

Im Jahre 1918
1334 nach der alttürkischen Zeitrechnung

„Allahu ekber, Allahu ekber! – Gott ist barmherzig, wie ist Gott barmherzig!“

Ein Mädchen von etwa sechzehn Jahren kniete am Ufer des Bosporus und blickte fast ungläubig auf den kleinen Gegenstand in ihren gleich einer Flußmuschel geöffneten Händen.

Die großen Augen über den breitknochigen Wangen und der kurzen, kräftigen Nase nahmen einen zärtlichen Ausdruck an. Vergessen schienen die handgedruckten Tücher, die Aysche in das Salzwasser des Bosporus hatte tauchen müssen, damit ihre Farbe kräftiger würde, und die nun zum Trocknen auf dem grünen Rasen lagen. Keinen Blick hatte das Mädchen mehr für die vorüberziehenden Kaiks voll fröhlicher Reisender, für die schwerbeladenen Schlepper und größeren Dampfer, denen sie sonst so gern nachsah.

„Allahu ekber!“

Aysche kniete da und träumte mit offenen Augen. Das weiße Kopftuch, an den Schläfen geknickt und unter dem Kinn zum Knoten geschlungen, wie es die türkischen Mädchen aus dem Volk tragen, hatte sich im Winde gelöst und gab über der gebräunten Stirn eine haselnußfarbene Haarsträhne frei.

„Allahu ekber!“

Da, ein kleiner, leichter Schritt, daneben ein großer, ruhiger.

Aysche hatte diese Schritte mehr gefühlt als gehört.

Erschrocken blickte sie auf. Schnell klappten die Hände in ihrem Schoß zusammen und verschwanden unter der kurzen, buntgestickten Weste, die lose über der weißen Bluse hing.

„Hier, hier muß es gewesen sein, weiter bin ich nicht gekommen!" hörte Aysche eine helle Stimme rufen, die so ganz zu dem leichten Schritt paßte. Die Stimme zitterte, und nun sah Aysche durch den Schleier Tränen in den großen, dunklen Augen des zierlichen Kindes, das so klein und schmal wirkte wie eine Elfjährige und das doch älter sein mußte, denn es trug schon den Tscharschaff. Vielleicht ließ dieses schwarze Gewand, das die jungen Mädchen und Frauen über ihre Kleider streiften, wenn sie ihre Frauengemächer verließen, das Mädchen noch feiner erscheinen, als es ohnehin schon war, denn der Rock reichte ihr bis zu den Füßen, und der Schleier, den Aysches Mutter wohl als schamlos dünn bezeichnet hätte, ließ erkennen, daß das Gesichtchen dahinter schmal und weiß war.

Die Kleine mußte aus sehr reichem Hause stammen, denn das Gewand war aus feinstem Gewebe, und der Tscharschaff hatte einen schmalen Silberrand.

Suchend blickte das Mädchen zu Boden und entfernte sich jetzt langsam dem Wasser zu.

Die Frau, wohl Dienerin im Hause dieses Kindes, kam ans Ufer zur knienden Aysche. Sie blieb stehen und grüßte. Das Mädchen, die grauen Augen ängstlich auf die Alte gerichtet, erhob sich.

Ohne die Arme zu bewegen, ohne die Hände voneinander zu lösen, stand Aysche jetzt auf ihren festen, braunen Füßen. Der Wind spielte mit ihrer weiten Pluderhose aus buntem, leicht verblichenem Kattun und den weißen Ärmeln ihrer Bluse. Aysche war nicht sehr groß, doch auch nicht klein, aufrecht und kraftvoll. Einen Augenblick schloß sie die Augen. Sie wollte die strenge Frau nicht sehen.

„Gott segne deinen Tag", beantwortete sie leise den Gruß.

„Hast du hier keinen Schmuck gefunden?" forschte die Alte, das Mädchen scharf beobachtend. „Die kleine Hanim dort hat ihn verloren, ein kostbares Familienstück, hast du es nicht gesehen?"

Aysche blickte auf. Sie sah in zwei harte Augen, umgeben von strengen Falten. Alles Blut wich ihr aus den Wangen. Fest preßte sie die Lippen aufeinander, und ihr Gesicht nahm einen abweisenden Ausdruck an.

Viele der Kinder, mit denen sie täglich zusammen war, hätten jetzt „jok" gesagt, „nein", und zur Bekräftigung dieser Verneinung die Augen zum Himmel aufgeschlagen. Aysche kannte sie nur zu genau, diese Kinder, die auf Schritt und Tritt logen; vielleicht hätten sie an ihrer Stelle sogar geschworen, daß sie den Schmuck nicht hätten.

Warum auch nicht?

Dann gehörte der Schmuck ihr.

Schon hob Aysche die Augen zum Himmel und hatte das erlösende „jok" auf den Lippen.

Da fiel ihr die Mutter ein, die ihr erst neulich gesagt hatte, daß eine der wichtigsten Suren des Korans die von der Aufrichtigkeit und Ehrlichkeit sei. Und sie hatte sie auswendig lernen müssen.

„Gott sagt zu Mohammed: Ich gebe dir Befehl, daß du aufrichtig seist in allen deinen Worten und allen deinen

Taten. Suche kein Zwischending, auch wenn Aufrichtigkeit der Unaufrichtigkeit so nahe liegt wie Licht dem Schatten!“

Und wieder blickte Aysche in das strenge Gesicht der Frau. Sie wollte etwas sagen, doch kein Ton kam über ihre Lippen. „Siehst du“, hörte sie die Stimme der Mutter, „Allah hat dieses Gebot seinem liebsten Menschen gegeben, so wichtig erachtete er die Aufrichtigkeit.“

Aysche seufzte leise und zog langsam die Hände unter der Weste hervor, sie hielt sie der Alten hin und öffnete sie behutsam: Ein Goldschmuck lag darin. Blüten waren es und zarte Blätter. Ranken und winzige Emaillesterne.

„Du hast ihn!“ rief die Alte laut und triumphierend. „Wallahi! Es ist bei Allah wahr! Saffet Hanim, freuen Sie sich, der Schmuck ist gefunden!“

Wie ein Kind sprang die kleine Herrin herbei, ihren Tscharschaff leicht gerafft. Mißbilligend blickte die Dienerin auf das unwürdige Verhalten der jungen Dame. Saffet aber achtete nicht darauf. „Yah?“ klang es jubelnd, ganz außer Atem stand sie vor Aysche. „Es ist wahr, du hast ihn!“ Und beide Hände streckte sie nach dem Schmuck aus.

Aysche blickte in die lachenden Augen, in denen noch Tränen hingen, und wunderte sich, wie nah Allah Freud neben Leid in die Welt gestellt hatte. Eben noch hatte dieses Mädchen geweint, jetzt lachte es. Und sie selbst? Eben noch war sie von Herzen froh gewesen, jetzt hätte sie weinen können.

Wieder sah sie auf das kleine goldene Wunder in ihrer Hand, sah alte, schwielige Finger danach greifen, dann stand sie da mit leeren Händen, arm wie zuvor.

Wie Laute, die nichts bedeuten, hörte sie die schrille harte Stimme „teschekür ederim“ sagen, „danke“, und dahinter die kleine Stimme „tschok teschekürler!“ zwitschern.

Dann gingen sie wieder – zwei schwarze Gestalten, die ihr die Freude genommen hatten. Immer weiter entfernte sich der große, ruhige Schritt der Alten neben dem kleinen, leichten des Mädchens.

Und Aysche stand da, und alles war wie zuvor, als sie den Schmuck noch nicht gefunden hatte: der Weidenkorb am Ufer, die bedruckten Tücher auf dem Rasen, die Kaiks auf dem Wasser, die Schlepper und die Dampfer, die dem Goldenen Horn zustrebten.

Aysche trat ans Wasser.

Der Bosporus, türkisfarben, schlug in großen Wogen an den Strand. An seinen Ufern standen zierliche Yalis, umgeben von alten Gärten; neben ärmlich verfallenden Häusern lagen Paläste, dunkle Zypressen ragten in den blauen Frühlingsabend, leuchtende Moscheen wechselten mit kleinen Cafés, Rosengärten hingen an den Hügeln; in den Mauern, die zum Wasser fielen, würden bald rote Geranien vor Fenstern mit Holzgittern blühen.

Alles wie vorher, und doch anders als vorher, denn dazwischen lag eine Stunde des Reichseins. Eine Stunde, in der sie Kurusch und Liras eingetauscht hatte gegen diesen bezaubernden Schmuck. Kurusch, für die sie der Mutter Brot kaufen könnte und Oliven, wenn der Onkel, bei dem sie seit dem Tode des Vaters wohnten, einen schlechten Fischfang gehabt hätte oder krank wäre. Nie mehr hätte es Hunger gegeben und Not und nie die Sorge, ob Stavro, der griechische Händler, wohl käme und was er dem Onkel für die Tücher dort gäbe und ob er sie überhaupt nähme.

Eine Stunde des Glücks war es gewesen, eine Stunde, in der Allah lächelte und barmherzig war.

Aysche fuhr sich mit der Hand über die Stirn, schob die Haarsträhne unter das Tuch und band die Enden fester. Mit heftigem Ruck wandte sie sich den Tüchern zu, packte den Korb und trug ihn mitten auf den Platz. Dann bückte sie sich und faltete sorgfältig ein Tuch nach dem andern.

„‚Saffet' also heißt das feine Mädchen, dem der Schmuck gehört", dachte Aysche dabei, „Saffet Hanim – Saffet Herrin", hatte die Dienerin gesagt.

Aysche hatte das Mädchen schon öfter gesehen. Es war die Tochter des Paschas aus dem weißen Yali im herrschaftlichen Garten dort am Bosporus. Diesen Garten einmal zu sehen war Aysches größter Wunsch, ein Wunsch, der wohl nie in Erfüllung gehen würde. Wie sollte ein Fischerkind den Garten eines Paschas besuchen? Früher einmal, es war schon lange her, da hatte der Vater sie mitgenommen, als er Fische ins Yali trug. Da hatte sie wie im Traum ein kleines Mädchen daherspringen sehen, wie eine Prinzessin aus Ibrahims Märchen, zierlich und fein. Dann war der Vater eines Tages vom Fischfang nicht mehr heimgekehrt, und Aysche hatte nie mehr einen Blick in den Traumgarten tun dürfen. Nur die Kronen der alten Bäume haben ab und zu über die graue Mauer genickt. Saffet Hanim hatte sie wohl noch einige Male gesehen, wenn diese spazierenging, begleitet von einem Diener, der Sklavin oder jener seltsamen Europäerin, die so schamlos in aller Öffentlichkeit ihr unverhülltes Gesicht zeigte.

Aber daß diese Tochter des Paschas so schön war, hatte Aysche bis heute nicht gewußt. Noch schöner schien sie als vor sieben Jahren. Zart und weiß hatte ihr Gesicht durch den Schleier geschimmert, und zierlich war ihre Gestalt! Wunderhübsch mußte der Schmuck aussehen an Saffets weißem Arm.

Hunger aber hatte Saffet wohl noch nie gehabt, und Sorgen kannte sie wohl kaum! Woher sollte sie auch ahnen, was es hieß, als arme Verwandte im Hause eines nicht sehr reichen Onkels zu leben – der Sitte folgend, doch keineswegs gern gesehen.

Aysche seufzte leicht und faltete das letzte Tuch zusammen.

Als sie den Korb auf den Kopf hob, um heimzugehen, übergoß die Sonne sie mit ihrem warmen, rotgoldenen Licht.

Aysche erschrak. Als sittsames Mädchen mußte sie im Hause sein, wenn die Sonne zu sinken begann.

Wenn der Onkel sie sähe, oder die Tante!

Und doch blieb sie noch so stehen, den Korb auf dem Kopf, die rechte Hand erhoben, um das Gleichgewicht zu halten. Und als sie nun aufs Wasser hinausblickte, lächelte sie wieder.

Die bunten Fischerkähne, die zu Hunderten aus dem Goldenen Horn auf den Bosporus trieben, denn es war Zeit zum Fischfang, glühten in leuchtenden Farben. Gleich Rubinen, Smaragden und Goldtopasen schwammen sie im flüssigen Silber.

Dämmerlicht wob kaum sichtbare Schleier um das dahinterliegende Istanbul. Märchenhaft lag die Silhouette des Top-Kapu-Serails am südlichen Ufer des Goldenen Horns, gleich erhobenen Fingern wiesen die Minaretts der vielen Moscheen in den goldenen Himmel, und rechts erstreckte sich, wie ein Traum, blütenweiß das zauberhafte Schloß von Dolmabahce.

Aysche war erfüllt von Freude. Schnell wandte sie sich um und ging mit langausholenden Schritten auf das baufällige Holzhaus zu, das ihrem Onkel gehörte.

Die Mutter wartete schon in der Tür.

Zierlich und weiß, wie aus gehäkelter Spitze erbaut, stand das Yali des Süleyman Pascha im blühenden Garten am Bosporus.

Feingeschnitzte Verzierungen an Fenstern, Erkern und Balustraden, weißgestrichene Schmiedeeisenarbeiten und anmutig geschwungene Balkone schmückten das große Haus.

An den weiten Fenstern eines Süderkers saß die Mutter des Paschas und blickte in den Frühsommermorgen. Die Fülle ihres weißen Haares hatte einen hennafarbenen Schimmer. Ein zartgrauer Schleier umgab das schmale, alte Gesicht mit der feingebogenen Nase, dem energischen Kinn und den klugen dunklen Augen.

Ihr Sessel stand so, daß sie durch die drei Fensterwände ihres Erkers den ganzen nach Süden gelegenen Garten, den Garten des Haremlik, sowie einen Teil des Bosporus bis hinüber nach Istanbul übersehen konnte.

Jetzt beugte sich die alte Dame vor, stützte beide Hände auf den festen, aus Zedernholz geschnitzten Stock, den sie seit einem halben Jahr ständig mit sich führte, und sah aufmerksam in den Garten.

Auf dem kiesbestreuten Weg, der zwischen gepflegten Rasenplätzen, Blumenrabatten und Springbrunnen unter rosarot blühenden Judasbäumen und dunklen Zypressen an den Bosporus führte, ging in angeregtem Gespräch ein ungleiches Paar. Die ältere der beiden jungen Mädchen war hochgewachsen und europäisch gekleidet. Ihr türkisfarbenes Sommerkleid wurde von einem Silbergürtel gehalten, die rötlichblonden Haare trug sie zu einer hohen Frisur aufgesteckt. Ihr Gesicht war aufgeschlossen und fröhlich. Jetzt lachte sie unbekümmert und wandte sich mit einer Frage an die kleinere, die, fast noch ein Kind, ganz Orientalin war.

Noch weiter beugte sich die Alte in ihrem Erker vor, um dieses Mädchen besser beobachten zu können. „Maschallah, sie wird hübsch“, sprach sie leise vor sich hin, „hübsch, und, Allah sei Dank, sie ist nicht dumm!“

Nein, dumm sah das Gesichtchen unter dem gelben Schal, der das dunkle Haar bedeckte und weich über die Schultern fiel, wirklich nicht aus. Sehr ernst schien das Mädchen jetzt der Rotblonden zu antworten – und als diese weiterlachte, trat ein herrischer Zug in das schmale Gesicht. Die kleine Person in dem leuchtendgelben, kostbar gestickten Seidengewand reckte sich und blieb gebieterisch stehen.

„Sie ist wie ich“, dachte die Alte am Fenster erfreut, „Saffet gibt einmal die rechte Herrin für dieses Haus, inschallah; wenn es Allah gefällt, mich abzurufen. Nein, von ihrer Mutter hat sie nichts, Allah sei Dank, sie gehört in meine Familie!“ Zufrieden und stolz lächelte die Großmutter. Sie hatte sich mit ihrer schönen, verweichlichten und immer müden Schwiegertochter nie recht verstanden. Sie hatte sie geduldet, weil sie ihrem Sohn drei Kinder geschenkt hatte:

Murat, der jetzt die Pagenschule des Sultans besuchte und die diplomatische Laufbahn einschlagen wollte, Hilal, den fröhlichen Hellen, der auf der Universität gerade jetzt sein Architekturstudium beendete, und Saffet, die Jüngste, die nun schon vierzehnjährige kleine Herrin dort unten, die von Fräulein Berg, der Deutschen, unterrichtet wurde.

In eifrigem Gespräch gelangten Saffet und Fräulein Berg jetzt zur Marmorbank unter der alten Platane. Sie schienen sich wieder einig. Und die Alte in ihrem Erker lehnte sich zufrieden in den Sessel zurück. Sie hatte sich doch etwas Sorgen gemacht, als ihr Sohn vor einem Jahr diese junge Dame ins Haus nahm, um seiner Tochter neben dem vielseitigen Wissen, das höhere Töchter in Europa lernten, auch Sprachen und Klavierunterricht zu vermitteln. „Sie ist sehr jung“, hatte sie ihrem Sohn damals gesagt und leicht den Kopf geschüttelt. Doch dieser hatte ihr die Zeugnisse der jungen Lehrerin gezeigt, die bereits ihren Doktor hatte, und darauf hatte sie nur „So Gott will, wird es gut!“ geantwortet. Und es schien gut zu werden, denn Saffet erzählte begeistert vom Unterricht, hörte staunend den fremdländischen Harmonien zu, wenn Fräulein Berg Klavier spielte, und freute sich über jede Stunde, in der sie sich mit ihr unterhalten durfte.

Jetzt saßen die beiden auf der Marmorbank.

Fräulein Bergs schmale weiße Hände hielten Saffets Unterarm umschlossen, während sie eingehend den seltsam feinen Schmuck betrachtete. „Ein bezauberndes Stück“, sagte sie und untersuchte das Schloß, „doch der Verschluß muß erneuert werden. Es wäre zu schade, Saffet, wenn du diese Kostbarkeit verloren hättest!“

„Ja, das hat auch Großmutter schon gesagt, sie läßt noch heute den Juwelier kommen!“

„Sag mal, Saffet, weißt du eigentlich, wie alt dieser Schmuck ist?“ fragte Fräulein Berg nachdenklich.

„Sehr alt. Die große Sultanin Roxelana, die Ehefrau Süleymans des Prächtigen, hat ihn einer ihrer Lieblingssklavinnen zur Hochzeit geschenkt, als diese mit einem meiner Ahnväter verheiratet wurde. Du kennst doch die türkische Geschichte?“ Fragend sah Saffet die Deutsche an.

Diese nickte. „Ich studiere jetzt die türkische Geschichte neben der türkischen Sprache, das ist außerordentlich interessant. Darum wundere ich mich gar nicht darüber, daß dein vornehmer Ahnherr eine Sklavin heiratete. Bis zu Roxelana waren selbst die Frauen des Sultans noch Sklavinnen – eigenartig, jeder Sultan der Sohn einer Sklavin!“

„Du weißt viel –“, sagte Saffet bewundernd, „Vater sagt, nicht viele Europäer wissen etwas von unserem Lande!“

„Ich war ja gerade auf einer Studienreise durch den Orient, als dieser schreckliche Krieg in Österreich ausbrach. Nun, Saffet, du weißt es ja, ich wollte heim, kam jedoch nur bis Istanbul. Um leben zu können, mußte ich eine Arbeit suchen ...“

„Und Vater holte dich über die deutsche Gesandtschaft zu uns – “

Zärtlich blickte die kleine Orientalin zur großen Deutschen auf. „Ich freue mich, Fräulein Berg, daß du nicht mehr heim konntest!“

„Aber Saffet!“ Fräulein Berg schüttelte den Kopf.

Doch schon hatte die Kleine stürmisch nach ihrer Hand gegriffen und sie an die Wange gedrückt. „Du verstehst doch, liebes Fräulein, ich bin glücklich, daß du da bist. Wenn du wüßtest, wie langweilig es bei uns war, seit ich erwachsen wurde, den Schleier tragen mußte, nicht mehr zum Vater ins Selamlik laufen durfte und im Haremlik nur mit den alten Tanten zusammenkam! Die Besuche bei Großmutter sind schön – aber die Stunde beim Imam, dem Geistlichen, puh – nein – "

„Aber Saffet, die Weisheit eures Korans ist schön und interessant!"

„Ach, die Weisheit des Korans!" Saffets Gesicht wurde ungeduldig. „In welcher Reihenfolge man die Waschungen vor den Gebetsübungen vollzieht, mußte ich lernen, wie man die Gebete spricht, die man nicht begreift, und die dazugehörigen Bewegungen und Kniefälle macht; wie und wann man fastet, mußte ich lernen, und wie man nach Mekka pilgert und was man dort machen muß, ach, und dann die religiöse Trauung – und die Scheidung –!"

Saffet seufzte.

„Nein, das alles war nicht interessant, und dann die täglichen Mahnungen des Imams, ja die Gebote zu halten, die man meist gar nicht halten kann!"

„Nein, Saffet, so darfst du das nicht sehen", unterbrach Fräulein Berg den lebhaften Bericht, „natürlich kannst du die Gebote halten, wenn du innerlich ‚ja' sagst. Wir haben die gleichen Gebote – denn das Alte Testament gehört zu eurem Koran wie zu unserer Bibel –, und außerdem gibt es doch auch eine Vergebung der Sünden?"

„Ja, ja – nach Mekka pilgern! Und für die Männer, im Kriege zu fallen, und für die Frauen, im Kindbett zu sterben oder einen Sohn zur Welt zu bringen – dann sind einem die

Sünden vergeben! Ach“, Saffet war immer lebhafter, immer heftiger geworden, „ich will nicht im Kindbett sterben – ich will – ich will – ach, ich will einfach froh und lustig sein!“

„Saffet“, begann nun Fräulein Berg ein wenig erstaunt, „ich glaube, du siehst diese Dinge sehr äußerlich. Ist deine Großmutter nicht eine sehr fromme Frau? Kann sie dir das alles nicht gut erklären?“

„Großmutter, ja“, Saffets Augen, eben noch zornig, leuchteten warm auf, „Großmutter, ja, wenn die erzählt, dann ist alles anders, Großmutter ist klug und gut! Und Großmutter kann erzählen! Wenn Großmutter von Mohammed erzählt, wird man ganz still, und ich glaube, man wird auch besser – weißt du, nicht mehr so wild! – Oder wenn sie von unseren Sultanen erzählt – herrlich ist das!“

Saffet hatte ihre Mutter kaum gekannt. Sie war noch ganz klein gewesen, als die Mutter starb. Eine Amme hatte sie aufgezogen, ihre ganze Liebe aber gehörte, seit sie laufen konnte, der Großmutter.

Fräulein Berg konnte Saffets Begeisterung für die Großmutter gut verstehen. Auch sie verehrte diese Herrin der alten türkischen Aristokratie aus ehrlichster Überzeugung.

„Als Großmutter mir die Geschichte dieses Schmuckes erzählte“, fuhr Saffet nun lebhaft fort, „und ihn mir übergab, weißt du, das war vor zwei Jahren, damals als ich auch meinen ersten Tscharschaff bekam, da hätte ich immer weiter zuhören mögen, so spannend war das. Übrigens kehrt dieser Schmuck stets zur rechtmäßigen Besitzerin zurück – deshalb geht er nie verloren. Ich mache mir keine Sorgen um den dummen Verschluß!“

„Das ist leichtsinnig, Saffet", wandte Fräulein Berg ein, „das Mädchen hätte ihn ja auch behalten können. Auf dem Istanbuler Bazar kann solch ein Schmuck doch leicht verschwinden."

„Aber das Mädchen hat ihn nicht behalten, es konnte ihn nicht behalten, er gehört mir!"

„Du sprichst wie ein Kind! Das Mädchen hätte ihn stehlen und verkaufen können! Sie ist sicher nicht reich und hätte ihr Leben lang davon leben können, bei der Bescheidenheit der einfachen Leute hier. Hast du ihr denn einen Finderlohn angeboten?"

„Finderlohn?"

„Nun ja, Geld dafür, daß sie ihn gefunden hat?"

„Dafür, daß sie ihn gefunden hat? Du sprichst seltsam. Ist es denn ihr Verdienst, daß sie ihn gefunden hat? Allah hat sie den Weg geführt."

„Nun, dafür, daß sie ihn dir gegeben hat!"

„Das war ihre Pflicht!"

„Du hast recht, Saffet, doch nicht alle denken so. Und vielleicht würde sie sich über ein Geldgeschenk freuen, wie du dich über das wiedergefundene Armband gefreut hast!"

„Das täte sie, sie ist arm!" Einen Augenblick schwieg Saffet, dann sagte sie nachdenklich: „Ich glaube, daß sie dir gefallen würde. Sie ist nie schmutzig und zerlumpt, wie die anderen Kinder dort unten, und hat Augen wie flüssiger Honig. Ich wollte, du könntest sie einmal sehen. Mir gefällt sie!"

In diesem Augenblick kam eine der Dienerinnen durch den Garten, blieb in kleiner Entfernung stehen und meldete, das Frühstück sei angerichtet und auch Pascha Efendi sei bereits im Haremlik, um seine Mutter zu besuchen; er werde das Frühstück heute mit den Damen einnehmen.

„Komm", rief Saffet erfreut, „der Vater ist da!" Viel schneller, als es sich gehörte, war sie aufgesprungen und lief jetzt auf das weiße Yali zu, während Fräulein Berg ihr langsamer folgte.

Im Flur sah Fräulein Berg gerade noch, wie Saffet die hochgeschwungene, breite Treppe hinaufsprang, ohne das feingeschnitzte Geländer zu berühren. Diese Treppe begeisterte Fräulein Berg täglich von neuem. Sie blickte über die herrlichen Ornamente des fliesenbelegten Bodens, an den zartblau getünchten Wänden entlang zum geschnitzten und kunstvoll bemalten Gebälk hoch, das diesen Flur zu einem Lichthof werden ließ, wie man ihn nicht oft sah, und stieg langsam ihrer Schülerin nach zu den oberen Räumen hinauf.

In der kleinen Empfangshalle, vor den Privatgemächern der alten Herrin, war der Frühstückstisch gedeckt. Mehrere schwarzgekleidete Damen, das Haar in Schleier gehüllt, standen wartend im Zimmer umher. Sie rückten hier einiges zurecht, ordneten dort noch etwas und wechselten leise Worte. Es waren unverheiratete und verwitwete Tanten und Großtanten von Saffet. Wie es in den islamischen Ländern üblich ist, gehörten sie zum Haushalt des männlichen Familienoberhauptes und seiner Mutter.

Fräulein Berg grüßte höflich, erhielt jedoch nur kühle Blicke und knappe Gegengrüße. Die Damen der Familie konnten sich noch nicht damit abfinden, daß eine Christin mit solch eigenartiger Lebensauffassung und oft so unverständlichem Benehmen hierher ins Haus geholt worden war, Saffet zu erziehen. Als ob sie, die Tanten, das nicht viel besser gekonnt hätten!

Fräulein Berg aber berührte das nicht mehr. Als sie vor der Tür, die zu den eigensten Gemächern der alten Herrin führte, zwei Paar Schuhe nebeneinanderstehen sah, lächelte sie: Es waren Saffets kleine, goldbestickte und die großen ihres Vaters, denn weder Vater noch Tochter hätten die Gemächer ihrer alten Mutter je ehrfurchtslos mit dem Staub der Straße betreten.

Fräulein Berg mußte an die in Europa verbreitete Meinung denken, daß die islamische Frau dem Mann nur Sklavin sei, und wunderte sich, wie vieles hier doch anders war, als sie es vor ihrer Reise in den Orient vermutet hatte.

Unterdessen war Saffet auf ihren Strümpfen über die dicken Teppiche zur Großmutter geeilt. Erhitzt vom schnellen Laufen beugte sie sich zum Kuß über die alte Hand und führte diese dann ehrfurchtsvoll an die Stirn. „Ich liebe dich mit meiner Seele und verehre dich mit meinem Verstand!"

„Saffet, Kind, dein Haar!" schalt die Großmutter liebevoll, strich ihr die dunklen Locken aus dem Gesicht und zog ihr den Schleier fester. Dann küßte sie das Mädchen auf die Stirn.

Der Vater aber nahm sein Lieblingskind in die Arme und küßte es auf beide Wangen.

„Babadschiim! Väterchen!" Saffet streichelte ihn zärtlich, wie sie es als Kind getan hatte.

„Wie geht es meiner kleinen Zierlichkeit?" fragte der Vater und freute sich über ihr gutes Aussehen.

„Gut, Väterchen, ich danke, und wie geht es dem verehrten Vater?"

„Danke dir, gut, mein Kind, maschallah, wie bist du mit dem Unterricht zufrieden, Liebling?"

„Danke, Vater, Fräulein Berg ist wundervoll, es war ein herrliches Jahr, seit sie gekommen ist – aber –" Da fiel Saffet das letzte Gespräch mit ihrer Lehrerin ein, und erfüllt von dem Gedanken, dem Fischerkind ein Geldgeschenk zu machen, begann sie gleich vom Armband zu sprechen und daß Fräulein Berg gemeint hätte, man könne der Finderin wohl einen Geldschein als Bakschisch bringen zum Dank, daß der Schmuck nicht verloren sei. Wie die verehrte Großmutter und der ehrenwerte Herr Vater wohl darüber dächten?

Die verehrte Großmutter und der ehrenwerte Herr Vater tauschten einen verständnisvollen Blick miteinander, dann zog der Pascha seine Geldbörse und entnahm ihr einen Schein, bei dessen Anblick Saffet in stürmischen Dank ausbrach, denn er übertraf bei weitem das, was Saffet sich für das Fischermädchen gewünscht hatte.

Die Großmutter, die eine sparsame Frau war, blickte etwas erstaunt auf den Schein, dann aber nahm sie ihn, trat an ihren kleinen Schreibtisch, wickelte ihn in Seidenpapier und schob ihn unter eine Schachtel aus Perlmuttintarsien.

„Hier kannst du ihn, so Gott will, holen, bevor du mit einer deiner Tanten oder dem alten Ismet Aga hingehst!"

„O Großmutter, erlaube bitte, daß ich mit Fräulein Berg hingehe!"

Eine Pause entstand, während die Großmutter und der Vater beredte Blicke tauschten. „Es könnte zu Mißverständnissen führen –", begann der Vater zögernd. Doch schon stand die Großmutter auf. Die Rechte auf den Stock gestützt, ging sie mit energischen kleinen Schritten auf ihren Sohn zu, ergriff seinen Arm und blickte auf die erwartungsvoll dastehende Saffet. „Dein Vater hat recht, es könnte zu Mißverständnissen führen“, sagte sie bestimmt, „doch unsere Leute sollen sich ruhig daran gewöhnen, daß es noch andere Menschen außer ihnen auf der Welt gibt, die unsere Achtung und Sympathie besitzen. Deshalb geh mit Fräulein Berg zu dem Fischermädchen, das den Schmuck fand, und bringe ihr dein Geschenk.“

Mit verstecktem Schmunzeln sah sie in das strahlende Gesicht der Enkelin, dann ebenso schmunzelnd in das verdutzte ihres Sohnes. „Und nun wollen wir die Tanten nicht länger warten lassen!“

Am Arm des Pascha Efendi, gefolgt von der Enkelin, betrat die alte Herrin mit hocherhobenem Haupt, ruhig und selbstbewußt nach rechts und links grüßend, den Frühstücksraum und begab sich an das Kopfende der Tafel, wo ihr Platz neben dem des Sohnes gedeckt war.

Leise summte der Samowar, goldgelb leuchtete der Honig auf dem Tisch, das frischgebackene Brot duftete. In großen Schüsseln lagen dunkelblaue Oliven und kandierte Früchte.

Aber Saffet hatte keinen Hunger. Obgleich es Kindern verboten war, bei Tisch unaufgefordert zu sprechen, flüsterte sie Fräulein Berg zu, daß sie nach dem Frühstück gemeinsam ins Fischerhaus dürften, das Geldgeschenk hinzubringen.

Ein strenger Blick der Großmutter rief sie zur Ordnung. Und plötzlich fiel es Saffet auf, daß der Vater, der sich sonst lebhaft und höflich nach dem Befinden seiner Schwestern und Tanten erkundigte, heute sehr schweigsam auf seinen Teller blickte. Sein Gesicht, sonst stets lebhaft, war müde, und der Zug um den weichen, fast fraulichen Mund sorgenvoll. Zum erstenmal sah Saffet, daß sein dunkellockiges Haar an den Schläfen schon weiß wurde, und mit Erstaunen wurde ihr bewußt, daß der Vater kein junger Mann mehr war und daß sie trotz ihrer Liebe zu ihm so gut wie nichts von ihm wußte. Denn die seltenen gemeinsamen Mahlzeiten, seine kurzen Besuche im Haremlik waren die einzigen Gelegenheiten, bei denen sie ihn sah. Etwas wie ein Bedauern wurde wach in Saffet, daß sie kein Junge war und keinen Zutritt mehr hatte zu seiner Welt im Selamlik, wie damals als kleines Kind, als sie unbekümmert um jegliche Verbote durch das Yali sprang und der Vater sie nicht fortwies. Seit sie den Schleier trug und in die Welt der Frauen und erwachsenen Mädchen gehörte, schien der Vater ferner gerückt, und eine große Sehnsucht packte Saffet, zum Vater zu laufen und zärtlich zu ihm zu sein. Plötzlich kam er ihr so einsam vor, und war doch einer der reichsten Männer der Türkei, einer der einflußreichsten Beamten des Sultans in der Hohen Pforte Istanbuls.

Istanbul – Stadt der ungezählten Brunnen. Sind es tausend? Sind es zehntausend?

Wer will sie zählen, diese marmornen Nischenbrunnen mit ihren barocken Ornamenten von Früchten, Blumen und Bäumen, mit ihren goldenen Zeichen auf dunklem Grund, den kunstvoll gemalten Sprüchen und Versen des Korans? Wer will sie zählen, die kleinen Kuppelbrunnen mit ihren herrlichen Fayencen, zauberhaften Mosaiken? Wer will sie zählen, diese Spender köstlichen Nasses?

„Sei gegrüßt wie das Wasser!" grüßt der Türke einen verehrten Gast.

Still sitzt der Bettler an der Mauer einer Moschee und sinnt in das klare Wasser, das aus dem Brunnen rinnt – zeitlos –, durch Tage, durch Nächte, Monate, Jahre!

„Komm, Wanderer, still deinen Durst!
Komm, Gläubiger, vollziehe deine Waschungen!
Komm, Schaffender, kühle dich von der Hitze des Tages!
Steh still, Denkender, und höre die Weisheit meines Raunens!"

So rinnt das Wasser. So rinnt die Zeit. Woher? Wohin? Von Allah – zu Allah –

Aysche ging über den kleinen, staubigen Platz, auf dem nur vereinzelte Grasbüschel wuchsen. Sie trug einen hohen, gebauchten Tonkrug auf der Schulter und trat zu den Frauen und Mädchen, die schwarz verschleiert, zum Teil auch wie sie nur Kopf und Gesicht mit weißem Tuch umwickelt, Tonkrüge im Arm, schwatzend vor dem Nischenbrunnen aus weißem Marmor standen. Aysche grüßte und gesellte sich zu ihnen, die warteten, bis sie an der Reihe waren, den Krug unter den ewigen Strahl des Wassers zu halten.

„Nein, ist das möglich ...?"

„Unglaublich ..."

„Stellen Sie sich vor ..."

„Hätten Sie das je von dem Mädchen geglaubt?"

„Ach, Liebste, maschallah, wie Sie mich verstehn!"

Alles, was die Frauen bewegte, was ihre Kinder an Neuigkeiten vom Imam, was ihre Männer an Mitteilungen aus dem Café brachten, wurde hier eifrig besprochen.

Nur Bruchstücke dieser Unterhaltung drangen in Ayisches Bewußtsein. Sie blickte hinauf zur feingeschwungenen Goldschrift, die den Kopf des Brunnens zierte. Obgleich Aysche nicht lesen konnte, wußte sie, daß es eine Mahnung war, seinen Durst mit dem Namen Gottes auf den Lippen zu stillen. Und sie freute sich an den Bogen, den zarten Ranken und der starken Ausdruckskraft dieser arabischen Schriftzeichen. Und weil sie es als so wundervoll empfand und so geheimnisvoll, haderte sie wieder einmal mit dem Kismet, ihrem Schicksal, das ihr versagt hatte, lesen und schreiben zu lernen, um die Wunderwelt dieser Zeichen zu enträtseln. Denn wenn sie auch ab und zu einmal zur Schule durfte, beim Imam, dem geistlichen Lehrer, lernten sie nur Koransprüche in arabischer Sprache auswendig. Denn der Koran, ihr heiliges Buch, von Allah, dem einzigen Gott, seinem Propheten Mohammed diktiert, war auf arabisch geschrieben, und fast gar nichts konnte ihr die Mutter übersetzen.

Aber Lesen und Schreiben lernten sie nicht.

„Ja, unbegreiflich, Sie haben recht, Liebste", wurde Aysche jetzt durch eine schrille Stimme neben sich aus ihren Gedanken gerissen, „aber ich habe sie, weiß Gott, selbst mit diesen meinen Augen gesehen: Mit nacktem Gesicht und unbedecktem rotem Haar, schamlos, kam sie aus der Gartenpforte des hochverehrten Pascha Efendi und ging die Straße entlang, hinunter zur Anlegestelle des Dampfers."

„Und nicht einmal ehrbar zu Boden geblickt hat sie", fiel ihr eine andere ins Wort, „nein, mit neugierigen Blicken hat sie selbst den Männern in die Augen gesehen!" Mit einer Bewegung, die den ganzen Abscheu vor so viel Verworfenheit ausdrücken sollte, wandte sich die Frau dem Brunnen zu.

Erstaunt und interessiert hörte Aysche jetzt zu.

„Der Briefträger hat meinem Mann erzählt, daß es eine Deutsche sei; sie unterrichtet die Tochter des Pascha Efendi! Er sagte, sie wohne ganz im weißen Yali. Ja, schon ein Jahr."

„Verstehen Sie das?" Eine sehr rundliche Schwarzverschleierte gestikulierte aufgeregt mit den Händen. „Seine Tochter einer Ungläubigen, einer Christin mit völlig verrohten Sitten zu überlassen? Gott behüte, meine Töchter würde ich ihr nie anvertrauen!"

„Töchter? Nicht einmal mein Haus dürfte sie betreten!"

„Aber mein Mann erzählte, daß diese Deutschen jetzt im

Kriege unsere Verbündeten seien. Muß man da nicht Nachsicht haben?" wagte eine ganz Junge einzuwenden, stieß aber nur auf heftigste Ablehnung. Die Frauen waren auf ihre Sittsamkeit und ihren guten Ruf bedacht!

Aysche war an der Reihe, Wasser zu holen. Leicht beugte sie sich über den Rand des Brunnens, füllte den Krug und hob ihn mit kraftvollem Schwung auf die Schulter. Da ging ein Ruck durch die Schar der Frauen. Einen Augenblick verstummten sie völlig, dann jedoch ging das Raunen lebhafter los als zuvor.

„Dort, seht, da kommt sie!" Aufgeregt wies die kleine Dicke nach Norden, wo zwei Mädchen langsam die Straße herunterkamen.

„Hab' ich zuviel gesagt? Unverschleiert, wie eine griechische Dienerin! Und seht nur den dünnen Schleier, den die kleine Hanim Efendi trägt. Ob das schon ihr Einfluß ist?"

Noch aufgeregter begannen die Frauen zu flüstern, während aller Augen auf die Näherkommenden gerichtet waren.

Ayisches Honigaugen leuchteten auf, als sie Saffet, die kleine Herrin von gestern, erkannte. Schnell trat sie aus dem Kreis der Frauen.

Ob Saffet sie erkennen würde?

„Aysche", rief eine der Frauen ihr nach, „ich glaube, sie gehen auf euer Haus zu, was wollen sie bei euch? Gott gebe, daß sie etwas Gutes bringen!"

Aysche hatte keine Zeit zu antworten, nicht einmal umwenden konnte sie sich mehr. Mit ihrem weitausholenden Schritt war sie schnell den jungen Mädchen entgegengeeilt und traf vor ihrer Haustür mit den beiden zusammen. Es schien, als wollten sie hier tatsächlich einen Besuch machen.

„Der Tag soll Ihnen gesegnet sein!" grüßte Aysche, stellte den Tonkrug auf den Boden und verneigte sich.

Saffet und Fräulein Berg dankten, und bescheiden fragte Saffet, ob es erlaubt sei einzutreten.

Ein jähes Rot überflog Aysches Gesicht; es war die Freude über das Unglaubliche – Saffet ihr Gast!

Aysche vergaß den Wasserkrug auf den Stufen, als sie jetzt hastig die Tür zu ihrem Heim aufstieß. Laut quietschte die Tür in den Angeln, und erstaunt sprach Aysche in dieses Quietschen: „Saffet Hanim", sagte sie, „Saffet Hanim, was führt dich in unser ärmliches Haus?"

„Ich wollte das Mädchen sprechen, das meinen Schmuck gefunden hat!"

Wieder errötete Aysche. „Sei geehrt und willkommen wie das Wasser!" antwortete sie respektvoll und führte die beiden durch einen dunklen Gang, knarrende Holzstiegen empor und öffnete die Tür zur Stube. Es war ein kleines, etwas überladenes Zimmer. Ein türkischer Diwan stand an einer Wand, verblichen, mit vielen bunten Kissen darauf. Ein alter Messingtisch füllte die Mitte des Raumes, und in einer Ecke stand das Mangal, ein Kohlenbecken, das an kühlen Tagen, mit glühenden Kohlen gefüllt, Wärme spendete. An der anderen Wand stand ein großer alter Schrank, eine Truhe –

Doch weiter kam Fräulein Berg in ihren Betrachtungen nicht. Aysche bat sie, auf dem Diwan Platz zu nehmen, und da betrat auch schon die Mutter den Raum.

„Hosch geldiniz – fühlen Sie sich wohl bei uns!"

„Hosch bulduk – wir fühlen uns wohl bei euch!" Und nun wußte Saffet, woher das Mädchen vor ihr den aufrechten stolzen Gang und ihre honigfarbenen Augen hatte. Diese hagere Frau, die so anders wirkte als die lebhaften, fettleibigen Türkinnen Istanbuls, begrüßte die beiden Mädchen erstaunt, aber mit der den Türken eigenen herzlichen Gastfreundschaft, und schickte Aysche in die Küche, Kaffee, den Willkommenstrank, zu kochen, ohne den kein Gast fortgelassen wird.

Und dann begann das Fragen und Antworten, eine Form der Teilnahme und Höflichkeit, die jedem Anliegen vorausgeht.

„Wie geht es Ihnen?"

„Danke, mir geht es gut. – Wie geht es Ihnen?"

„Danke, auch mir geht es gut! Doch wie geht es Ihrem verehrten Vater, dem großen Pascha Efendi?"

„Ich danke, auch ihm geht es gut –"

Und so fort, bis man sein Gegenüber lächelnd davon überzeugt hatte, daß kein Grund zu irgendeiner Besorgnis vorläge und man nun ruhig zum eigentlichen Anlaß des Besuches übergehen könne.

Aysche, erhitzt von Freude und Kaffeekochen, erschien mit einem runden Messingtablett. Zwei winzige Tassen standen darauf, aus denen es den Gästen aromatisch entgegenduftete. Aysche reichte Saffet und Fräulein Berg den Kaffee, den sie ganz nach Vorschrift zubereitet hatte, und durfte sich, nachdem sie die Schuhe von den Füßen gestreift hatte, mit untergeschlagenen Beinen neben die Mutter auf einen der Hocker gegenüber dem Diwan setzen.

Fräulein Berg lobte den Kaffee.

Aysches Mutter sah sie an. Der Schein eines Lächelns ging über ihr herbes Gesicht. Sie freute sich, daß sie noch etwas Kaffee besessen hatte, um diese feinen Gäste zu bewirten.

„Gefällt Ihnen unser Land?“ fragte sie und erwartete die Antwort, die Fräulein Berg auch aussprach:

„Wunderschön ist Ihr Land! Herrlich! Der Bosporus, die Schlösser und Moscheen! Ich freue mich, daß ich es kennenlernen darf!“

„Oh“, sagte die Mutter, und wieder ging das seltsame Lächeln über ihr Gesicht, ein Lächeln, das gleich einem verirrten Sonnenstrahl etwas erschrocken in ihren Augen hängenblieb. „Oh, Sie kennen unser Land noch nicht, wenn Sie nur hier in Istanbul leben. Sie müssen nach Anatolien, ins Herz unseres Landes. Hier ist es laut und grell. Das Leben macht es den Menschen so leicht, daß sie über all dem Bunten und Neuen oft Allah vergessen. Sie werden weich und leichtfertig!“

„Sie sind Anatolierin?“ fragte Fräulein Berg interessiert.

Die Frau blickte auf ihre halbgeöffneten Hände im Schoß, als läge in ihnen ihre ganze anatolische Heimat geborgen:

„Ja, ich bin Anatolierin. Und seit Aysches Vater mich aus unserem Dorf geholt hat, sehne ich mich heim. Allah vergib mir, nie war ich hier recht glücklich, und als Aysches Vater, Allah hab ihn selig, beim Fischfang hier am Mädchenturm im Bosporus ums Leben kam, wäre ich am liebsten sofort ins Heimatdorf zurückgekehrt. Aber meine Eltern waren gestorben, und wer hätte mich dort aufgenommen, ohne Geld. Aber einmal, wenn Aysche nach Anatolien heiratet, inschallah – gehe ich heim!"

Aysche schien das Gespräch nicht zu behagen. Ungeduldig bewegte sie die Zehen ihrer Füße, und eine steile Falte erschien zwischen ihren dunklen Brauen.

In diesem Augenblick kam Aysches Tante, klein, rundlich und behend, ins Zimmer. Als Hausfrau begrüßte sie die Gäste, und neugierig, wenn auch etwas scheu, schoben sich ihre drei Töchter zur Tür herein. Und wieder begann die Zeremonie der Begrüßung: „Wie geht es Ihnen?"

„Gott sei gedankt, mir geht es gut. Und wie geht es Ihnen?"

„Ich danke, auch uns geht es gut ...", und so fort, bis man dabei prüfend und forschend den anderen erkannt zu haben glaubte. Saffet begann nun von der Freude zu sprechen, die sie über den wiedergefundenen Schmuck erlebt hatte.

„Deine Freude ist unsere Freude", sagte die Mutter und lächelte. „Aysche erzählte mir von dem Erlebnis. Allah möge dich den Schmuck lange und in Gesundheit tragen lassen!"

„Inschallah, so es Gott will!" antwortete Saffet. Und es folgten einige Höflichkeitswendungen über Freude und Gesundheit.

„Und nun will Saffet Hanim der Finderin einen Finderlohn bringen!" warf Fräulein Berg ein, um in ihrer den Europäern eigenen Art schneller zum Ziel zu gelangen.

Doch hätte sie die Wirkung ihrer Worte geahnt, sie hätte sie wohl nicht ausgesprochen. Aysche schoß es hochrot in die Wangen, während das gelbliche Gesicht der Mutter um einen Schein blasser wurde. Nur die rundliche Tante nickte wohlgefällig, und in einer Mischung von Staunen und Neid blickten ihre Töchter von den Gästen auf die geduldete Base. Doch bevor die Tante etwas sagen konnte, sprach die Anatolierin ablehnend: „Nicht Aysche lenkte ihre Schritte zu dem Schmuck. Allah tat es. Nicht Aysche, Allah gebührt der Dank!“

Mißbilligend blickte die Tante auf ihre unvernünftige Schwägerin, die hier so stolz einen Bakschisch ablehnte, als wäre sie reich wie eine Frau des Sultans, und war doch bettelarm wie eine Ratte in der Wüste. Bevor sie jedoch etwas einwenden konnte, sagte Saffet, die trotz ihrer jungen Jahre wohl verstanden hatte, daß es bei der Anatolierin behutsam vorzugehen galt: „Allah danken wir, daß sie ihn fand, Aysche danke ich, daß sie ihn mir gab!“

„Ich gab dir den Schmuck nicht um Lohn, Saffet Hanim, sondern weil es meine Pflicht war und ich deine Tränen sah!“ Wieder errötete Aysche, sie schämte sich, daß sie gestern versucht war, den Schmuck zu behalten.

„Du hast mir eine Freude gebracht, Aysche, und ich will dir eine Freude machen“, und als Saffet an das viele Geld in ihrer Hand dachte, bat sie: „Sag mir einen Wunsch, Aysche, ich will ihn dir erfüllen. Nimm es als Freude, nicht als Lohn!“

„Darf ich?“ Ayschs Augen leuchteten auf. Erwartungsvoll blickte sie auf die Mutter. Saffet überlegte ein wenig besorgt, was sie täte, wenn der Wunsch ihren Geldschein überstiege. Wenn das Mädchen sich ein eigenes Haus, Geschmeide oder kostbare Gewänder wünschte – oder –

Doch schon antwortete Aysche mit klarer Stimme: „Ich wünsche mir schon lange, Saffet Hanim, euren Garten zu sehen. Wie ein Märchen dünkt es mich, was hinter der hohen Mauer ist. Führ mich durch euren Garten!"

Erstaunt über diesen Wunsch blickte Fräulein Berg auf ihre Schülerin. Diese jedoch lachte erfreut. Wahrlich, Aysche war anders als die Mädchen, die sie sonst flüchtig kennengelernt hatte und deren Herz nur nach Kleidern und Schmuck stand. Aysche war es wert, geliebt zu werden wie eine Schwester. Und Saffet sprang auf.

„Ich lade dich ein, Aysche, morgen mein Gast zu sein, damit ich dir unseren Garten und den Park zeigen kann!"

Keiner merkte die Enttäuschung der drei Mädchen, keiner achtete auf das ärgerliche Gesicht der Tante, die leise etwas von „Bettelvolk, das es nie zu etwas bringen wird" murmelte, denn in diesem Augenblick erklang von der Straße her eine feine Melodie. Langgezogen, hoch aufsteigend, monoton, immer um zwei Töne spielend, setzte die Musik ein und lockte Fräulein Berg ans Fenster.

Was sie da sah, berührte sie tief.

In der Frühlingssonne saß, unter dem ersten Laub der schlanken Akazie vor dem Hause, ein noch junger Mann in handgewebte bunte Decken gehüllt. Er war blind und wohl hierher in den erwachenden Sommer geführt worden. In den Händen hielt er ein eigenartiges Instrument, das einer alten Flöte glich. Er hatte es an die Lippen gesetzt und blies darauf. Rings um ihn standen und saßen im Staub der Straße Kinder, kleine und größere, verwahrlost und schmutzig, und lauschten wie gebannt seinem Spiel.

„Wer ist das?" fragte Saffet, die nun auch ans Fenster gekommen war, denn sie hatte diesen Mann noch nie gesehen.

„Das ist Ibrahim“, erklärte Ayschеs Mutter, „seine Mutter wohnt mit uns im gleichen Haus. Er war Märchenerzähler und zog mit den Kamelkarawanen, die uns vom Schwarzen Meer die Holzkohlen für Mangal und Samowar bringen, durch die Lande der Türkei. Dann wurde er Soldat und hat die große Schlacht bei den Dardanellen mitgemacht, unter Mustafa Kemal, dem großen Sieger der Dardanellen, dem ‚Grauen Wolf‘. Dort verlor er sein Augenlicht. Nun ist er bei der Mutter.“

Dann fuhr sie fort: „Jetzt erzählt er seine Geschichten den Kindern. Oft holen die Männer ihn auch hinüber zum Café. Sehen Sie, dort vor der Mauer zum Hof der Moschee sieht man die Eisenstühle hinter der Hecke stehen. Da rauchen sie ihre Wasserpfeifen, schlürfen ihren Kaffee, und Ibrahims Stuhl steht mitten unter ihnen, oder sie sitzen alle unter der alten Platane. Dann muß er erzählen – ach, und wie der Mann erzählen kann! Einigen gehen sogar die Pfeifen aus dabei!“

Fräulein Berg wunderte sich nicht darüber, daß Ibrahim erwachsenen Männern Märchen erzählte. Sie wußte, daß die Märchen der Orientalen an Lagerfeuern erzählt wurden, in den Karawansereien und in den Cafés. Von Männern erzählt für Männer. Und sie wußte, daß diese Märchen, nie aufgeschrieben, doch im Lande lebten. Märchen – bunt, lebendig, lustig und traurig wie das Leben, das sie in sich bargen.

Später, als Fräulein Berg und Saffet mit ihrem Geldschein wieder heimgingen, begleiteten sie die sehnsuchtsvollen Klänge der klagenden Flöte bis vor die hohe Mauer ihres Gartens.

Auf vollblütigen jungen Araberhengsten saßen die Söhne des Pascha Efendi. Sie galoppierten über die freien Plätze oben auf den Hügeln des alten Parks, hielten jäh, bändigten die stolzen Tiere, so daß deren Nüstern sich blähten und Schaumflocken aus den Mäulern flogen. Und sie begannen die Hohe Schule.

„He – hopp – links, links!“ Murat, schlank, sehnig, von vollendeter Körperbeherrschung, schien bis ins letzte mit seinem Pferde verwachsen. „He – links – he – rechts!“ Sein Gesicht war gespannt und ganz konzentriert auf das Pferd und sein Wollen.

Keinen Blick hatte er für die Schönheit ringsum. Er sah weder das Yali des Vaters, welches getrennt durch den Weg, der von Üsküdar den Bosporus entlang gen Norden führte, inmitten seiner herrlichen Gärten lag, noch die Weite des blauen Wassers, er sah nicht das gegenüberliegende Istanbul, auch nicht die wuchtigen Mauern und Türme der Rumeli Hisar.

„Übermorgen muß ich mich der Truppe stellen“, dachte er bitter, „links – links – rechts – rechts“, sprachen mechanisch seine Lippen. „Das Vaterland braucht Soldaten – aber ich bin kein Soldat – ich möchte weiterlernen –“ Das Pferd merkte, daß sein Herr nicht mehr bei der Sache war, und blieb stehen. Murat klopfte ihm den Hals. „Weiter, Blitz, links – links, rechts – rechts ...“ Sein Gesicht war ernst, fast steinern.

Anders Hilal. Dieser breitschultrige, lebhafte Jüngling ritt aus Freude am Leben, aus Freude an der Bewegung. Sein Gesicht lachte. Immer wieder ritt er sein Pferd in fröhlichen Galopp und sprengte über die Plätze unter den alten Aleppo-Kiefern.

„He, Sturm – jag dahin, heute noch und morgen! Übermorgen geht's in den Kampf! Der Feind soll sich vorsehn, wenn wir kommen!" Und er gab dem Pferd die Sporen, daß es sich aufbäumte, über den Platz sprengte und hart vor Murat und dessen Blitz hielt.

„Du bist toll", schalt Murat, „wenn du Sturm nicht zum Stehen gebracht hättest, Hals und Bein hättet ihr brechen können, am Nordosthang!"

Hilal aber lachte in jugendlichem Übermut. „Wir brechen nichts. Wie Timur-Lenks wilde Horde rasen wir dem Feinde entgegen und vernichten ihn, wo immer wir ihn treffen!" Schon wollte er seinem Sturm wiederum die Sporen geben, da sah er das zweifelnde Gesicht des Bruders und bändigte sein Pferd.

„Murat", sagte er schmerzlich berührt, „Murat, du glaubst wirklich nicht an unseren Sieg?"

Finster blickte dieser auf den Sattelknopf. „Wenn du mich fragst – nein! Nein, ich glaube nicht an unseren Sieg! Doch wozu darüber grübeln? Kismet! Ist nicht alles Schicksal? Auch was mit unserem Volke geschieht?"

Heftig riß Hilal sein Pferd herum, so daß es jetzt dicht vor Murats Blitz stand. „Wirklich, man sollte sich schämen, dein Bruder zu sein!" rief er empört. „Wir werden siegen, wir werden sie vor uns hertreiben wie eine Herde flüchtender Schafe!"

Traurig blickte Murat auf.

„Hatten wir nicht Pech, all die letzten Jahrhunderte hindurch? Und seit Mehmet V. regiert, ist es nicht eine Kette von Unglücksfällen? Der Krieg gegen Italien um Tripolis wurde verloren. Albanien wurde selbständig. Während der Balkankriege verloren wir die gesamten europäischen Besitzungen von Edirne. Jetzt dieser Weltkrieg, in den wir hineingezogen sind! Denk nur an die Vernichtung unserer osmanischen Regimenter im Januar 1915 im Kaukasus! Ein Wahnsinn, gegen Rußland zu kämpfen!" Murats Gesicht war finster. „Und wenn dieser sagenhafte Mustafa Kemal im April 1915 nicht nach Gallipoli gekommen wäre und dort die Schlacht geführt hätte, wahrhaftig, ich glaube nicht daran, daß wir den Kampf um die Dardanellen gewonnen hätten!"

„Aber er ist aufgetaucht und muß wunderbar sein, dieser Mustafa Kemal!" rief Hilal begeistert, „Retter der Dardanellen und damit Retter auch von Istanbul! Er ist der prächtigste Offizier, der herrlichste Menschenführer! Ich bin glücklich, daß ich in seine Armee komme!"

„Wer weiß, ob du so glücklich sein kannst? – Als Mustafa Kemal nach seinem Sieg an den Dardanellen an die Front im Kaukasus versetzt wurde, soll er dort ein jammervolles Durcheinander unter den türkischen Truppen vorgefunden haben." Murat lachte skeptisch. „Völlig zerfetzte Uniformen, keine Gewehre, keine Munition, die Verpflegungslager standen der Plünderung offen – Ruhr, Typhus und Hunger rafften Tausende hinweg. Ich sprach im Winter zwei, die von oben kamen. Sie sahen das Ende nahen!"

„Aber du weißt wohl auch, was Mustafa Kemal mit Hilfe seiner Generale schaffte?“ Hilal rief es hitzig. „Die Einheiten sind neu formiert, der Kader umgruppiert, Diebstähle unterbunden! Die materiellen und sanitären Verhältnisse der Truppe sind verbessert! Den ganzen Winter brauchte er dazu, neue Regimenter aufzustellen. Und nun stehen sie, und ich komme dazu!“

„Du bist ein Schwärmer! Nein, ich glaube an keinen Sieg! Ich glaube, daß der mächtige Russe bald im Herzen Anatoliens stehen wird!“

„Und doch werden wir siegen! Inschallah, Mustafa Kemal wird die Feinde aus dem Lande jagen!“ Zornig über den Widerspruch des Bruders gab Hilal seinem Pferd abermals die Sporen und galoppierte über den Platz.

Murat zügelte seinen Blitz, klopfte ihm den Hals und ritt dann, in strenger Ordnung, die Hohe Schule weiter.

Hilal entdeckte als erster die beiden Mädchen, die auf der mit wildem Wein bewachsenen Steinbrücke standen. Hoch schwang sich die Brücke über die öffentliche Straße, die den Garten des Pascha Efendi von seinem alten Park auf dem gegenüberliegenden Hügel trennte.

Hilal zügelte sein Roß und ritt, immer nach den Mädchen spähend, leise zum Bruder zurück. Hinter den Aleppo-Kiefern blieb er stehen und wies mit der Rechten zur Brücke. „Reizend, sieh mal, Murat!“

Langsam kamen die Mädchen über den Steg. Natürlich erkannten die Brüder in der kleinen Zierlichkeit, bekleidet mit dem kunstvoll gestickten Maschlah, sofort ihre Schwester Saffet, während sie vergeblich überlegten, wer die größere mit dem langausholenden, wiegenden Schritt sein könne. Eine der Sklavinnen war es nicht, dazu war sie zu jung, das sah Hilal auch trotz des schwarzen Tscharschaffs. Außerdem verhielt sie sich nicht wie eine Dienerin. Sie ging frei, sehr aufrecht, antwortete ruhig auf Saffets lebhaftes Sprechen, und nun klang zweistimmiges Lachen so jung und übermütig zu den Reitern herüber, daß auch Murat sein Pferd anhielt und erstaunt hinüberblickte.

Nicht ahnend, daß die Brüder im selben Park waren, verließen die Mädchen nun vergnügt plaudernd die Brükke, bogen gleich nach rechts ein und liefen zwischen duftenden Thymian- und Rosenbüschen den Hang hinauf, zur kleinen Mauer unter den alten Kastanien. Hier schwang sich Saffet auf die durchsonnten Steine und legte den Arm um die hochgezogenen Knie, während Aysche stehen blieb und wie verzaubert über den türkisfarbenen Bosporus blickte. „Saffet Hanim“, sagte sie leise, „hier ist es schön, maschallah, wie das hier duftet!“

„Ich weiß!“ antwortete Saffet fröhlich. „Der Duft der Pinien ringsum mit dem der blühenden Levkojen! Guck dich mal um! Dort hinter den Büschen sind ganze Wiesen voller Levkojen, die pflanzt Ismet Aga, unser alter Gärtner, schon seit vielen Jahren hier an!“

Aysche wandte sich um und ging einige Schritte vorwärts. Sie bog die Äste zweier Sträucher auseinander und stand mitten im reichsten Blühen. „Maschallah! Wie schön!“ rief sie, bückte sich, warf den störenden Schleier zurück und brach zwei der schönsten Blüten.

Als sie nun so dastand, unverschleiert, ahnte sie nicht, daß zwei Reiter jenseits der kleinen Wiese, von alten Kiefern verdeckt, bewundernd auf sie blickten.

Aysche trank den Duft der Blüten tief in sich hinein. Erst als Saffet ungeduldig nach ihr rief, verließ sie langsam diesen Platz.

„O Saffet, ich bin dir so dankbar, daß du mir diesen Tag schenkst!"

Saffet aber, für die der Park alltäglich war wie Haus und Garten, deutete hinüber auf das gegenüberliegende Istanbul und fing eifrig an zu erzählen:

„Weißt du, Aysche, wie die ersten Menschen hierherkamen? Hierher auf diesen schönsten Fleck der Erde?"

Und als Aysche sie forschend anblickte, sagte sie: „Es ist eine wunderschöne Geschichte, und ich könnte sie dir erzählen, aber sie ist lang – und Fräulein Berg kann sie besser erzählen als ich!"

„Ach, erzähl doch, Saffet! Weißt du wirklich, wie Istanbul entstanden ist?"

„Ja, und ich weiß auch, wie es weiterging und wie alle Kaiser des Oströmischen Reiches hießen und nachher die Sultane, das habe ich alles lernen müssen!"

„Das alles weißt du wirklich?" Bewundernd blickte Aysche auf die um einen Kopf kleinere Saffet.

„Natürlich, ich mußte es ja lernen!" erwiderte Saffet und seufzte dabei so schwer, daß Aysche lachen mußte. Gleich darauf aber fragte sie voller Staunen:

„Du, Saffet, dann kennst du wohl auch die arabische Schrift? Und kannst womöglich schreiben und lesen?"

„Gewiß", sagte Saffet, als wäre dieses Wunder das Selbstverständlichste der Welt.

Aysche konnte es kaum fassen. „Wie glücklich mußt du sein, so viel lernen zu dürfen!"

„Ja – und nein! Großmutter und Vater machen in der Erziehung keinen sehr großen Unterschied zwischen den Jungen und mir. Weißt du, das ist in Europa auch überall so. Manchmal aber würde ich viel lieber spielen und nicht lernen!“

„Ach, und ich, ich würde so gern lesen lernen, um alles zu erfahren, was auf den Brunnen steht und über den Toren und an den Moscheen!“ rief Aysche. „Dort zum Beispiel, dort über dem Eingang eures Yali“ – Aysche beugte sich über die kleine Mauer und wies auf den Torbogen, wo goldene Schriftzüge auf weißem Marmor leuchteten:

BISMILLAH IR RAHMANI RAHIM

„Im Namen Gottes, des Allbarmherzigen“, las Saffet. „Das hat einer meiner Ahnherren hinschreiben lassen. Ich glaube, es war derselbe, der die schöne Roxelana geschenkt bekam und heiratete. Die Sklavin war meine Ahnfrau. Zur Hochzeit erhielt sie von der Roxelana den Schmuck, den du gefunden hast.“

„Wirklich?“

„Ja.“

„Das Armband, das ich in Händen hielt, gehörte der Frau eines Sultans?“

„Ja. Jetzt ist es beim Juwelier. Der Verschluß war nicht in Ordnung, deshalb habe ich es verloren. Es gehören auch Ohrringe dazu, große, wunderschöne Ohrringe! – Auch die gehören jetzt mir, aber sie sind schwer, und ich trage sie nicht gern. Meine Ohrläppchen tun leicht weh, wenn die Dinger daran hängen“, fügte Saffet erklärend hinzu und gleich darauf: „Zeig mal, hast du auch Löcher in den Ohren? Ich bekam meine schon, als ich sechs Jahre alt war;

zuerst wurde ein Seidenfaden hindurchgezogen, und dann bekam ich silberne Ringe!“

„Nein, ich habe keine Löcher!“ sagte Aysche etwas beschämt.

Aber schon plauderte Saffet weiter: „Und es gibt eine Geschichte zum Schmuck der Roxelana, in der es heißt, daß dieser Schmuck stets zur Herrin, der er gehört, zurückkehrt – ist das nicht lustig?“

Aysche hörte nachdenklich zu.

„Sieh mal, Aysche“, fuhr Saffet schon fort, „von hier aus kannst du unseren ganzen Garten sehen – und das ganze Yali! Der linke Flügel ist das Haremlik. Zwischen dem linken und rechten Flügel liegt ein Wintergarten mit kleinem Springbrunnen, den wir Frauen nur selten betreten, und dann kommt der rechte Flügel. Siehst du, der, vor dem die große Einfahrt durch das Tor führt, das ist das Selamlik. Da sind die offiziellen Empfangsräume. Der Vater wohnt da mit seinen Dienern und den Brüdern, wenn sie zu Hause sind. Und dort –“, Saffet wies mit ausgestrecktem Arm in Richtung des Haremlik, „siehst du, dort in der Ecke des Gartens, gleich an der Mauer, das Gebäude mit den kleinen Schornsteinen ist die Küche. Und unter den drei alten Pinien, der kleine Kuppelbau, ist unser Hamam, das Bad.“

Atemlos hatte Aysche dem Mädchen zugehört. Aufmerksam hatte sie Haus und Garten betrachtet, über die man von hier aus einen herrlichen Blick hatte.

„Schön, maschallah, wunderschön!“ sagte sie leise.

Saffet, die nie lange still sitzen konnte, glitt jetzt von der Mauer und zog Aysche mit sich fort. Sie gingen leicht bewachsene Wege entlang, vorbei an Marmorbänken unter alten Platanen.

„Sieh nur, Saffet, wie der Mädchenturm im Bosporus leuchtet!“ rief Aysche, blieb stehen und blickte zwischen einer Gruppe von Zypressen hindurch auf den Bosporus, aus dessen tiefblauem Wasser ein kleiner blütenweißer Turm emporwuchs.

Saffet nickte. „Eine gefährliche Stelle hier am Mädchenturm. Unzählige Boote sollen schon an seinen Klippen zerschellt sein. Wer weiß, wie viele Männer hier das Leben lassen mußten. Fräulein Berg sagte, die Strömung im Bosporus sei so gefährlich, weil der Boden des Schwarzen Meeres tiefer läge als der des Marmarameeres und das Marmarameer salzig, das Schwarze Meer dagegen süß sei. Eine Schicht des Wassers fließe nach Süden, die andere nach Norden, das gäbe gefährliche Strudel! – Doch komm, Aysche“, Saffet sprang auf, „ich weiß einen Platz, von wo aus wir alles noch viel besser sehen können!“

Und ohne eine Antwort abzuwarten, lief das junge Mädchen den Pfad entlang. Aysche folgte ihr und sah nun, wie Saffet sich plötzlich in die Äste eines alten Blütenbaumes schwang.

Es war ein herrlicher Baum, dort mitten auf dem kleinen Rasenfleck. Gleichsam eine Welt für sich, reckte er weit ausladend seine Zweige über den runden Platz. Die Sonne füllte seine rosaweißen Blütenkelche mit Licht, so daß sie fast durchsichtig erschienen. Der Stamm schimmerte in samtglattem Braun.

„Komm nur, hier ist es wundervoll!“ Saffet saß auf einem der Äste und winkte Aysche herbei.

Aysche aber trat fast andächtig an den Baum heran, der ihr wie ein Wunder erschien. Einen Augenblick zögerte sie. – Was die alte Hanim Efendi sagen würde, wenn sie Saffet auf dem Baum sähe – und die vornehmen Tanten im Yali? – Dann jedoch fand auch sie den luftigen Sitz zu verlockend. Leise lachend raffte sie den Tscharschaff in die Höhe und schwang sich auf die untersten Äste. Das lange Gewand störte, doch Aysche war nicht zimperlich. So saßen sie denn bald wie zwei Vögel inmitten des Blühens und blickten über den Bosporus.

Plötzlich wurde Aysche sehr ernst. „Mein Vater ist hier ertrunken", sagte sie, „Allah hab ihn selig. Hier am Mädchenturm ist er in eine bessere Welt eingegangen."

„Dein Vater? – O ja, ich erinnere mich. War er es nicht, der uns die Fische brachte, als ich noch klein war? Er hatte einen dunklen Bart und lachte immer, wenn er mich sah. Natürlich, manchmal hatte er ein Mädchen bei sich, mit großen honigfarbenen Augen. Das warst du, Aysche? Daran habe ich nicht mehr gedacht."

„Ich habe oft daran gedacht!" fiel Aysche hier ein. „Es war mir jedesmal ein Fest, wenn Vater mich mitnahm in die Yalis der Vornehmen. Und dich habe ich stets bewundert. Du warst so weiß und zart wie eine Elfe und trugst so frohe, hübsche Kleider! Aber du warst nicht oft zu sehen. Meistens wurde uns ja schon an der Pforte, dort rechts neben dem Küchenbau, der Korb mit Fischen abgenommen!"

„Ich weiß!" sagte Saffet nachdenklich. „Es ist schon lange her. Damals mußte ich noch nicht diesen dummen Schleier tragen und durfte überallhin springen, zur Küche, zum Gärtner, selbst ins Selamlik zum Vater. Und obgleich die Tanten und Großtanten im Haremlik dann heftig hinter mir herschalten, denn sie durften ja nicht ins Selamlik, nahm mich Vater in die Arme, küßte mich, nannte mich seine kleine Zierlichkeit, seine Blütenhäutige, seine Samtäugige und trug mich in einen Raum, den ich nie vergessen werde." Sehnsuchtsvoll, fast verträumt blickten Saffets große dunkle Augen nach rechts, wo das Yali des Pascha Efendi lag. „Groß war der Raum", sagte sie langsam, „und ragte weit in den Bosporus hinaus. Ganz aus Glas waren die Wände, und in allen drei Richtungen sah man das türkisfarbene Wasser. Unter dem Raum hörte man es plätschern und an die Boote klatschen, denn dort befand sich das Bootshaus des Paschas. Der Fußboden war ein wunderfeines Mosaik aus bunten Steinen. Die Diwans unter den Fenstern waren aus Brokat. Rauchtischchen aus Perlmuttintarsien standen davor, auf ihnen herrlich geschnitzte Wasserpfeifen, die Nargilehs aus Meerschaum. Die Wände waren mit Blüten und Goldranken bemalt, und von der Decke aus Spiegelglas hingen glitzernde Kronleuchter."

Saffet machte eine kleine Pause, und Aysche flüsterte: „Wie im Märchen!"

Saffet nickte und fuhr fort:

„Mitten im Raum aber war ein Springbrunnen aus Marmor. Der spiegelte sich in der Decke. Ich weiß noch genau, wie gern ich hinlief und meine Hände unter die glitzernden Tropfen hielt. Wenn Vater dazukam, lief ich um den Brunnen, und er lief mir nach, mich zu fangen. Wenn er mich in seinen Armen hatte, lachten wir beide, lachten so sehr und sahen uns und den ganzen Raum in der Decke widerspiegeln. Wir lachten wieder. Und Vater öffnete eine goldene Dose, die bis hinauf gefüllt war mit Lokum, und ich durfte mir ein Stück herausholen!“

Saffet hielt inne und fuhr dann etwas traurig fort: „Doch wenn ein Diener eintrat oder einer der Jungen, nahm Vaters Gesicht einen fremden Ausdruck an, und er befahl, mich durch eine Sklavin ins Haremlik bringen zu lassen!“

Aysche nickte verständnisvoll.

„Er schämte sich wohl, daß er mit dir, seiner Tochter, spielte. Weißt du, als ich zur Welt kam, soll mein Vater drei Tage kein Wort mit der Mutter geredet haben, weil ich ein Mädchen war. Auch Mutter war sehr enttäuscht und weinte über mich und schwieg. – Doch ich blieb ein Mädchen. – Später freute sich mein Vater, wenn ich zu ihm kam. Er sprach nie viel, aber er lachte. Als ich noch klein war, nahm er mich manchmal mit zum Boot. Wir hatten ein rotes mit silbernen Ornamenten. Schön war es. Einige Male durfte ich mitfahren. Auch auf den Markt durfte ich mit ihm und die ganz großen Holzteller, weißt du, die runden, flachen, leuchtendroten, mit Fischen belegen, so daß sie Sterne und Figuren bildeten. Manchmal nahm ich Blätter dazu. Es wurde hübsch. Vater lobte mich dann, lachte und sagte, unsere Fischteller seien die schönsten auf dem ganzen Markt.“

Aysche lächelte vor sich hin und stützte eine Fußspitze auf den gegenüberliegenden Ast.

„Als ich elf Jahre alt wurde, verbot die Mutter, daß Vater mich wie ein Kind oder einen Jungen aufs Wasser mitnähme. Auch auf den Markt durfte ich nicht mehr. Es gehöre sich nicht, daß ein Mädchen in diesem Alter noch mit dem Vater ginge, sagte sie. Einerseits freute ich mich, nun zu den Frauen zu gehören. Es war so neu, und ich fühlte mich wie etwas Besonderes, etwas sehr Wichtiges. Nun, dir wird es ja wohl auch so gegangen sein! Mitunter aber hatte ich doch das Verlangen, den Schleier in eine Ecke zu werfen und wie früher zum Vater ins Boot zu steigen, mit ihm auf den Markt zu fahren, auch wenn er selten etwas sagte, nur so gut lachte."

Aufmerksam hatte Saffet zugehört, jetzt fragte sie leise: „Wie lange seid ihr denn nun schon allein, du und deine Mutter?"

„Zweieinhalb Jahre", antwortete Aysche und blickte auf den weißleuchtenden Turm. „Zur Zeit der Herbststürme zerschellte sein Boot an den Steinen des Turmes. Nur ein Brett, rot mit silbernem Ornament, fand ich eines Tages an unserem Ufer. Ich erkannte es sofort. Das blieb alles. Ob es der Sturm war oder das Singen der Sultanstochter? Niemand kann das je erfahren!"

„Das Singen der Sultanstochter?" fragte Saffet erstaunt.

„Ja, kennst du nicht die Geschichte des Mädchenturms, die Geschichte, an die sich die Fischer und Schiffer immer wieder erinnern?"

Und als Saffet den Kopf schüttelte, begann Aysche die alte Volksmär um diesen Turm zu erzählen, die sie vom Vater oft, sehr oft gehört hatte. Und wenn dieses Märchen im Türkischen, wie alle Geschichten, oft auch nur aus einzeln dastehenden Worten besteht, hier soll es in fließendem Zusammenhang berichtet werden.

„Allah ist allmächtig! Allah ist barmherzig!" begann Aysche, denn so hatte der Vater diese Geschichte stets begonnen, und so hatte er es wohl vom Märchenerzähler gelernt. „Allah ist allwissend! Einigen wenigen Menschen hat Allah die Gabe verliehen, in die Zukunft zu blicken – sei es zum Heil, sei es zum Unheil. – Wer weiß es? – Allah allein in seiner Allwissenheit!

Ein Sultan hatte eine Tochter. Maschallah! Einer Peri glich sie an Schönheit, an Lieblichkeit und Güte. Sie wuchs heran, und weit und breit gab es kein Mädchen, das ihr glich. Alle am Hofe des Sultans priesen ihre Schönheit, ihre Sittsamkeit und weissagten ihr ein glückliches, frohes Leben. Inschallah!

Eines Morgens aber hörte der Sultan ein Schluchzen unter seinem Fenster. Als er hinabstieg, um den zu finden, der seinen Garten mit dem Mißklang der Trauer erfülle, fand er ein altes Weib unter einer Hecke sitzen. Ihr Gesicht war aschfahl, ihre knochigen Hände grau und der kleine Körper dürr und mißgestaltet.

Als sie den Sultan erblickte, schluchzte sie noch einmal auf und wollte fliehen. Doch schon hatte er sie ergriffen und hielt das leichte Wesen, das nun fast einem verhungerten Äffchen glich, in die Höhe.

‚Wer bist du, Ungestalt?' fragte der Sultan, ‚und was quält dich?'

‚Laß mich los, laß mich los!' kreischte die Alte und hielt wimmernd die winzigen Hände vor ihr Gesicht.

Der Sultan jedoch hielt sie fest und befahl ihr zu reden, andernfalls sie in die Türme des Vergessens geworfen und getötet würde.

Da wurde das Weib um einen Schein grauer, erzitterte und rief:

‚Oh, Sultan, da du es denn wissen möchtest: Eine Schlange

wird deine Tochter beißen, und es ist ihr bestimmt, am Biß zu sterben!'

Vor Schreck ließ der Herrscher die Alte fallen. Doch als er sich bücken wollte, um nach ihr zu greifen, war sie seinem Blick entschwunden.

Bekümmert ging der Sultan ins Schloß und überlegte, wie seinem Kinde geholfen werden könnte. Nach drei Tagen gab er den Befehl, mitten im Bosporus einen Turm zu bauen. Blütenweiß wie die Haut seiner Tochter, nicht zu groß und nicht zu klein, nicht zu breit und nicht zu schmal. Und als der Turm auf festen Felsen aus dem Wasser ragte, brachte er seine Tochter hin, damit ihr nichts geschähe, denn hier durch den Bosporus würde keine Schlange schwimmen, sie zu erreichen.

So saß denn die Prinzessin oben im Turm, und weil sie nichts Besseres wußte, spielte sie mit ihren goldenen Haaren und sang Lieder dazu, von einer Süße und Innigkeit, daß alle, die vorüberfuhren, verzaubert lauschten und meinten, eine Peri sei hier eingezogen.

Nun war eines Tages ein persischer Prinz unterwegs. Auf seinem Schiff hörte er die Lieder. Und als er näher kam, erblickte er oben im Turm ein Mädchen von zauberhafter Schönheit. Es stand im Sonnenschein, spielte mit seinen goldenen Haaren und sang Lieder, wie er sie noch nie gehört hatte. Eine große Liebe ergriff den Prinzen, und er beschloß, keine andere heimzuführen als nur sie. Er gebot seinem Schiffer, dorthin zu fahren, wo es die prächtigsten Blumen gäbe. So trug er die schönsten Blüten der Welt zusammen, ließ sie in einen goldenen Korb ordnen und schickte diesen zum Mädchenturm im Bosporus.

Doch wehe der holden Geliebten.

Als sie, berauscht von Einmaligkeit und Duft dieser Blüten, den Korb entgegennahm, zischte eine Schlange aus dem Blühen und biß das Mädchen in den Arm. Ohnmächtig sank die kleine Prinzessin zu Boden.

Der Prinz aber, den die Sehnsucht nicht zur Ruhe kommen ließ, war auf seinem schnellsten Roß an den Bosporus geeilt. Hier sprang er von unerklärlicher Angst erfüllt ins Wasser, teilte die Wellen mit starkem Schlag und erreichte den Turm im Augenblick, als die Schlange aus dem Korbe schnellte, die Geliebte zu töten. Er sah, wie die Schlange das Mädchen in den Arm biß, packte die giftige mit einem Griff, würgte sie und schleuderte sie weit ins Wasser. Dann kniete er nieder und saugte die Wunde aus. Als die Goldhaarige wieder zu sich kam, schloß er sie in die Arme.

‚Die Weissagung ist erfüllt. Nicht länger sollst du hier weilen', jubelte er, ‚geh mit mir, werde meine Königin!' Und er nahm die Zögernde auf die Arme, schwamm mit ihr ans Ufer, und wie ein Sturmwind trug der edle Wallach die beiden seinem Königreiche zu.

Die Lieder des Königskindes aber leben weiter in den Wandelgängen des weißen Turmes. Manch ein Schiffer erzählt davon, wie leise, zart und innig die Stimme ruft. Abends aber, beim Sonnenuntergang, oder nachts, wenn der Mond am Himmel steht, sieht man auch goldene Haare in den Fenstern des Turmes flimmern – einmal hier – einmal dort – Irrlichtern gleich.

Wer kann ermessen, ob es das goldene Geflimmer, ob es die Sehnsuchtslieder sind, die hier so manches Boot an den Klippen zerschellen ließen!

Wer weiß es? – Nur Allah in seiner Allwissenheit!“

Eine Weile schwiegen die Mädchen. Schien es nicht, als flimmerten auch jetzt goldene Haare an den Fenstern des Turms?

Saffet schauderte. „Ein Glück, daß der Prinz noch rechtzeitig zur Stelle war! – Und daß er sie soooo liebte!“ fügte sie gleich darauf hinzu und lehnte sich leicht reckend an den festen Stamm des Baumes.

„Herrlich muß es sein, so geliebt zu werden.“

„Ja“, seufzte Aysche, „leider kommen die schönen Prinzen aber nur in den Märchen vor. In Wirklichkeit ist das alles so anders!“

„Weißt du“, meinte Saffet geheimnisvoll, „Großmutter sagte neulich, wenn ein Mädchen verheiratet wird, müsse es den Mann, der ihr bestimmt sei, zu ihrem Prinzen machen!“

Aysche lachte.

Plötzlich aber zuckte sie zusammen, errötete heftig und schlug den Schleier vors Gesicht. Zwei Jünglinge auf edlen Pferden, den Prinzen ihrer Märchen gleich, waren aus dem Pinienhain hervorgekommen und in leichtem Trab unter der alten Magnolie, auf der die Mädchen saßen, den Weg entlanggeritten. Die Reiter hatten entgegen jeder Sitte, der eine verhalten schmunzelnd, der andere mit übermütigem Lachen, zu den beiden hinaufgeblickt, kurz, aber fröhlich gegrüßt und waren dann in leichtem Galopp davongesprengt.

„Maschallah!“ rief Aysche aufgeregt. „Zwei Prinzen! Wie schön, wie edel sie zu Pferde saßen! Saffet Hanim, hier werden Märchen Wirklichkeit!“

Saffet aber lachte laut. „Keine Prinzen, Aysche, meine Brüder! Hoffentlich verraten sie uns nicht, denn es geziemt sich nicht, auf Bäumen zu sitzen! – Doch glaube ich es kaum", fügte sie nach kurzer Pause hinzu, „denn es geziemt sich ebensowenig, einem Mädchen ins Gesicht zu blikken!" Damit glitt sie geschmeidig wie ein Eichkätzchen vom Ast und klopfte sich Moos und Rinde des alten Baumes vom Rock.

Viel langsamer folgte ihr Aysche.

Wie schön diese Brüder waren, und wie froh der eine zu ihr heraufgelacht hatte. Gerade in die Augen hatte er ihr gesehen, bevor sie den Schleier herunterziehen konnte! „Wie kommt es, Saffet, daß ich deine Brüder nie gesehen habe?" fragte sie.

„Murat und Hilal sind in der Schule und sehr selten daheim gewesen. Jetzt sollen beide zum Militär. Morgen bleiben sie noch zu Hause, dann ziehen sie fort."

„Wohin?" wollte Aysche wissen.

„Das weiß ich nicht! Einfach in den Krieg!" war das einzige, was Saffet ihr antworten konnte.

An diesem Abend konnte Aysche kaum etwas essen. Dabei war es doch Ramazan, die Fastenzeit! Mit Heißhunger stürzten sich die jungen Menschen in diesen Wochen allabendlich nach Sonnenuntergang auf das karge Mahl, denn nur nachts darf während des Ramazan gegessen werden. Vor Sonnenaufgang, kurz aus dem Schlaf geweckt, hat man wenig Appetit, und der Tag ist lang.

Heute aber kaute Aysche am runden Fladenbrot und konnte es kaum schlucken. Besorgt blickte die Mutter ihr ins Gesicht, sagte aber nichts.

In der Nacht fand Aysche keine Ruhe. Sie schlief mit der Mutter zusammen auf dem Diwan. Ihr Kissen lag am Fußende der Mutter, und sie hörte die regelmäßigen Atemzüge der schlafenden Frau.

Unaufhaltsam kreisten die Gedanken in Aysches Kopf: Gerade ins unverschleierte Gesicht hatte er ihr geblickt! Es war eine Beleidigung, eine heftige Kränkung! Tief beschämt errötete Aysche in ihren Kissen, als sie daran dachte. Was würde die Mutter sagen, wenn sie es ahnte? – Aber sie konnte es nicht ahnen!

Nur ein Ehemann durfte seiner Frau ins Gesicht blicken, oder der Vater und die Brüder!

„Wie eine unberührte Knospe muß ein Mädchen in die Ehe gehen!“ pflegte ihre Mutter zu sagen. „Selbst die Augen des Mannes dürfen die ihren nicht vor der Hochzeit entweihen!“

War sie es denn noch – eine unberührte Knospe?

Aysche weinte leise in ihre Kissen. Bald darauf aber lächelte sie unter Tränen. Vielleicht hatte auch sie ihm gefallen? Sie – diesem Prinzen?

Halb weinend, halb lachend schlief das Mädchen endlich ein, und Märchenträume begleiteten sie durch die Nacht.

Als Aysche erwachte, begann es zu dämmern.

Die Mutter war schon aufgestanden.

Aysche sprang aus dem Bett, lief zum Fenster und öffnete beide Flügel. Dann umfaßte sie die Gitterstäbe und steckte ihre Nase hinaus in die frische Morgenluft. Sie atmete tief.

Deutlich klang jetzt das Rufen des Muezzins zu ihr herüber. Aysche sah das weiße Minarett der Moschee in den Morgenhimmel ragen. Auf der Balustrade des Minaretts stand, weiß gekleidet, mit roter Weste und rotem Fez, der Muezzin, der Gebetsrufer, der alle Gläubigen zum Morgengebet ruft. In monotonen Variationen trug die klangvolle Stimme die Worte durch die Luft. Aysche konnte jedes Wort verstehen. Es war Arabisch.

Aysche wußte, daß es die erste Sure des Korans war, und sprach, sie ins Türkische übertragend, leise vor sich hin:

„Im Namen Allahs, des Allbarmherzigen. Lob und Preis dem Herrn aller Weltbewohner, dem gnädigen Allerbarmer, der am Tag des Gerichts herrscht. Dir allein wollen wir dienen und zu Dir allein flehen um Beistand. Du führe uns den rechten Weg, den Weg derer, die sich Deiner Gnade freuen – und nicht den Pfad jener, über die Du zürnst oder die in die Irre gehen!“

Sie wußte, daß auf den Minaretts aller Moscheen der Welt jetzt die Muezzins die Gläubigen so zum Gebet riefen. Genau wie gestern und vorgestern. Genau wie sie es auch morgen und übermorgen tun würden. Fünfmal am Tage!

Aysche griff nach ihrer kleinen Waschschüssel und ging in die Waschküche. Hier wusch sie sich besonders sorgfältig. Genau wie es die Vorschrift vor den Gebetsübungen verlangte. Dann schöpfte sie das Wasser mit dem Messingschälchen und goß es über sich. Schnell trocknete sie sich und schlüpfte in die Kleider. Heute war Freitag, der Feiertag der Woche, und die Mutter stand schon schwarz verhüllt zum Gang in die Moschee bereit.

Bald darauf ging Aysche, gleichfalls verhüllt, mit zu Boden gesenktem Blick und gesammelten Gedanken langsam neben der Mutter dem Hause Allahs zu.

Als sie den Hof der kleinen Moschee betraten, saßen und standen Männer vor dem runden, überdachten Brunnen und vollzogen an Gesicht, Hals, Armen, Beinen, Füßen und Händen die heiligen Waschungen. Wie sie es gestern getan hatten und vorgestern, wie sie es morgen tun würden und übermorgen. Fünfmal am Tage!

Aysche stieg hinter ihrer Mutter die Stufen zur Moschee hinauf und betrat auf Strümpfen, die Schuhe in der Hand, den mit Teppichen belegten, runden Raum.

Links hinten war ein kleiner, eingezäunter Platz, in dem schon Frauen am Boden saßen. Dahin schritt nun auch die Mutter mit Aysche. Es war der Platz in der Moschee, der den Frauen und Mädchen gehörte, während die Männer nach vorn, gegen Osten durften, wo vor dem Mihrab, der Gebetsnische, die sich in allen Moscheen in der Richtung nach Mekka befindet, der Imam stand und mit fließender, weicher Stimme Suren aus dem Koran las.

Da standen sie – vorne die Männer in langen Reihen, die Hände herabhängend, übereinandergelegt, hinter dem Zaun die Frauen, die Hände über der Brust gekreuzt, standen da – still und lauschten dem Fließen der Koranverse. Plötzlich ging ein Ruck durch die Reihen. Der Imam war hingekniet. Und wie ein großer Körper knieten die Reihen der Männer, kniete die Schar der Frauen nieder, die Stirnen berührten den geweihten Boden, die Hände lagen neben dem Kopf. Und wieder standen sie auf, hörten zu, knieten nieder, standen auf, knieten nieder – wieder und wieder.

Jetzt standen sie, hoben die Hände an die Ohren: Herr, wir hören Dich! – Hoben die Hände offen gen Himmel: Herr, gib uns Deine Gnade! – Das Antlitz erhoben, die Hände geöffnet, beteten sie. Es war ein langes Gebet, ein eingehendes Gespräch, das jeder einzelne mit seinem Gott führte. Der ganze Raum war voller Gebete, die zu Allah emporstiegen und doch in der Moschee verweilten, so daß jeder, der den geheiligten Raum betrat, sie spüren konnte.

Inbrünstig betete auch Aysche. „Allah, vergib mir mein unzüchtiges Verhalten! Großer, barmherziger Gott, vergib mir!“ Und als ihre Gedanken wie Vögel, die man halten will und die einem doch entfliegen, zum Yali wanderten, betete sie errötend für den Mann, der sie so sehr gekränkt hatte und nun in den Krieg zog, um für Vaterland und Glauben zu kämpfen.

Fast zu gleicher Zeit kniete im weichen Yali die Hanim Efendi im Haremlik auf ihrem Gebetsteppich im Kleinen Salon. Und neben ihr kniete Saffet, die kleine Zierlichkeit.

Mit erstaunlicher Selbstverständlichkeit vollbrachte die alte Dame die vorgeschriebenen Bewegungen und vertiefte sich dann in lange Gespräche mit Allah, ihrem Herrn.

Saffet war längst fertig mit ihren Gebeten und blickte sehnsüchtig zum Fenster. Was Aysche wohl tat? Ob die Brüder heute ins Haremlik kamen, um sich zu verabschieden? Wie lange dieser dumme Krieg noch dauern würde? Schon jetzt hatte sie oft Sehnsucht gehabt, nach Hilal, dem lustigen, stets frohgelaunten Bruder, mit dem sie als Kind oft durchs Haus getollt war! Warum mußte es nur Kriege geben?

Unwillkürlich dachte sie an Ibrahim, den Blinden, den sie unter der Akazie vor Aysches Haus gesehen hatte. Wenn Hilal, dem Übermütigen, so was zustieße oder Murat, dem Gütigen, der sie, seine kleine Schwester, so gern verwöhnte! Allah bewahre sie vor allem, was ein Krieg an Übeln mit sich bringt!

Und nun erhob das Mädchen noch einmal die Hände und betete für ihre Brüder.

Als Großmutter und Enkelin nachher im Erker saßen, fragte die Hanim, ob Aysche, das Fischerkind, nun Haus und Garten gesehen und ob sie auch das Geld genommen hätte.

„Nein“, sagte Saffet, die auf einem Lederkissen zu Füßen der Großmutter hockte, und nahm ihre Fußspitzen in beide Hände. „Nein, Großmutter, das Geld wagte ich ihr nicht anzubieten. Sie war entzückt von Haus und Park, und so interessiert an allem, was ich sagte. Sie will so vieles wissen und kann sehr schön erzählen. Ich wünschte, Großmutter, sie wäre meine Freundin!“

Erstaunt hörte die Großmutter dem zu, was Saffet sprach, und sagte dann ruhig: „So bring mir das Mädchen! Weshalb sollte sie nicht deine Freundin werden, wenn sie so ist, wie du berichtest?“

Saffets Augen leuchteten.

„Ach, Großmutter, danke!“ Sie sprang auf und neigte sich tief über die Hand der alten Dame, sie mit Lippen und Stirn berührend. „Ich glaube, Aysche wird dir gefallen.“

„So Allah es will!“ erwiderte die Großmutter. Sie strich Saffet übers Haar und sagte: „Doch nun geh und schick mir Tante Nuzhet, damit ich mit ihr den Tag bespreche!“

Gehorsam stand Saffet auf. Es wäre eine Ungehörigkeit gewesen, dem Oberhaupt des Hauses, der Mutter des Paschas, zu widersprechen, auch wenn es die eigene Großmutter, Mutter des eigenen Vaters, war. – Ein kleines Zögern aber lag in der Haltung, mit der Saffet sich jetzt verabschiedete, deshalb blickte die alte Dame ihr in die Augen: „Du hast noch eine Frage, Kind?“

„Ja, Baba-Annäh“, sagte Saffet schneller als schicklich, „wann, wann darf ich Aysche zu dir bringen?“

Nur kurz überlegte die Großmutter. Dann sagte sie: „Übermorgen, Kind. Heute sind deine Brüder bei mir, sich zu verabschieden. Bring Aysche übermorgen zu mir!“

Und sie schlug mit dem Stock auf den Boden. Saffet wußte nun, daß es keine Gegenrede mehr gab und sie zu gehen hatte.

„Danke, Großmutter!“ Wieder berührte sie die Hand der alten Dame mit Lippen und Stirn.

„Friede sei mit dir, mein Kind!“ entgegnete diese und blickte wohlgefällig dem bezaubernden Mädchen nach.

Zwei Paar Männerschuhe standen vor der Tür des Salons der alten Hanim Efendi.

Und davor stand Saffet im Feiertagskleid, den zartgelben Schleier um das Haar geschlungen, und blickte ergriffen auf die großen Schuhe. „Hilal", murmelte sie, „Murat!" – Sie beugte sich über die Schuhe und strich behutsam über das Leder. „Allah behüte euch, Allah gebe euch seinen Segen! Inschallah! Möget ihr siegen und gesund heimkehren!"

Oh, daß es Kriege geben mußte, immer und immer! Solange Saffet denken konnte, hatte sie von Kriegen und Kämpfen gehört. Aber erst jetzt, da sie die Schuhe der Brüder dastehen sah, kam es ihr so recht zum Bewußtsein, daß nun dieser Krieg auch in ihr persönliches Leben trat, daß nun auch Hilal und Murat in den Kampf ziehen würden, ihr Leben für Vaterland und Glauben einzusetzen.

Wann werden sie heimkehren? Ob sie gesund bleiben werden? „Allah behüte euch!"

Und Saffet streifte auch ihre Brokatschuhchen von den Füßen und stellte sie zwischen die großen der Brüder. Dann öffnete sie leise die Tür. Ob sie schon eintreten durfte?

Ihre Brüder hockten auf Ledersitzen vor dem Sessel der Großmutter, und ernst sprach die alte Dame zu ihnen. Saffet wagte nicht hineinzugehen. Sie stand in der Tür und hörte die ruhige Stimme der Großmutter. Sie hörte Murat antworten, hart und bitter – hörte Hilals helle Stimme widersprechen – und ein großes, warmes Gefühl stieg in ihr auf für diese drei Menschen, die sich dort über für sie so unverständliche, langweilige Dinge ereiferten.

„Saffet, Liebling?“ Die Großmutter blickte zur Tür und winkte das Mädchen herbei. „Komm, Dschanoum, Liebling – komm nur!“

Und Saffet lief zur Großmutter, schlang ihr beide Arme um den Hals und küßte sie zärtlich. Sie wußte selbst nicht, weshalb sie, die lebhafte, übermütige Saffet, heute so weich war. Es hätte nicht viel gefehlt, und Tränen wären ihr aus den Augen gerollt.

Doch schon zupfte Hilal, der das wohl gemerkt hatte, an der kleinen Zierlichkeit und fragte lachend, wie ihr denn der gestrige Ausflug auf den Baum bekommen sei. Weggeweht war alle Rührung. Das eben noch zärtlich weiche Kätzchen sprang wütend vom Schoß der alten Dame und stand mit blitzenden Augen, kampflustig wie ein Panther, vor dem übermütigen Bruder.

„Du – Du!“

Dieser schmunzelte.

„Auf den Baum?“ fragte die Großmutter, als hätte sie nicht recht gehört; doch in ihren Augen stand ein heimliches Lachen. „Ja, Dschanoum, bist du nicht erwachsen? Wie sah dein Maschlah nachher aus?“

„Heil und sauber, Großmutter, und ich auch!“

„Was hätten die Tanten gesagt, wenn sie dich gesehen hätten?“ Lächelnd hob die alte Dame den Kopf.

„Keiner hat mich gesehen, Großmutter, keiner! Es war oben im Park, auf der alten Magnolie, die doch bequem ist wie ein Sessel, weißt du, dort, von wo aus man den herrlichen Blick über den Bosporus hat!“ Ein drohender Blick traf dabei den Bruder. Er würde es doch nicht wagen, etwas gegen Aysche zu sagen? Hilal aber schmunzelte noch immer.

„Soso, auf der alten Magnolie“, griff die Großmutter Saffets Satz von vorhin wieder auf, „eine junge Dame der ersten Gesellschaft Istanbuls auf der alten Magnolie!“

„Aber reizend sah die junge Dame der ersten Gesellschaft Istanbuls auf der alten Magnolie aus und –“ Hilal lachte. Er wird doch nicht? Halb ängstlich, halb zornig blickte ihn diese Dame der Istanbuler Gesellschaft jetzt an. Wenn er etwas von Aysche sagte, würde sie es ihm nie verzeihen, nie! Aber er lachte nur. Und da kam – Saffet erschien sie heute wie ein Engel – eine Dienerin und sagte, der Speisetisch sei unten im Alkoven gerichtet. Die Sonne sei im Sinken und die Tanten bereits versammelt.

Natürlich, alle im Haremlik wollten Abschied nehmen von „ihren“ Jungen.

Feierlich in ihren schwarzen Festtagsgewändern standen sie da, als die Großmutter, gefolgt von ihren drei Enkelkindern, die Halle betrat. Höflich begrüßten Murat und Hilal ihre Tanten.

Bald erklangen auch die Böllerschüsse aus der Stadt, die die Stunde kündeten, da mit dem Essen begonnen werden durfte.

Der Tisch war voll der köstlichsten Speisen. Der Hammelbraten duftete verlockend, bunte Salate in goldgelbem Öl lagen neben schwarzen Oliven in großen Schüsseln, Reis, Gemüse – neben weißem Fladenbrot. Es war keine Fastentafel. Es war eine Tafel, wie man sie jetzt während des

Krieges nur selten sehen konnte. Aber die Großmutter hatte angeordnet, daß die Lieblingsspeisen ihrer Jungen aufgetragen würden. Die Fastenzeit würde ja eingehalten, indem keiner einen Bissen vor Sonnenuntergang genoß.

Doch trotz der Lieblingsspeisen schien es nur Hilal so recht zu schmecken. Er war auch der einzige, der fröhlich und zuversichtlich alle Fragen beantwortete, mit der Schwester scherzte und ab und zu begeistert von Mustafa Kemal sprach, von dem man jetzt so viel hörte und in dessen Regiment er morgen einrücken sollte.

Schon brachte die Dienerin duftenden Kaffee in kleinen Dscheswe, den Messingkännchen mit dem langen Stiel, auf den Tisch, dazu ölige Teigwaren, Helva und Lokum.

Die Sonne war vollends gesunken. Nur noch rötliche Schimmer hingen hinter der Silhouette Istanbuls. Leise schlugen die Wellen des Bosporus an die Wände des Alkovens. Welch ein Friede, welch eine Ruhe hier in einem Lande, in dem die härtesten Kämpfe tobten.

Murat griff sich an die Kehle, als müßte er ersticken.

„Wollte Vater nicht auch ins Haremlik kommen?“ fragte Hilal etwas besorgt, als der Kaffee in winzige Schalen gegossen wurde. Die Großmutter nickte. „Er wollte, doch sandte er mir eine Botschaft, daß Besuch aus dem Ministerium da sei. Es ginge nicht, er ließ uns einen angenehmen Abend wünschen.“

Murat blickte erschrocken auf die alte Dame, die ihn ernst ansah, dann tauschte er einen Blick mit dem Bruder.

Auch Fräulein Bergs Gesicht schien bedrückt.

Im Hof des Selamlik stand ein eleganter Wagen. Der Chauffeur hatte einem hohen Würdenträger des Sultans den Schlag geöffnet, der Diener den Besuch beim Pascha gemeldet.

Jetzt saßen die Herren im Empfangsraum des Selamlik mit sorgenvollen Gesichtern. Der hohe Beamte brachte keine erfreulichen Nachrichten. Blaß saß der Pascha vor seinem Gast. Die Lage der Türkei war schlecht.

Lange sprachen die Herren miteinander bei Wasserpfeifen und Kaffee. Als der Beamte sich verabschiedete, schickte der Pascha einen Diener, die Söhne zu holen. Er gab den Auftrag mit dem ausdrücklichen Befehl, die Damen nicht zu beunruhigen. Murats Gesicht war gelb wie Pergament, als er seine Knie vor der Großmutter beugte, ihre Hand mit den Lippen berührte und die Stirn länger als üblich auf ihrer Hand ruhen ließ. Fühlte er, daß es der letzte Abend daheim war? Fühlte er, daß er sein junges Leben hingeben mußte im Kampf fürs Vaterland?

Schwer stand er auf.

Hilal aber beugte sich lächelnd über die kleine Schwester. „Wer war das Mädchen vom Levkojenfeld, Saffet, die Schöne vom Magnolienbaum?“ fragte er flüsternd.

Verwundert blickte Saffet auf und legte erschrocken den Finger auf die Lippen. „Pst, wenn sie dich hören!“ Ängstlich sah sie zu den Tanten hinüber.

Da kamen sie auch schon, eine nach der anderen, um den jungen Männern ihren Segen zu geben.

„Allah behüte euch! – Allah sei mit euch und unserem Vaterland!“ sagte die Großmutter und hob ihre Hand.

Die jungen Männer verneigten sich und gingen zur Tür.

Sie sahen nicht mehr, daß die Großmutter, die Hand aufs Herz gepreßt, in einen Sessel sank und leise stöhnte.

„Allah ismarladik!“ sagte Murat und blickte der Schwester ernst in die Augen.

„Allah sei mit dir!“

Dann ging Murat aufrecht und schnell durch den Garten des Haremlik.

Hilal aber neigte sich zur Schwester und küßte sie. „Nun, wer ist sie, die Schöne mit den Honigaugen?“

„Meine Freundin!“ antwortete Saffet und freute sich, daß das Mädchen, das sie so gern hatte, dem Bruder gefiel.

„Deine Freundin? Gut. Doch wie heißt sie? Ich habe sie nie gesehen!“ Hilal wurde ungeduldig.

„Aysche heißt sie“, sagte Saffet, „es ist Aysche, ein Fischerkind!“

„Aysche, ein Fischerkind“, wiederholte Hilal langsam. Dann legte er der Schwester die Hand aufs Haupt und sagte leise: „Allah behüte euch beide! Leb wohl, Saffet!“ und ging ruhig und schnell mit großen Schritten den Kiesweg entlang, seinem Bruder Murat nach.

Saffet und Aysche waren Freundinnen geworden. Herzensfreundinnen! Mit einer Zärtlichkeit hingen sie aneinander, wie Fräulein Berg es aus ihrer Heimat nicht kannte, und oft betrachtete sie erstaunt die beiden Unzertrennlichen.

Klopfenden Herzens war Aysche das erste Mal vor die gefürchtete alte Hanim getreten. Und prüfend hatte die alte Dame sie angesehen. Gemeinsam mit Saffet hatte Aysche dann vor der Großmutter auf den Lederhockern gesessen, und viel hatte die Großmutter gefragt.

Am nächsten Tage aber hatte sie Fräulein Berg erklärt, daß Aysche am Unterricht ihrer Enkelin teilnehmen dürfe.

Und so saß nun Aysche während des Unterrichts mit am Tisch und erfuhr mit Staunen, was es an Wunderdingen in der Welt gab. Daß die Erde eine Kugel, daß die Sterne Welten seien, daß weiße, braune, schwarze und gelbe Menschen in den verschiedenen Ländern lebten, und sie erfuhr noch viel Seltsames aus Tier- und Pflanzenreich.

Wenn sie aber oben im Park waren, hockten die Mädchen auf der blühenden Magnolie, und geduldig erklärte Saffet der Freundin die Schriftzeichen des arabischen Alphabets. Mühsam lernte Aysche diese seltsam schönen Zeichen malen und verstehen.

Manchmal verlegte auch Fräulein Berg ihren Unterricht in den Park. Dann saßen sie zu dritt auf der Marmorbank unter der alten Magnolie.

Aysche war nicht mehr fremd und scheu. Aufgeschlossen und fröhlich wuchs sie in die Welt des Yali hinein und fühlte sich glücklich.

Heute glitzerte die Sonne besonders hell auf dem Wasser des Bosporus. Eine kleine Eidechse hockte auf sonnenbeschienenem Stein und blinzelte zu Fräulein Berg hinüber, die den Rücken an den Stamm der Magnolie lehnte.

„Bitte, Fräulein Berg, erzähl doch, wie die ersten Menschen hierherkamen, hierher auf das schönste Fleckchen Erde, und wie Istanbul entstand!“ bettelte Saffets Stimme aus den Zweigen des Baumes. „Aysche hat das noch nie gehört, bitte, Fräulein Berg!“ Saffet saß auf ihrem Lieblingsplatz, neben ihr Aysche.

Fräulein Berg erzählte schön, und wenn ihr Akzent auch sehr eigenartig war, so erhöhte das für die Mädchen nur den Reiz der Geschichten.

Saffet aber konnte es nicht abwarten, bis Fräulein Berg begann. „Siehst du, Aysche, dort, südlich von uns, auf der anderen Seite des Bosporus die hohe Spitze des Top-Kapu-Serails? Dort ragt sie umspült vom Marmarameer und vom Goldenen Horn hoch über das Wasser. Da wohnt der Sultan. Die ganze Landspitze ist voller Pavillons, kleiner Palais und kostbarer Brunnen, voller Gärten, seltsamer Blumen und schöner Frauen. Aber weißt du auch, daß hier lange, lange bevor unser Osmanisches Reich gegründet wurde, andere Menschen gewohnt haben?“

Ungläubig schüttelte Aysche den Kopf.

„Siehst du, Fräulein Berg, siehst du, sie weiß es nicht!“ Und Saffet rutschte vom Baum und hockte sich auf den Stein vor der Bank. „Bitte, erzähl doch!“

Fräulein Berg begann in etwas gebrochenem Türkisch: „Tausendzweihundert Jahre vor der Geburt Mohammeds, eures großen Propheten, als hier nur wasserumspülte Hügel und Wälder waren, durchleuchtet von der Sonne, gestreichelt vom Mond, nur belebt durch lichte Ifrits und Peris, glitt eines Tages ein stolzes Schiff von Süden herauf. Am Bug dieses Schiffes stand ein König, groß und licht, selbst wie ein Ifrit anzusehen, Byzan, der Herrscher von Megara. Er blickte über dieses Land, das ihm schöner schien als alles, was er bisher gesehen hatte.

‚Legt an', gebot er. Und seine Mannen, erstaunt darüber, daß die Fahrt unterbrochen wurde, lenkten das Schiff hier an unsere Küste."

Fräulein Berg hielt kurz inne und blickte zu einem Vogel hinauf, der gerade über ihnen zwischen den blühenden Ästen sein Lied in den Frühlingshimmel schmetterte.

„Es war Frühling", fuhr Fräulein Berg jetzt fort, „und das ganze Land war erfüllt von Blühen und Vogelsang, wie heute. Byzan erklomm eine sanft emporsteigende Küste – vielleicht war es gar nicht so weit von hier –, ließ sich nieder, – vielleicht in Tschamlidscha –, blickte über die sieben Hügel südlich des Goldenen Horns, blickte auf das Marmarameer, aus dem die Prinzeninseln im Sonnenschein wie Smaragde wuchsen, blickte auf die Ufer des Bosporus und gen Norden zum Schwarzen Meer hin. Er wandte sich nach Osten und sah aus der Weite unseres Landes den schneebedeckten Gipfel des Ulu Dagh leuchten. Erfüllt von so viel Schönheit atmete er tief, hob die Arme gen Himmel und dankte seinem Gott, der ihn hierher geführt hatte.

Dann wies er auf die sieben Hügel südlich des Goldenen Horns und rief: ‚Hierher will ich meine Megarer führen! Hier auf den sieben Hügeln am Bosporus wollen wir eine Stadt gründen, die, einem köstlichen Edelstein gleich, alle Städte in den Schatten stellen wird!‘

Und er sprang den Hang hinunter, befahl den erstaunten Männern, das Schiff zu wenden, und fuhr heim.

Vierhundert Familien suchte er aus. Menschen, die ihm besonders tüchtig, besonders wertvoll, besonders gut erschienen, und führte sie hierher.

So wurde der Grundstein zu der Stadt gelegt, die die Megarer nach ihrem Herrscher Byzantion nannten.“

Fräulein Berg schwieg. Aysche, die atemlos gelauscht hatte, glitt nun auch von ihrem Sitz auf dem Baum herunter und setzte sich neben die Deutsche. „Byzantion? Ich denke, du sprichst von Istanbul!?“

Saffet lachte. „Natürlich von Istanbul“, fiel sie ein, „hast du nie gehört, daß Istanbul, als es gegründet wurde, Byzantion – Byzanz hieß?“

Aysche schüttelte traurig den Kopf. „Ach Saffet“, sagte sie entschuldigend, „ich bin ja fast nie in die Schule gegangen, und was ich dort in den wenigen Stunden lernte, waren Koransprüche in arabischer Sprache, von denen mir die Mutter auch nur einige erklären konnte!“

„Also hör zu“, fuhr Fräulein Berg fort, „Byzanz wuchs zur Stadt. Die Menschen waren Griechen und wurden später, nach der Geburt Christi – Christen.

Fast tausend Jahre nach der Gründung von Byzanz kam der römische Kaiser Konstantin I., eroberte Byzanz und erhob es zu seiner Residenz. Byzanz wurde Kaiserstadt des

Oströmischen Reiches und jetzt nach diesem Kaiser Konstantinopel genannt."

„Ja, ja, Konstantinopel, den Namen habe ich schon gehört!" Ayssches Wangen glühten. „Ich habe mich gewundert, weshalb unsere Stadt zwei Namen hat. Doch wen hätte ich schon danach fragen können, als Mädchen! Meine Verwandten und die Mutter wissen es ja selbst nicht!"

Saffet aber, die froh und stolz war, das alles schon zu wissen, rief: „Konstantin dem Großen folgten andere Kaiser und Kaiserinnen. Ich mußte alle ihre Namen auswendig lernen! Ich kann sie auch, nicht wahr, Fräulein Berg? Und viele Gebäude, Plätze, Säulen und Kirchen, die man heute noch sehen kann, stammen aus jener Zeit. Fräulein Berg hat sie schon alle besichtigt, und einmal fährt sie mit uns hinüber, um uns diese alten Dinge zu zeigen. Ja, Fräulein Berg?"

„Natürlich, wenn Aysches Onkel es erlaubt, nehme ich sie gern mit. Sieh mal, Aysche, die Hagia Sofia dort, die Heilige Sofia mit ihren schlanken Minaretts! Das ist auch ein Bau oströmischer Kaiser, damals natürlich eine christliche Kirche, ohne Minaretts, nur mit einem Kreuz auf den Kuppeln."

„Dann sah Istanbul damals, als es noch Byzanz und Konstantinopel hieß, ganz anders aus als heute?" wunderte sich Aysche.

„Ganz anders", beteuerte Saffet. „Unsere Moscheen mit den Minaretts, unsere Brunnen, Palais und Pavillons sind erst von unseren Sultans erbaut worden!"

„Ach, erzähl weiter, Fräulein Berg, bitte erzähl weiter!" bat nun Aysche. „Wann kamen denn wir, die Osmanli?

Wann wurde denn dieses Konstantinopel uns, den rechtmäßigen, rechtgläubigen Türken, gegeben?"

„Gegeben?" Saffets Gesicht nahm einen herrischen Ausdruck an. „Erkämpft wurde es! In schweren, heldenhaften Schlachten haben es unsere Osmanen erkämpft. Doch das ist wieder eine herrliche, lange Geschichte. Einmal mußt du sie auch hören!"

Ein müder Schritt ließ die drei aufhorchen. Da stand im zartgrauen, perlenbestickten Maschlah, schwer auf ihren Stock gestützt, die Großmutter vor ihnen. Sie mußte einen Teil des Gesprächs mit angehört haben, denn nun sagte sie, als führe sie Saffets Sätze fort:

„Ja, unser Volk ist ein Volk der Kämpfer, Krieger und Sieger! Stark und tapfer, groß und schön!"

Sie kam näher und setzte sich auf die Bank. Fräulein Berg, die gleich Saffet und Aysche aufgestanden war, als die alte Dame herzutrat, wurde aufgefordert, wieder Platz zu nehmen. Sie setzte sich neben die Großmutter, während die Mädchen sich Rücken an Rücken auf den flachen Stein zu Füßen der Damen niederließen.

Die Großmutter ordnete den Schleier, der ihr über die Schulter fiel, und blickte sinnend auf die Kinder: „Ich hörte, daß Fräulein Berg euch von der Entstehung Istanbuls berichtete und vom Oströmischen Reich. Damals schon war Anatolien, ja die ganze kleinasiatische Halbinsel, von Osmanen bewohnt. Ich will euch gern die Geschichte eures Volkes erzählen. Die Jahreszahlen, die ich nenne, gelten nach der Zeitrechnung Europas. Ich will dich, Saffet, nicht verwirren, da du bei Fräulein Berg im Geschichtsunterricht die Jahreszahlen der christlichen Zeitrechnung lernst."

Die alte Dame stützte beide Hände auf den Stock und schien in weite Fernen zu blicken.

„Woher wir kamen? Gebt acht!“

Und die alte Osmanin begann zu erzählen. Sie erzählte erst langsam und schwer, mitunter wurde sie lebhaft, und wenn sie von Schlachten und Siegen berichtete, tat sie es mit einem Feuer, einem Eifer, wie nur eine Türkin es konnte, die stolz darauf war, Osmanin zu sein.

Gegen Sonnenaufgang, unzählige Tagereisen von hier – dort, wo hinter Persien der Aralsee liegt und das Uralgebirge seine Ausläufer hat, steigt eine unermeßliche Höhe an. Dort, wo China und Sibirien einander begegnen, weitet sie sich zur Hochebene von erschreckender Trostlosigkeit. Im Frühling sprießt es hier wohl saftig und grün aus dem Boden, durchdringend liegt dann der würzige Duft des wogenden Grasmeeres in der Luft. Doch bald beginnt der Sommer das Graugrün der Steppe zu versengen, und fahlrot zieht sich die Ebene hinauf zu bizarr zerklüfteten Bergen, wo eisige Stürme brausen, Gletscherbäche in ausgespülte Schluchten stürzen, wo steinige Ebenen und Sanddünen für kurze Zeit aus bläulichen Eisflächen auftauchen.

Seit dunkelsten Zeiten lebten hier Völkerschaften, die kriegerisch, mutig, hart und anspruchslos waren. Wie hätten sie auch anders bestehen können!"

Die Großmutter machte eine kleine Pause. Dann fuhr sie fort: „Wer nicht verhungern wollte, mußte Hirte sein, wer Hirte sein wollte, mußte Krieger sein, wer Krieger sein wollte, mußte Reiter sein – denn um Weideplätze und Quellen mußte gekämpft werden, und bei der Weite und Grausamkeit des Landes war man zu Fuß verloren.

Die rauhe Witterung, die Härte der Kämpfe ließen keinen Schwächling gedeihen. Wer der Unbill dieses Lebens nicht zu trotzen vermochte, starb früh. So wurden die Männer und Frauen kraftvoll, widerstandsfähig und hart.

Sie schlossen sich zu Stämmen zusammen, zu Völkern, vernichteten einander, vereinigten sich mit anderen, und es ist unmöglich, all die Namen aufzuzählen, die sie trugen. Avaren, Hunnen, Tartaren, Kirgisen sind nur wenige davon. Sie tauchten auf, aus Felsen und Schnee – verschwanden wieder – in Rauch und Blut.

Und doch blieb der Mensch.

Wenn auch die Namen der Stämme wechselten, es war das gleiche Volk, das immer wieder hervorwuchs, war die uralo-altaiische, die turanische Rasse, der als Seitenzweige Mongolen, Tungusen und Türken entstammen. Heftig bekämpften sie einander. – Die einen unter dem Zeichen des Adlers, die anderen mit dem Geier. Dort tauchte der Blitz als Totem auf und hier der Wolf.

Häufig mußten sie sich den siegreichen Stämmen beugen, oft aber war es die erdrückende Unbill des Landes, die sie bezwang.

Sie unterlagen und – flohen –

So kam es, daß immer wieder eine Woge von Reitern aus Schneewehen, Sandwolken und dichtem Nebel auftauchte. Verdrängt durch Rivalen, verdrängt von der Härte des Landes, oft auch getrieben von der Sehnsucht nach Abenteuern oder neuem Weideland, galoppierten sie gen Westen.

So ging es durch Jahrtausende."

Wieder hielt die alte Dame inne und wandte sich nun ganz ihrer Enkelin zu:

„Bekannt sind dir, Saffet, schon durch Fräulein Berg die Namen der Sumerer, die 5000 v. Chr. in das Tal des Euphrat und Tigris kamen. Bekannt sind dir die Hethiter, die 2000

Jahre später Anatolien besiedelten. Du hast von den Horden des Attila gehört, die einige hundert Jahre n. Chr. ihren Ritt nach Europa begannen – und vom Stamm der Seldschuken, die im 11. Jahrhundert aufbrachen, unsere kleinasiatische Halbinsel zu besiedeln.“

Saffet bejahte eifrig, natürlich waren ihr diese Namen bekannt, Aysche aber hatte sie nie gehört. Sie wollte nach den Sumerern, Hethitern, nach Attila und den Seldschuken fragen, doch schon fuhr die Großmutter fort:

„Einer der vielen Stämme dort oben im rauhen Hochland aber war berühmt und gefürchtet durch seine Verwegenheit, seine Angriffslust und Klugheit. Das waren die Türken – ‚die Starken‘ –, die den Adler in ihrem Wappen trugen. Schon früh hatten sie erkannt, wie Waffen zu schmieden seien. Ihre Frauen färbten sich die Wollgewänder mit Kräutern, Rinde und Erde und wußten kunstvolles Zaumzeug herzustellen für die Reittiere.

Ein großes Reich wollte dieser Stamm gründen, oben zwischen dem Aralsee und der Wüste Gobi sollte es erstehen, im Gebiet von Turkestan – doch schon brausten die Horden Dschingis-Khans, des mongolischen Eroberers, über ihre Siedlung.

Der Stamm der Türken verließ Turkestan und siedelte im Tal des Euphrat.

Nach dem Tode des Chan rief Ertogrul, sein Sohn, der Graue Wolf genannt, die Männer der Türken zusammen!

‚Neues Gebiet, das für alle Platz hat, will ich suchen‘, rief er, ‚wer folgt mir?‘

Und wie er so dasaß auf seinem fahlen Roß, hoch erhoben den Säbel in der Faust, die Augen blitzend über den hervorstehenden Backenknochen, die Binde fest um die graue Stirn gewunden, war er ein Bild unbeugsamen Willens.

Die Männer scharten sich um ihn und leisteten den Treueeid.

Ertogrul aber sammelte sie mit ihren Frauen, ihren Kindern und ihrem Vieh und führte sie mit Hilfe seines Bruders gen Westen. Er führte sie durch Persien, Armenien und Kurdistan. Siegreiche Kämpfe wurden geschlagen.

Wenn sie abends ihre Jurten aufschlugen, die weißen, schwarzen, roten Zelte, ihre Hammel brieten und um die offenen Feuer saßen, besangen sie die Taten ihrer Tapfersten, und mancher Held legte stolz den Arm um sein Weib, das tags zuvor an seiner Seite reitend den Feind vernichten half.

Eines Tages beschleunigte Ertogrul den Ritt. Sie fielen in Anatolien ein. Ertogrul sprengte mit seinen Mannen zum Sakarya. An diesem Fluß zügelte er seinen Schimmel und durchforschte mit seinen Leuten die Gegend. Überwältigt von der Vielfältigkeit, die ihm fremd war, rief der Graue Wolf: ‚Türken, hier baut eure Heimat!‘

Und sie schlugen ihre Zelte auf. Dies geschah im Jahre 1288.

Das türkische Volk hatte seine Heimat gefunden. Eine wundervolle Heimat. Umspült von drei Meeren, durchströmt von Bächen und Flüssen, reich an Wäldern und fruchtbarem Boden – ein Land mit weiten Steppen, die reicher und milder waren als die in Turkestan.

Ertogrul aber schloß Freundschaft mit dem Seldschuken-Sultan. – Bald darauf starb er.“

Wie still es war. Die Mädchen rührten sich nicht. Erwartungsvoll sahen sie zur alten Dame auf, die nach kurzer Pause fortfuhr:

„Osman, der Sohn Ertogruls, übernahm die Herrschaft. Nach ihm wurde der Stamm der Türken die Osmanen genannt. Unser herrliches Osmanisches Reich war begründet. Osman drang weit gen Westen vor. Sein Sohn Orchan, ein heldenhafter Kämpfer wie sein Vater, eroberte schon Gallipoli und vermachte seinen Erben den doppelspitzigen Säbel, den ihr noch heute im Reichswappen sehen könnt.

Und weiter gingen die Siegeszüge. Murat I., kräftig und kampfesmutig wie sein Vater, drang erobernd bis tief in den Balkan ein. Dem leidenschaftlichen Feldherrn fiel reiche Beute zu. Oft forderte er als Tribut Knaben und Jünglinge christlicher Völker. Diese Kinder ließ er streng und gut erziehen. Sie wurden in der heiligen Religion des Islam unterwiesen und in der Waffenkunst ausgebildet. Sie hatten keinen anderen Vater als ihn, den Sultan.

Heiraten durften sie nicht. Versprochen wurde ihnen die Beute siegreicher Schlachten und das Paradies, wenn sie im Kampfe fielen. Damit hat er die Elitetruppe der Yeni Tscheri, der ‚neuen Soldaten', begründet, die in der ganzen Welt bekannt wurden als Janitscharen, die Leibgarde der Sultane. Siebenunddreißig Schlachten hatte Murat I. siegreich geschlagen, als er sein Ende nahen fühlte und Beyasid, nicht dem ältesten, doch dem tapfersten seiner Söhne, den Thron übergab.

Beyasid, der Blitz, wurde zum Schrecken der Europäer. Bis in die Steiermark drang er vor. Nur die Städte Konstantinopel, Athen und Saloniki trotzten ihm noch. Doch Beyasid setzte seinen ganzen Ehrgeiz darein, Konstantinopel zu erobern. Große Vorbereitungen wurden für den Angriff getroffen. Doch am Tage, an dem er wohlausgerüstet und guten Mutes entscheidend angreifen wollte, stürzten Boten zu ihm. Schreckensbleich und atemlos berichteten sie, Timur-Leng, ein Nachkomme des großen Dschingis-Khan, der ihren Stamm schon einmal vertrieben, ziehe mit Horden mongolischer Krieger plündernd, sengend und brennend durch die Lande. Er hauste fürchterlich. Keine Frau, kein Kind sei sicher vor ihm. Beim Anblick der brennenden Orte lasse er sich von Sängern rühmend seine Heldentaten besingen. Und zöge er weiter, so kündeten Pyramiden von Schädeln, daß Timur-Leng hier gewütet hätte.

Beyasid geriet bei solcher Rede in heiligen Zorn. Er sammelte seine Krieger, seine Reittiere und Wagen und zog, prachtvoll und wohlgeordnet, dem Schrecken aus dem Osten entgegen. Vor Ankara traf er auf die Horden. Heftigste Kämpfe entbrannten, und heldenhaft schlugen sich die Krieger. Doch was half ihr Mut – einer nach dem anderen sank blutend nieder. Die Erde färbte sich rot. Beyasid wurde gefangen. Verzweifelt wollte der Held entfliehen – er konnte es nicht verwinden, die Freiheit zu verlieren.

Doch was half ihm seine Kraft? In einer Sänfte, hinter goldenen Stäben, wurde er, gleich einem Tier im Käfig, nach Ankara getragen. Hier lieh ihm einer das Schwert, und Beyasid beendete selbst sein unwürdiges Dasein. – Timur-Leng aber wütete durch Anatolien. Als er Smyrna verwüstet sah, sammelte er seine Truppen und zog, plötzlich wie er gekommen, zurück in die Höhen seiner mongolischen Heimat."

Schreckensweit waren Aysches Augen auf die alte Dame gerichtet. „Und – und nun war alles aus?“

Beruhigend aber legte die Hanim Efendi ihre Hand auf den Kopf des Mädchens.

„Nein, mein Liebes, langsam erholten sich die Türken wieder! Beyasids Sohn begann die verlorenen Gebiete wiederzugewinnen. Vorbereitungen wurden getroffen, Konstantinopel zu erobern. Da fiel er.

Mechmed II. war erst einundzwanzig Jahre, als er, zum Sultan ernannt, gen Konstantinopel ziehen sollte. Er war ein schöner Mensch, kunstverständig und kundig jeder Wissenschaft, klug war er und tapfer, stolz war er und grausam. Am Tage, da er den Thron bestieg, ließ er seinen kleinen Bruder in der Badewanne erwürgen: Nie sollten Thronstreitigkeiten den Frieden seiner Regentenzeit bedrohen. Und sein Name, Mechmed II., sollte nie vergessen werden.“

Die Großmutter hob ihren Stock und wies zum gegenüberliegenden Ufer des Bosporus, wo die Mauern der alten Burg weit ausladend am grünen Hang standen –

„Seht ihr dort drüben die grauen Mauern der alten Rumeli-Hisar, der Rom-Festung?

Diese Burg, erbaut an der schmalsten Stelle des Bosporus, gerade gegenüber der Anadolu Hisar, der Anatolien-Festung, sollte Ausgangspunkt der Belagerung Konstantinopels werden.

Kaiser Konstantin verteidigte die Stadt mit großartiger Tapferkeit. Doch war ihm der Fall bestimmt. Vor dem Romanos-Tor an der Stadtmauer soll er den Tod gefunden haben.

Mechmed aber ritt in die Stadt, bis zur Hagia Sofia. Hier stieg er von seinem Roß, bückte sich und hob eine Handvoll Erde vom Boden. Er streute sich die Erde auf sein Haupt, als Symbol dafür, daß am Ende aller irdischen Eroberungen das Grab stehe."

Nach einer kurzen Pause fuhr die alte Dame fort:

„Und nun begann die Glanzzeit dieser Stadt, der Königin unter den Städten. Mechmed verwandelte Kirchen in Moscheen, stiftete Schulen, errichtete Armenküchen. Er ließ Spitale und Haine errichten und baute die Burg der Sieben Türme. So gab er der Stadt ein orientalisches Gepräge, und Mechmed war es auch, der mit dem großartigsten Bau, dem heiligen Herrscherpalast des Serails, begann. Es entstanden Paläste, Pavillons und wundervolle Gärten, kostbare Bäder und Springbrunnen, in Mosaiken und edle Steine gefaßt. Die schönsten Frauen der ganzen Welt lustwandelten hier unter blühenden Bäumen, spielten auf Tulpenwiesen und wurden von unzähligen Sklavinnen gepflegt und bedient. So entstand als zauberhaftes Wunder dieses Serail dort drüben auf der kleinen Landzunge, umspült vom Goldenen Horn, vom Bosporus und dem Marmarameer. Im Außenhof seines Herrschersitzes aber quartierte Mechmed die Janitscharen ein.

Seinen Brudermord erhob Mechmed II. zum Gesetz: Sobald ein Sultan den Thron besteige, sollten alle Brüder des jungen Herrschers hingerichtet, die Söhne der Töchter aber schon bei der Geburt erwürgt werden."

„Nein, nein!" rief hier Aysche, die das Gesetz des Brudermordes noch nicht kannte, schaudernd, „das kann doch nicht wahr sein, Hanim Efendi?"

„Es ist so wahr, wie ich hier vor euch sitze, Dschanoum, und es wird wohl nötig gewesen sein, um Thronstreitigkeiten zu vermeiden und damit den inneren Frieden des Landes zu sichern."

„Wie glücklich bin ich, daß ich die Tochter eines armen Fischers und nicht die Tochter eines Sultans bin!" Aysche schüttelte sich. Auch Saffet schauderte, obgleich sie das Gesetz schon kannte.

„Und wenn der Sultan um mich freien würde, Großmutter, nie würdest du deine Einwilligung zur Eheschließung geben?!" bat sie und schmiegte sich an das Knie der alten Dame.

Jetzt lachte die Großmutter.

„Keine Angst, Dschi-Dschiim, Süße, er wird nicht um dich freien", und dann ernster, „der Sultan hat jetzt andere Sorgen."

„Er ist schwach und krank, unser Sultan, nicht wahr, Großmutter? Hilal hat gar kein Vertrauen zu ihm!"

„Schweig, Kind, Hilal hat seinen Sultan zu lieben und ihm zu vertrauen! Er muß es und er tut es!" sagte die alte Dame streng. Saffet wußte, daß es hier keine Widerrede gab. Doch dachte sie an den Nachmittag, da sie ihn gesehen hatte, und sagte: „Einmal ritt er aus, als wir mit Fräulein Berg am Palais vorübergingen. Gebeugt sah er aus. Gar nicht wie ein Sultan, wie ein Held! Süleyman den Prächtigen stelle ich mir schöner vor!"

„Du hast recht, Saffet. Als Süleyman den Thron bestieg, war das Osmanische Reich im Aufblühen. Unter ihm erreichte unser Land seinen Höhepunkt auf jedem Gebiet. Süleyman liebte kluge Kriegsführung, liebte schöne Künste, hohe Wissenschaft und den Zauber der Frauen. Unser Reich war groß und mächtig. Mit den folgenden Sultanen kam kein großes Glück mehr über unser Volk."

„Und die schöne Roxelana war Süleymans Frau!" fiel nun Saffet ein, „bitte, Großmutter, erzähl von Roxelana!"

„Ich glaube, es wird zu spät", erwiderte die alte Dame und blickte nach dem Stand der Sonne.

„Ach Großmütterchen, Büyük-Annähdschi, erzähl doch ganz kurz von Roxelana und unserem Schmuck!"

Wie oft schon hatte Saffet so gebettelt. Wie oft schon hatte die Großmutter ihr die Geschichte der Roxelana und ihrer schönen Sklavin erzählen müssen, immer lauschte ihr die Enkelin, als vernähme sie die Worte zum erstenmal.

Und die Großmutter strich Saffet über das Haar und begann:

„Dort drüben im Kaukasus wuchs ein kleines, häßliches Mädchen auf. Es hatte struppiges rotes Haar und leuchtendgrüne Augen. Roxelana war eine Waise und wurde vom christlichen Popen erzogen. Viel Mühe hatte der geistliche Herr mit dem wilden Kind, das wegen seiner roten Haare oft gehänselt wurde und nicht selten in heftige Schlägereien mit den Dorfbuben geriet. Innig aber liebte Roxelana ihre Katze, der sie einst das Leben gerettet hatte. Rothaarig, mager und struppig wie sie selbst, bedeutete die Katze ihr alles. Eines Tages nun, als einer der Buben ihr die Katze entriß und zu ertränken drohte, hob Roxelana voller Empörung einen Stein vom Boden und schleuderte ihn in ihrem Jähzorn nach dem Jungen. Sie traf ihn an der Stirn. Roxelana konnte es selbst nicht fassen – der Junge stürzte zu Boden –, sie hatte ihn getötet. Ihre Katze im Arm, floh die

Zwölfjährige, verfolgt vom Grauen über ihre eigene Tat. Sie versteckte sich auf einem Schwarzmeerschiff. Roxelana ahnte nicht, daß es Sklavenhändler waren, zu denen sie sich geflüchtet hatte.

So kam das magere blasse Ding mit ihrer struppigen Katze auf den Sklavenmarkt nach Istanbul. Aber keiner wollte das grünäugige, häßliche Kind. Endlich kaufte ein Alter sie für einige Kurusch. Er brachte sie in die Küche des Serails, wo stets Hilfe gebraucht wurde, und machte noch ein Geschäft dabei.

Bei dem reichen Essen gedieh das kleine Mädchen zusehends, und in einem Jahr war das häßliche Pflänzchen zu seltener Schönheit erblüht. Schlank und straff war ihr Körper, in glänzendem Rotgold leuchtete ihr Haar; wenn sie lachte oder zornig schalt, funkelte es in ihren grünen Augen, und ihre Zähne blitzten wie Perlen zwischen vollen roten Lippen.

So sah sie die Lieblingsfrau des Sultans und holte sie zu sich als Dienerin.

Eines Tages, als Roxelana stolz und aufrecht, eine goldene Schale in Händen, zwischen blühenden Bäumen und springenden Brunnen zum Palais ihrer Herrin schritt, sah sie der Sultan. Noch am selben Abend gab er Befehl, sie zu ihm zu bringen.

Sechs Sklavinnen bemühten sich nun um Roxelana. Sie wurde gebadet, ihr Haar gebürstet und geölt, sie wurde in duftende Gewänder gehüllt und mit Gold und Edelgestein geschmückt. Als die Würdenträger des Sultans erschienen, die neue Favoritin abzuholen, erstaunten auch sie ob der fremdländisch wirkenden, königlichen Erscheinung.

Roxelana verstand es, den Sultan derart in ihren Bann zu ziehen, daß er nie mehr von ihr lassen konnte. Sie wurde seine Lieblingsfrau.

Doch ihrem Ehrgeiz genügte das nicht. Angetraute Sultanin des Reiches wollte sie werden.

Noch nie hatte ein Sultan bisher geheiratet. Die angesehensten, schönsten Mädchen wurden dem Sultan gekauft. Nur Sklavinnen hatten seine Gunst erworben, seine Söhne geboren.

Roxelana jedoch verstand es, vom Sultan die Freiheit zu erbitten. Er schenkte sie der Geliebten und wußte nicht, was er tat. Denn im Augenblick, da sie keine Sklavin mehr war, verweigerte sie sich dem hohen Herrn, da es unziemlich ist für ein Mädchen aus freiem Stande, sich unverehelicht dem Geliebten hinzugeben. Er aber, der nicht von ihr lassen konnte, ehelichte sie, trotz des Widerspruchs seiner Minister. Roxelanas Ehrgeiz war befriedigt. Sie war die erste Sultanin des Osmanischen Reiches.

Doch auch ihr, der Stolzen, Ehrgeizigen, sollte kein Leid erspart bleiben. Ihre Söhne mußten sterben, als Selim, ihr hartherziger Zweitgeborener, den Thron bestieg. Ihre junge Lieblingssklavin, Riza, aber konnte den Tod der Prinzen, die sie zärtlich wie eine Schwester geliebt hatte, nicht verwinden. Die zierliche Zwölfjährige weinte wochenlang, monatelang um die Jünglinge, so daß man um ihr Leben bangte.

So schwer es Roxelana auch fiel, denn sie liebte dieses zauberhafte Kind, schenkte sie Riza doch eines Tages einem der Minister ihres Mannes, den sie als großherzig und edelmütig kannte.

Riza wurde dreizehnjährig vermählt. Zur Hochzeit schenkte ihr Roxelana den Schmuck, den ihr kennt, und segnete ihn auf ihre Art. ‚Glück soll er dir bringen, Riza', soll sie gesagt haben, ‚dir und deinen rechtmäßigen Erben. Und stets soll er zu dir und deinen Nachkommen wiederkehren, wenn einer ihn ungerechterweise oder zur Ausführung eines Geheimauftrages in die Hände bekommt.'"

Die Großmutter blickte auf und wies auf das Yali, das in rotgoldenem Abendglanz vor ihnen lag. „Riza und ihr Gatte haben unser Yali gebaut und sind die Stammeltern unseres Geschlechts."

„Und Riza wurde eine schöne, gütige, doch stolze Herrin", fiel Saffet hier ein, während sie beide Arme auf die Knie der alten Dame legte und ihr liebevoll ins Gesicht sah, „und unsere Büyük Annäh, unser Großmütterchen, soll ihr gleichen!"

„Vielleicht gleichst auch du ihr, Liebling", erwiderte die Großmutter zärtlich, „doch nun schnell ins Haus. Der Gong ertönt bereits, und die Tanten werden mit dem Essen warten!"

Die Mädchen sprangen auf und reckten die steifgewordenen Glieder. Fräulein Berg bot der Hanim Efendi den Arm. Schwer erhob sich die alte Dame von der Bank.

Aysche war wie benommen. „Und das alles, das alles ist kein Märchen, sondern wirklich wahr?" fragte sie noch immer ungläubig. „Ja, Dschanoum, Liebling, es ist wahr", rief Saffet lebhaft. „Ja, viele von den Bauten Istanbuls sind Zeugen von dem, was ihr hörtet." Bereits im Gehen ergriff die Großmutter noch einmal das Wort. „Die Stadtmauer und Yedikule, die blutgetränkte Festung der Sieben Türme, die Moscheen, das Hippodrom, die Säulen, Obelisken und vieles andere mehr!“ Plötzlich schien der alten Dame ein Gedanke zu kommen, und schon wandte sie sich an Fräulein Berg. „Was meinen Sie zu dem Vorschlag, morgen mit den Mädchen einige der historischen Stätten Istanbuls zu besuchen? Inschallah, mir wäre es sehr recht!“

„Gern!“ Fräulein Berg nickte zustimmend. „Also morgen früh fahre ich mit euch nach Istanbul hinein!“

Saffet jubelte: „Du darfst mit, Aysche, Liebste, es ist herrlich!“

„Ich freue mich, Saffet, ich freue mich sehr!“ antwortete Aysche leise, und ihre Augen leuchteten.

Auf ihren Stock gestützt schritt die Hanim Efendi langsam der Brücke zu. „Leider kann ich nicht mitkommen“, wandte sie sich bedauernd an Fräulein Berg. „Es geht nicht mehr. Aber Ismet, der Diener, soll euch begleiten!“

Hinter ihnen erzählte Saffet eifrig weiter.

Namen wie „Timur-Leng“, „Beyasid“ und „Ertogrul“ fielen. Fräulein Berg lächelte froh. Seit Aysche dem Unterricht beiwohnte, war Saffet eifriger und viel interessierter an jedem Stoff. Wollte sie der Freundin imponieren? Oder ließen Aysches staunende Augen ihr jedes Ding wertvoller erscheinen?

Fräulein Berg wußte es nicht. Aber sie freute sich über die Fortschritte ihrer Schülerin und die Wunderaugen des Fischerkindes.

Im Garten verabschiedete sich die Großmutter und wünschte ihnen Allahs Segen.

„Bis morgen früh!“ rief Fräulein Berg den Mädchen zu und ging ins Haus.

Saffet aber, den Arm um die Freundin gelegt, begleitete Aysche noch bis zur Pforte.

„Allah ismarladik!“

„Allah sei mit dir, Dschanoum!“

„Bis morgen, Aysche!“

„Inschallah, so Gott es will, Liebste!“

Sie küßten einander, winkten, und langsam ging Aysche dem Hause ihres Onkels zu.

Als Aysche den Haremlik ihres Hauses betrat, kamen ihr die Töchter des Onkels entgegengesprungen und erzählten aufgeregt, so daß sich ihre Worte fast überschlugen, Brautwerberinnen seien dagewesen, um sie, Aysche, anzusehen. Ja, ja, es sei wahr! Und gleich nach Bayram kämen sie wieder, inschallah, was sei das doch für ein Glück für sie! Ein Grundbesitzer aus Anatolien sei es, mit dem sie verheiratet werden sollte.

„Geh nur zu deiner Mutter! Die Eltern sind noch bei ihr!"

Aysche war aschfahl geworden bei diesem Redeschwall der lustigen Mädchen. Kein Wort konnte sie sagen. Ihr schwindelte.

Einen Augenblick lehnte sie an der Wand, dann setzte sie sich auf die alte Holzstiege. „Was sagt ihr da? Brautwerberinnen?" fragte sie endlich stockend.

„Ja", die älteste der drei Mädchen nickte eifrig. „Brautwerberinnen, für dich! Aufregend! Immerhin bin ich auch bald fünfzehn! Sie hätten auch mir gelten können! Aber nein, dich wollten sie sehen, weil deine Mutter aus dem Dorfe stammt, wo der junge Mann seinen Hof hat!"

„Mutter hat schon in ihrer Truhe gekramt, um etwas Feines zu suchen, was man dir anziehen könnte", fiel die zweite ein, „Sachen hat sie in der Truhe – fein, sage ich dir!"

„Und Vater sagte, daß er dir morgen noch ein Paar Schuhe kaufen würde, damit deine Füße nicht so groß aussehen!

Du könntest ja nichts dafür, daß du so grobknochig und unschön seist!“

Das war Nihal, die Sechsjährige, die sich nun neben Aysche auf die Stufen setzte. „Ganz neue Schuhe! Freust du dich, Aysche, freust du dich sehr?“

Aysche aber starrte die Mädchen an wie im Traum. Freuen? Nein! Nein! Eine Welt schien unterzugehen für sie. Es brauste in ihrem Kopf. Brautwerberinnen – neue Schuhe – Anatolien – ein Mann –

Aysche hatte ihren Tscharschaff abgestreift und drückte beide Hände vor das Gesicht.

Brautwerberinnen: – gleich nach Bayram – das war schon in der nächsten Woche –

Plötzlich aber kam ihr ein Gedanke, rettend, wie das Tau einem Ertrinkenden, und so klammerte sie sich daran: „Brautwerberinnen?“ rief sie und versuchte zu lachen. „Neugierige! Wißt ihr denn nicht, Nedschla, Leila, auch du, Nihal, daß schon Brautwerberinnen da waren? Unangemeldet? Wie zum Spaß ließen sie mich in der Mitte des Zimmers sitzen, tranken Kaffee und gingen fort. Nie ist etwas daraus geworden! Auch diesmal wird es so sein!“

„Nein, bestimmt, diesmal ist es ernst!“ versicherte Nedschla.

„Ja, ja!“ Leilas Stimme gluckste.

„Ernst!“ Nihals Kopf fiel von einer Seite auf die andere.

Sechs große braune Augen blickten halb neugierig, halb beschwörend auf das Mädchen, das eines Tages mit seiner Mutter hier ins Haus gekommen war und von den Eltern immer ein wenig als Eindringling und Last empfunden wurde.

Aysche stand auf.

Nichts war ihr mehr anzumerken von der Erregung. Sie wußte, daß man seine Gefühle nicht preisgeben sollte. Scheinbar ruhig sah sie an den Mädchen vorüber, als wären sie nicht mehr da, und stieg langsam die Treppe hinauf. „Es wird nichts Ernstes sein, hilf Allah, es darf nichts Ernstes sein!“

Als sie den Raum betrat, den sie mit der Mutter teilte, hielt der Onkel im Sprechen inne. Er saß dort mit gekreuzten Beinen auf dem Diwan, den roten, etwas schmierigen Fez schief über dem fettglänzenden Gesicht. In der Linken hielt er die Nargileh, seine Wasserpfeife, die Ellenbogen hatte er auf die Knie gestützt. Die einst wohl weiße, nach türkischer Art um die Beine geschlungene Hose war stark angegraut und fleckig.

Vor ihm stand die Mutter. Ihre Augen leuchteten, als hätte sie Fieber. Die Tante hockte am Boden, wo sie ein Stück bunte Seide auf den Teppich ausgebreitet hatte und zu überlegen schien, ob sich daraus wohl ein würdiges Gewand für Aysche herstellen ließe.

Aysche blieb stehen und blickte von einem zum andern.

Einige Sekunden herrschte Schweigen im Raum. Dann ging die Mutter auf das reglose Mädchen zu und küßte es:

„Aysche, Kind, Allah hat meine Gebete erhört. Brautwerberinnen sind dagewesen. Wir können heim nach Anatolien, wenn du den Frauen gefällst. Er wird ein guter Mann sein, der von Allah gesandte, freu dich, Aysche!“

Doch Ayssches Gesicht leuchtete nicht auf, wie es sich gehört hätte und wie es die drei im Raum vermutet hatten. Erschrocken sah das Mädchen von der Mutter zur Tante, von der Tante zum Onkel. Dieser lächelte sonderbar. Es lag ein Lauern in seinen ein wenig zusammengekniffenen Augen, als er nun einfiel:

„Oh, du verstocktes Mädchen, jede andere jubelt, wenn Brautwerberinnen sich anmelden, jede andere strahlt im Gedanken daran, Allahs Willen zu erfüllen und getreue Dienerin ihres Ehemannes zu werden! Und du?“

Als er keine Antwort erhielt, Aysches Augen nur groß und erschrocken auf sich gerichtet sah, fuhr er streng fort: „Ja, was willst du denn eigentlich? Inschallah! Willst du unverheiratet bleiben und deinen Verwandten ein Leben lang zur Last fallen?“

„Sei still!“ fiel ihm hier die Tante ins Wort. „Sieh mal diesen köstlichen Stoff!“ wandte sie sich an Aysche. „Daraus machen wir dir ein Gewand. Fein sollst du aussehen, wenn sie kommen!“

Und als Aysche noch immer schwieg, legte ihr die Mutter den Arm um die Schulter und sagte: „Du wirst geschmückt, mein Kind, meine Kette aus weißem Meerschaum, die ich seit Vaters Tode nicht mehr trug, schenke ich dir, und der Onkel will dir neue Schuhe kaufen!“

Forschend beobachtete der Onkel das Mädchen. Dann erhob er sich ärgerlich.

„Eine Braut, weißhäutig und rundlich, mit glänzendem Haar und zärtlichen Augen, sei der Wunsch des Ali Efendi aus Anatolien, haben die Brautwerberinnen gesagt. Nedschla wäre die richtige, doch wir bringen das Opfer und zeigen dich – den Frauen –, und was ist der Dank?“

„Gebt ihm Nedschla, inschallah, gebt ihm Nedschla!“ flehte jetzt Aysche.

Der Onkel aber war sprachlos über solche Unverschämtheit.

„Aysche!" rief die Mutter erschrocken, „Aysche, weißt du denn nicht mehr, was du sprichst?"

Die Tante aber meinte mit spitzer Stimme und ebenso spitzem Lächeln, daß dies wohl die Folgen der großen Freundschaft mit dem Yali des Pascha Efendi seien und daß der Einfluß dieser Deutschen dort im Hause sich nun auswirke. „Ich habe ja gleich gesagt, man solle ihr diesen Verkehr verbieten, nun habt ihr es!"

Von Anfang an hatte sie es als ärgerlich empfunden, daß es gerade Aysche und nicht eine ihrer Töchter war, die den Schmuck gefunden und das Wohlwollen dieser angesehenen Familie gewonnen hatte. Jetzt war es Zeit, ihrem Herzen Luft zu machen.

„Wozu soll sich ein Mädchen den Kopf vollstopfen lassen mit dummem Zeug, das zu nichts gut ist? Wozu schreiben und lesen lernen? Um diese unanständigen europäischen Romane zu verstehen, die ihr nur Flausen in den Kopf setzen? Unseren Töchtern hätte ich das schon rechtzeitig verboten!"

Vorwurfsvoll sah die kleine, rundliche Frau dabei zur Anatolierin auf, die schweigend vor ihr stand. Am liebsten hätte sie ihre Seide zusammengefaßt und wäre gegangen. Doch der Gedanke, daß Aysche den Frauen ungeschmückt nicht gefallen könne und mit ihrer Mutter weiterhin im Hause bliebe, ließ sie einhalten. Deshalb lächelte sie, hob den Stoff auf und legte ihn Aysche um die Schulter.

„Prachtvoll, herrlich! Ist es nicht so, liebe Schwägerin? Fein wirst du aussehen, Kind, und wirst ihnen gefallen –"

Eifrig fing sie an zu messen, zu überlegen. „Wir wollen das Kleid gleich in Arbeit nehmen. Morgen früh nimmt dich der Onkel mit nach Stambul, um Schuhe zu kaufen. Wir werden dich schon feinmachen!“

„Morgen“, dachte Aysche, „morgen früh wollte ich mit Saffet und Fräulein Berg die alten Bauten Istanbuls besuchen.“

Morgen früh!

Aber sie wagte nichts davon zu erwähnen. Schweigend ließ sie alles mit sich geschehen, was die Tante für richtig hielt.

Am Abend aber, als sie im Bett lag und die ruhigen Atemzüge der Mutter hörte, lösten sich Schrecken und Kummer in großen Tränen. Sie rannen über ihre Wangen auf das Kissen, und im Einschlafen flüsterte Aysche noch einen Namen, der einem fremden Manne gehörte, einem Manne aus vornehmem Hause, der ihr einmal wie ein Prinz erschienen und dann im Kriege untergetaucht war.

Am nächsten Morgen war Ayssches Gesicht geschwollen, und ihre Augen waren gerötet.

Wie gut, daß ihr Tscharschaff aus anständigem, festem Gewebe war, nicht dünn und durchsichtig wie die einiger moderner, feiner Mädchen.

Beim ersten Ruf des Muezzins stand sie leise auf, hüllte sich in ihren Umhang und verließ das Haus.

„Sie geht zum Gebet“, dachte die Mutter, die wohl gehört hatte, daß Aysche unruhig geschlafen hatte. „Seltsames Kind, so schwer fällt es ihr, sich an den Gedanken der Ehe zu gewöhnen!“ – Die Mutter hatte sich schlafend gestellt, um Aysche mit ihrem Gefühl allein zu lassen. „Nun, früh genug wird sie merken, daß es schön ist, einen guten Mann zu haben – und die Anatolier sind brav!“

Aysche war nicht zur Moschee gegangen, sondern links von der Cami abgebogen.

Der Türhüter im Yali blickte erstaunt auf den frühen Gast. Doch kannte er die Freundin seiner kleinen Herrin und ließ sie freundlich ein.

Schnell lief Aysche über die morgenfeuchten Kieswege. Keinen Blick hatte sie für die aufgehende Sonne, keinen Blick für die Tautropfen an Grashalmen und Blüten, kein Ohr für die erwachenden Vogelstimmen. Sie betrat die Vorhalle des Haremlik, lief leise die geschwungene Treppe hinauf und stand einen Augenblick vor der Tür, die zum Zimmer der Freundin führte.

Ungeheuerliches Unterfangen für ein Fischerkind, die Morgenruhe eines hochherrschaftlichen Hauses zu stören. Schon überlegte Aysche, ob sie umkehren sollte – da hörte sie hinter sich Schritte im Flur – und öffnete die Tür. Das Licht fiel gedämpft durch geblümte Vorhänge. In schöner Form schimmerte das Schmiedeeisengitter vor dem Fenster durch die zarten Gardinen.

Saffet lag in ihrem weißen Bett, das mit Goldornamenten verziert war, zugedeckt mit einer gelbseidenen Decke. Ratlos blieb Aysche stehen. War es nicht töricht gewesen, ins schlafende Haus einzubrechen?

Da regte sich Saffet, öffnete die Augen und saß mit einem Ruck aufrecht im Bett. „Aysche, Liebste, wie siehst du aus? – Du hast geweint, was ist geschehen?“ Erschrokken sprang Saffet jetzt aus dem Bett und zog die Freundin, die mit zurückgeschlagenem Schleier vor ihr stand, zu sich. Nun hockten sie da auf der seidenen Decke, und mit gepreßter Stimme begann Aysche: „Brautwerberinnen, es scheint, daß sie es ernst meinen – Brautwerberinnen für mich –, gleich nach Bayram kommen sie.“ Und wieder traten Tränen in ihre Augen. „Ich soll nach Anatolien verheiratet werden!“

Saffet holte ein Taschentuch unter dem Kopfkissen hervor und reichte es der Freundin. „Hier“, sagte sie, „schnaub dich mal! Anatolien – so weit –, nein, das geht nicht! Du bleibst bei uns!“

„Ich glaube, es ist aus, Saffet, ich werde wohl müssen.“ Aysche drehte das feine Tüchlein in ihren festen Händen und breitete es übers Gesicht, um die Tränen fortzuwischen. „Und ich kann noch nicht schreiben! – Und wollte doch so viel lernen! – Und heute kann ich nicht mit Fräulein Berg und dir nach Istanbul – ich bekomme neue Schuhe – damit ich den Brautwerberinnen gefalle!“

„Nein, Dschi-Dschiim, nein, nein, nein, du darfst nicht fort – ich will es nicht!“ Beide Arme schlang Saffet jetzt um die Freundin und küßte sie zärtlich. Dann sprang sie auf. „Du, Aysche, wir gehn zur Großmutter, immer weiß sie einen Rat – immer –, und stets ist es richtig, was sie sagt!“

Und schon lief Saffet zur Tür, die ins Ankleidezimmer führte.

Aysche aber trat ans Fenster und blickte auf den goldenen Bosporus und das dahinterliegende Istanbul, dessen Minaretts und Schlösser im Licht der aufgehenden Sonne glühten.

Weit öffnete sie die Flügel und steckte den Kopf durch die Stäbe. „Ich glaube, Saffet, ich werde Heimweh haben“, wandte sie sich der wieder eintretenden Freundin zu, „wie schön, daß ich dir alles sagen kann – mit keinem kann ich sonst so sprechen wie mit dir, Saffet, nicht einmal mit der Mutter!“

„Komm zur Großmutter, Aysche, komm schnell – damit sie uns sagt, was zu tun sei!“

Im Hinausgehen zögerte Aysche. „Es ist so früh, stören wir nicht die Morgenruhe der Hanim Efendi?“

Saffet lachte. „Oh, da kennst du die Großmutter nicht! Sie ist die erste im Hause. Täglich kniet sie schon auf ihrem Gebetsteppich, wenn der erste Ruf des Muezzins ertönt. – Komm nur!“

Saffet schwang sich aufs breite Treppengeländer und rutschte in die Halle, während Aysche die Stufen hinablief.

Auf der anderen Seite stiegen sie die Treppe hoch, die zu dem Gemach der alten Hanim führte. Erstaunt blickte die alte Dame auf, als es klopfte und gleich darauf durch den Türspalt Saffets Kopf erschien. Sie saß in ihrem Erker und hatte den Koran auf den Knien liegen.

„Dürfen wir eintreten, Großmutter?“ fragte Saffet, und ohne eine Antwort abzuwarten, eilte sie auf ihren weißen Strümpfen über die Teppiche und neigte sich über die feine, runzlige Hand.

„Gewiß, Kinder, kommt nur. Allah segne euch! Was führt Aysche zu so früher Stunde in unser Haus?“

Auch Aysche hatte ihre Schuhe vor der Türe abgestreift und war nun langsamer in den Erker gekommen, wo sie die alte Dame ehrerbietig begrüßte. Scheu überlegte sie, was sie der Hanim des Yali sagen sollte. Erst jetzt merkte sie, wie schwierig und ungewöhnlich es war, was sie da so unbedacht unternommen hatte. Doch Saffet kam ihr zu Hilfe.

„Großmutter, du mußt uns helfen! Brautwerberinnen, ernste Brautwerberinnen haben sich im Hause des Fischers angemeldet – nach Anatolien soll Aysche! – Denk, nach Anatolien! Das geht doch nicht, Großmutter, das geht doch nicht, jetzt, da Aysche meine Freundin ist und hier lernt! – und, und –“

Beschwichtigend aber legte die Großmutter ihre Hand auf den Kopf der Enkelin und bedeutete den Kindern, sich erst einmal Kissen zu holen und zu ihren Füßen niederzuhocken.

„Allahs Morgenruhe wollen wir nicht durch hastiges Reden und ebenso hastiges Bewegen stören“, und gelassen lehnte sie sich in ihren Sessel, als sei nichts Außergewöhnliches geschehen.

„Und nun, Aysche, erzähl du mal, was geschehen ist!"

Mit heiserer, trockener Stimme berichtete Aysche zum zweitenmal, was sie schon Saffet erzählt hatte. Doch schien ihr jetzt, unter den ruhigen, guten Augen dieser Frau, alles nicht mehr ganz so furchtbar wie am Abend und in der Einsamkeit und Dunkelheit der Nacht.

„Was können wir tun, Großmutter, was können wir nur tun, damit Aysche hierbleiben darf?" fiel nun Saffet wieder ein, als Aysche schwieg und die Großmutter, ohne ein Wort zu sagen, gütig auf das große Mädchen zu ihren Füßen herabblickte.

„Gar nichts, Liebling", sagte diese dann ruhig und strich Saffet über das Haar, „gar nichts können wir tun, wenn ihre Mutter und ihr Onkel beschlossen haben, sie diesem Manne zur Frau zu geben. Es ist Aysches Schicksal, diesem Manne eine gute Frau zu werden, ihm – wie Allah es wünscht – stets helfend zur Seite zu stehen, ihm Kinder zu schenken und diese zu rechtschaffenen Menschen zu erziehen!"

„Nein, Großmutter, nein!" Saffet blickte entsetzt auf die alte Dame, und Tränen traten in ihre Augen. „Das kann doch nicht dein Ernst sein – Aysche ist meine Freundin! Befiehl, daß sie hierbleibt!"

„Das kann ich nicht, Saffet. Und auch du wirst noch mehr Opfer bringen müssen in deinem Leben. Das Schicksal ist uns bestimmt – Kismet – Quisma –, der Anteil, der uns zugedacht ist vom ganzen großen Weltgeschehen. Und wie wir dieses Schicksal hinnehmen und wie wir es meistern, das bestimmt unseren Wert!"

Still hatten die Mädchen zugehört, und wie damals, als die Brüder in den Krieg zogen, fühlte Saffet, daß es etwas gab, wogegen man sich nicht auflehnen konnte, etwas, was man hinnehmen mußte, gegeben aus Gottes Hand.

Aysche dachte ähnliches. Ihr Gesicht war sehr weiß.

„Wir Frauen müssen gehorchen“, sagte die Großmutter, „und wenn wir das wollen, was von uns verlangt wird, dann ist das Gehorchen nicht schwer. Eine Frau kann viel und hat hinter dem Schleier und hinter Gittern große Macht über ihren Mann. Sie kann ihn Allahs Wege weisen und ihn leiten, ein gutes Leben zu führen. Sie kann ihn aber auch Wege weisen, daß Scheitan lacht. Denkt beide daran, denn auch du, Saffet, wirst einmal die Frau eines Mannes, den dein Vater dir wählen wird.“

Nachdenklich sahen die Mädchen vor sich hin. „Aysche aber wird sich noch recht im Schreiben üben müssen“, fuhr die Großmutter jetzt fort, „damit sie uns laufend von ihrem Leben berichtet und wir weiterhin an ihrem Schicksal teilhaben können!“

„Ach“, ein schwerer Seufzer kam von Aysches Lippen, „ich darf nicht mehr ins Yali, ich soll nicht mehr lernen! Lesen und Schreiben seien nichts für ein sittsames osmanisches Mädchen, sagte der Onkel.“

Nun mußte die Großmutter lachen. „Das laß meine Sorge sein, Seelchen, du wirst hierherkommen dürfen, bis zu deiner Hochzeit – und du sollst noch viel lernen bei uns!“ Sinnend blickte die Großmutter auf Aysche, deren Wangen sich nun leicht röteten. „Doch glaube ich, daß du nun heim mußt, wenn du ohne das Wissen deiner Mutter zu uns kamst!“

Beide Mädchen waren aufgestanden; zärtlich schmiegte sich Saffet an die Großmutter, dankbar beugte sich Aysche über die Hand der alten Dame.

„Danke, Hanim Efendi!“

„Allah sei mit dir, mein Kind!“

Dann begleitete Saffet die Freundin zum Tor.

Als Aysche langsam die schmale Straße entlang heimging, lag vor ihr ein Teppich von Blütenblättern. Aysche blieb stehen, blickte hinauf und sah über sich die Magnolie, auf der sie damals mit Saffet gesessen hatte. Ihre Äste bewegten sich im Morgenwind, und die Blätter der verblühten Kelche fielen zu Boden. Aysche bückte sich, sie hob zwei der schönsten Blütenschalen auf und barg sie in ihrem Tscharschaff, gleichsam als winzigen Teil eines ausgeträumten Märchens.

Mit weitausholenden Schritten ging Aysche dann dem Fischerhause zu.

Als Aysche das Haus des Onkels betrat, hörte sie bereits im Flur Stimmen aus dem Zimmer der Mutter. So deutlich klangen die Sätze an ihr Ohr, daß sie jedes Wort verstehen konnte.

„Beim ersten Ruf des Muezzins ist sie schon hinausgegangen", sagte jetzt die Stimme der Mutter, „sicher ist sie zum Gebet in der Cami."

„Dann müßte sie schon wieder dasein", brummte die Stimme des Onkels, „und wenn sie auch noch so innig Dank sagt für die bevorstehende Werbung."

„Sie wird zum Brunnen gegangen sein", kam zaghaft die Stimme der Mutter –

Schnell schlüpfte Aysche in die Küche, ergriff die bauchigen Krüge und eilte leise aus dem Hause.

Nur eine Frau stand am Brunnen. Aysche brauchte nicht lange zu warten, bis sie ihre Krüge unter den Strahl des Wassers halten konnte.

Als sie gleich darauf den Platz vor dem Hause überquerte, sah sie die Mutter schon wartend in der Tür stehen. „Beeile dich, Tochter", rief sie ihr zu, „der Onkel und Nedschla warten bereits, um mit dir nach Istanbul auf den Bazar zu fahren! Onkel will dir die Schuhe in Istanbul kaufen!"

„Auf dem Bazar!?" wunderte sich Aysche, denn sie war noch nie auf dem Bazar gewesen. Wie sollte sie auch als Mädchen auf den Bazar kommen? Die Dinge, die sonst gebraucht wurden, wurden in Üsküdar gekauft, und fast immer besorgte sie der Onkel.

„Ja“, antwortete die Mutter auf Aysches erstaunte Frage und nahm ihr einen der Krüge ab, „der Onkel hat dort einen Freund, der Schuhe macht und mit diesen Schuhen handelt. Er will zu diesem Freund, denn die Schuhe, die der Onkel kaufen will, sollen dir und Nedschla gleichermaßen passen, denn auch Nedschla soll sie noch tragen zu ihrer Brautschau und Hochzeit. Du, Aysche, brauchst sie in Anatolien nicht mehr. – In Anatolien geht man barfuß oder mit festen ordentlichen Schuhen!“

Aysche war ganz verwirrt. Es war ihr zwar nicht recht klar, wie ihr großer, sehniger Fuß den gleichen Schuh wie Nedschlas kleiner, rundlicher tragen sollte, doch überwog im Augenblick der Gedanke, daß sie über den Bosporus fahren durfte, alles andere. Nach Istanbul – auf den Bazar – und jetzt gleich – über den Bosporus! Ob der Onkel sie im Fischerkahn hinüberrudern würde? Doch der Onkel hatte seine Feiertagshose an und dachte nicht daran, den Kahn zu benutzen.

So sah man dann bald darauf den Onkel, seinen Fez unternehmungslustig auf dem runden Kopf, gefolgt von den beiden Mädchen, zum Landesteg der Dampfer schreiten.

Sehr bald schon legte eines der kleinen schwarzen Schiffe an. – Von Deck kamen die Männer herab. Aus der eigens für sie bestimmten kleinen Kajüte ergoß sich ein Strom schwarzverhüllter Frauen und Mädchen.

Während der Onkel nun hinaufging und oben neben anderen Männern auf einer der Bänke des freien Decks Platz nahm, seine Pfeife aus der Tasche holte und gemütlich zu rauchen begann, dabei seinen Blick über die herrliche Landschaft ringsum schweifen ließ und sich am frischen Wind erquickte, zwängten sich die Mädchen in den stickigen kleinen Raum, der für die Frauen bestimmt war und mit vergitterten Bullaugen unten im Rumpf des Schiffes lag. Es war heiß, und die Luft war übel. Viele der dicht nebeneinanderstehenden Frauen sprachen eifrig miteinander, freudig erregt – denn eine Fahrt über den Bosporus war für jede von ihnen ein Ereignis, und keine dachte daran, die Enge des Raumes oder das Gitter vor dem Bullauge zu bemängeln. Sie kannten es nicht anders, es war für sie eine Selbstverständlichkeit, genau wie es für die Männer selbstverständlich war, oben in herrlicher Freiheit die frische Morgenbrise zu genießen.

Aysche und Nedschla standen am Bullauge und sahen in die schäumenden Wogen. Nedschla war erfüllt vom heutigen Erlebnis und der bevorstehenden Brautschau; ihr Mund stand keinen Augenblick still. Auch als der Dampfer in Karaköy hielt und sie die Stufen zur großen Galaterbrücke emporstiegen, hörte sie nicht auf zu schwatzen.

Aysche jedoch wurde immer stiller. Ihr schwindelte beim Anblick des regen Lebens, des wogenden Verkehrs auf dieser Brücke. Straßenbahnen, an denen wie Trauben kleine dreckige Buben hingen, ratterten an ihr vorüber; Packesel, mit großen Körben beladen, trippelten wohlgemut durch den Verkehr, ungeachtet der Droschken, der Pferdekarren, der Rollfuhrwerke! – Ein Schuhputzer, den mit bunten Intarsien und blitzenden Messingknöpfen reichverzierten Schuhputzkasten unterm Arm, schlenderte vorbei und schaute sich nach Kunden um. – Hier ein alter

Mann, das Krummholz über der Schulter, an dessen Enden große, tellerförmige Bastkörbe voll leuchtender Früchte hingen! – Dort ein Hamal – ein Lastenträger –, die aufeinandergestapelten Kisten hoch und schwankend auf dem Rücken. Feze, Turbans – hier ein Burnus, dort ein Kaftan –, und immer wieder zwischen all dem bunten Wogen geheimnisvoll, schwarz verhüllt, ein Mädchen, eine Frau!

Sie überquerten das Goldene Horn, gingen auf der anderen Seite vorbei an der großen Valide-Moschee, achteten kaum auf das aufgeregte Gurren der schwirrenden Tauben über sich, gingen über den kleinen, baumbestandenen Platz, vorbei an der Reihe von Schuhputzern, die, lässig in die Sonne blinzelnd, an der Mauer saßen, und traten in die weiten Hallen des Gewürzbazars.

Ringsum war alles so wundervoll, so beunruhigend, so geheimnisvoll. Nedschla und Aysche mußten sehr aufpassen, um den Onkel nicht zu verlieren. Auf der anderen Seite der Halle erreichten sie den offenen Bazar und kamen aus den Straßen der Stoffe in die Straße der Kupferschmiede, aus der Straße der Schmiede in die Straße der Juweliere und so fort bis zu den Schuhmachern.

Hier hatte des Onkels Freund seinen Stand. Er saß auf einer Strohmatte mit untergeschlagenen Beinen und hielt einen Schuh in Händen. Zwei Männer hockten gelangweilt am Boden.

Als der Onkel seinen Freund begrüßt hatte und alle Fragen und Antworten nach dem Wohlergehen der Familie zur gegenseitigen Zufriedenheit ausgefallen waren, verließen die Fremden die Hütte.

Nun brachte der Onkel sein Anliegen vor.

Der Schuhmacher blickte auf die Füße der Mädchen, kratzte sich ratlos den Kopf und dachte nach; bald darauf aber schmunzelte er und sagte, er habe etwas Feines – etwas, was den schönsten Frauen des Sultans Ehre machen würde! Mit Kußhändchen und verzücktem Augenaufschlag deutete er an, daß es kaum bezauberndere Schuhchen gäbe als die, die er ihnen nun zeigen würde.

Er stand auf, ging an ein Fach in der Ecke des Raumes, bückte sich und kramte dann in einigen Schachteln am Boden. Als er sich aufrichtete, hielt er ein Paar goldbestickte Schuhe aus rotem Samt in Händen, die er leise hin- und herwiegte.

„Nun? Hab' ich zuviel gesagt?"

Nedschla und Aysche hielten den Atem an. Bezaubernd! Maschallah! Und schon streckte Nedschla den Fuß unter dem Rocksaum hervor, um den Schuh zu probieren.

Doch der Onkel schob sie zur Seite und fragte nach dem Preis. Jetzt hob ein Feilschen und Handeln an. Erst nach aufgeregtem Hin und Her waren sie sich einig.

Erwartungsvoll schlüpfte Nedschla in den Schuh – doch er war ihr zu klein. Sie konnte ihr fleischig-rundliches Füßchen nicht in den zierlichen Schuh bringen.

Oh, maschallah! Er habe noch andere Schühchen da, versicherte jetzt der Schuhmacher und lag schon am Boden, um gleich darauf mit einem silberbestickten Schuh aus blauem Samt zwischen dem Wust von Schachteln wieder aufzutauchen.

„Für mollige Füßchen, weich und fein", pries er die Ware, steckte den Schuh an Nedschlas Fuß – und tatsächlich! –, fest saß der Schuh.

Wieder ein Luftküßchen – und wieder ein Augenaufschlag.

„Entzückend, so schöne Töchter, maschallah, so schöne Schuhe – gesegnet seist du, mein Freund!“

Doch ging der Onkel auf die Lobreden des Freundes nicht ein. „Was sagst du da, du Gauner? Willst mir Schuhe verkaufen, bevor du weißt, ob sie auch der Großen passen? Glaubst du, daß ein armer Fischer das Geld hat, zwei Paar Hochzeitsschuhe zu kaufen?“

„Sie passen! Sie passen, Efendi!“ ereiferte sich der Kleine und streckte den Schuh jetzt Aysche entgegen. Doch als diese ein wenig verschämt ihren großen Fuß neben das Schuhchen hielt, kratzte sich der arme Schuster bedenklich am Kopf und sagte, er müsse ein Zauberer sein, wenn er diesen Mädchen gemeinsam den rechten Schuh fände.

Doch der Onkel beharrte, ohne sich zu rühren, bei seinem Wunsche, und so wühlte der Schuhmacher denn schimpfend und fluchend weiter in seinen Schachteln. Er brachte ein Paar Seidenschuhe zum Vorschein, von denen er behauptete, sie würden sich nach jedem Fuß richten in Länge und Breite, es seien französische Schuhe, schön, zur Freude Allahs, gelbe Seide – und nannte den Preis.

Der Onkel wandte sich zum Gehen.

Da hielt ihn der Kleine am Ärmel fest und fragte, ob er denn nicht wüßte, daß die Türkei schon jahrelang im Kriege stände und wie schwer es im Augenblick sei, überhaupt etwas Gutes zu bekommen.

Das wußte der Onkel wohl. Er blieb stehen, drehte sich um und nickte: „Deshalb, du Schlauer, bin ich ja zu dir gekommen!“ Er lachte, tippte mit dem Finger auf die Brust des Kleinen, nahm die gelbseidenen Schuhe mit den hohen Absätzen, ohne sie noch weiter anzuprobieren, zahlte die Summe, bei der der Schuhmacher wieder zu jammern begann, und wünschte ihm Allahs dreifachen Segen.

„Güle, güle – lächle, lächle“, rief der Kleine den Mädchen nach, verneigte sich tief – und freute sich, daß er diese gelben Schuhe, die schon lange in seinem Laden umherstanden, nun doch losgeworden war.

Als der Onkel mit den Mädchen über die Brücke gegangen war und nun die Treppe zum Landungssteg hinunterstieg, sahen sie einen Menschenauflauf vor einem der Fischerboote. Neugierig fragten die Mädchen, was denn los sei.

Der Onkel belehrte sie, daß dieser Fischer die frisch gefangenen Fische in einer Pfanne auf dem Petroleumkocher in seinem Boot brate und so – goldbraun und knusprig – den Passanten verkaufe.

„Wenn ihr Kinder wärt, würde ich jedem von euch einen Fisch kaufen“, fügte er hinzu. „So aber, als Mädchen im Tscharschaff, könnt ihr die Fische hier nicht essen. Ihr wärt auch zu lange den Blicken der Männer ausgesetzt – deshalb heim!“

Sie gingen zum Kai hinunter, sahen im Vorübergehen die Fische in der Pfanne brutzeln – so verlockend, daß der Onkel sie warten ließ, um sich selbst einen der goldgelben Fische zu holen.

Da entdeckten sie, daß heute nicht allein die Fische die vielen Menschen anlockten. Am Bug des Bootes saß mit geschientem Arm ein Soldat.

Aysche erschrak heftig, als sie in das Gesicht dieses Menschen blickte. Fast grauweiß war die Haut und zerfurcht. Unstet wanderten seine Augen von einem zum anderen. Schmutzig und zerrissen war seine Uniform. In Lumpen gehüllt seine Füße.

Wie ein hungriges Tier verschlang er den Fisch, den ein Knabe ihm reichte.

Er spuckte die Gräten ins Wasser und fuhr anscheinend mitten im Erzählen fort.

„Gerade aus Syrien komme ich – weiß Allah, wie ich durch die feindlichen Reihen kam! Mir ist es ein Rätsel! Maschallah!"

Und wieder spuckte er Gräten ins Wasser.

„Die ganze Armee ist aufgerieben. Die Südfront existiert nicht mehr. Der Feind steht tief im Lande!"

Aysche drohte das Herz stillzustehen! Was fiel ihm ein, so von der siegreichen türkischen Armee zu sprechen! Im Yali wußten sie alle, daß die Türkei siegen würde – und Fräulein Berg sagte es auch!

Der Soldat klatschte mit der Hand aufs Knie, schrill und bitter lachte er auf.

„Wir sind auf dem besten Wege, den Krieg zu verlieren!" Und dann ernster: „Allah behüte das türkische Volk!"

Sorgenvoll erregt, zum Teil verstört, hörten die Leute ihm zu – bis ein Schutzmann kam, sie auseinanderzutreiben.

Angstvoll ergriff Aysche den Arm des Onkels. „Inschallah, es ist nicht wahr, was er spricht, Onkel, sag doch, daß es nicht wahr ist! – Wir werden den Krieg gewinnen?!"

Sie gingen über den kleinen Steg zum Schiff. Und als der Onkel nicht antwortete, flehte sie: „Sag doch, Onkel, bitte, glaubst du – daß – daß wir den Krieg verlieren?“

Doch ärgerlich schob der Fischer sie von sich. „Frag nicht so dumm! Geh in die Frauenkajüte, und kümmere dich nicht um Männerdinge!“

Er drängte die Mädchen in den Raum, wo die Luft noch dumpfer und stickiger war als vorhin, denn einer alten Frau war schlecht geworden, und sie übergab sich in einer Ecke der kleinen Kabine.

In der ‚Nacht der Allmacht' brachte der Engel dem Propheten Mohammed den Koran vom Himmel" – erzählen die Mütter ihren Kindern am siebenundzwanzigsten Tage des Ramazan, dem Höhepunkt der Fastenzeit. Sie zeigen ihnen die hellerleuchteten Minaretts, an deren Balustraden die Reihen der Lämpchen verdoppelt sind, und führen sie zu den Festtagsgebeten in die Camis, wo das Licht in breiten Streifen von den großen Kronleuchtern über die Andächtigen fällt, die heute bis zum Morgengrauen in tiefem Gebet verharren.

Die Moscheen waren überfüllt; man wunderte sich, woher die vielen Menschen kamen, jetzt, da doch fast alle Männer an der Front standen.

Die Fastenzeit war beendet. Der Scheker-Bayram, das Zuckerfest, brachte Essen und Trinken und Fröhlichkeit.

Die Bosporusdampfer und die Straßenbahnen waren überfüllt. Alle Verwandten besuchten einander und beschenkten sich gegenseitig mit Naschwerk, obgleich es nicht leicht war, nach so vielen Kriegsjahren Süßigkeiten zu finden. Man wunderte sich, woher der viele Lokum, das Helva, das ölige Zuckergebäck und all die anderen Süßigkeiten kamen.

Doch nur unter den Kindern war die Fröhlichkeit echt. Selbst die Frauen, die sich doch wirklich nicht um Politik kümmerten, hatten sorgenvolle Gesichter, wenn sie an ihre Männer, Brüder und Söhne im Felde dachten.

Auch im Yali des Paschas Efendi war der Zucker-Bayram stiller vergangen als in anderen Jahren. Saffet und Aysche hatten wohl Leben ins alte Haus gebracht, doch auch ihr Lachen klang nicht so ausgelassen wie sonst.

Drei Tage lang wurde Bayram gefeiert. Dann begannen Ayisches Mutter und die Tante mit den Vorbereitungen für die Brautschau.

Schon am Morgen des Tages, an dem die Frauen kommen sollten, war das Zimmer frisch geputzt; Aysches Kleid aus bunter Seide war sehr fein geworden – es lag nun zum Anziehen bereit, und die Schuhe standen davor.

Ja, Aysche konnte ihre Füße hineinpressen, aber sie schmerzten, und es war wie eine Erlösung, die Schuhe wieder auszuziehen.

Ein Glück, daß sie während des Besuches der Brautwerberinnen nicht viel umherzustehen hatte.

Leila und Nihal hockten oben am Fenster und hielten mit erstaunlicher Ausdauer Stunde um Stunde Ausschau. Endlich sahen sie zwei Gestalten in schwarzen Tscharschaffs feierlich aufs Fischerhaus zukommen. Polternd sprangen die Mädchen die Stiege herab und riefen so laut, daß es durchs ganze Haus hallte: „Sie kommen, sie kommen!“

Sofort wurde Aysche in ihr Zimmer geschickt, sich umzuziehen. Die Tante richtete sich zum Empfang, während Aysches Mutter in die Küche ging, das Dscheswe mit Kaffee füllte, Zucker und Wasser hineintat und über die Flamme des Spirituskochers hielt.

Aysches Herz klopfte heftig, als sie sich das Haar bürstete, mit dem zarten Baschörtü verhüllte, das neue Kleid anzog und die gelbseidenen Schuhe über die Füße streifte.

Als die Tante rief, war Aysche fertig.

Gleich nachdem die Mutter den Gästen Kaffee und Zigaretten angeboten hatte, sollte Aysche eintreten!

Wie war es schwer, in diesen Schuhen zu gehen!

Die Töchter des Fischers hockten auf der Treppe und staunten – wie eine feine Dame sah Aysche aus! Und wie eine Fremde kam sich auch Aysche selbst vor. War sie es denn, die nun mit unsicheren kleinen Schritten das Zimmer betrat? War sie es denn, die den zwei schwarzen Gestalten dort auf dem Diwan ihre tiefen Verbeugungen machte und schüchtern auf dem für sie bereitgestellten Stuhl mitten im Zimmer Platz nahm?

Ängstlich blickte Aysche zu Boden. Ihre Hände waren plötzlich kalt und feucht – wohin sollte sie sie tun? Noch nie hatten ihre Hände sie gestört, heute aber wußte sie nichts mit ihnen anzufangen und ließ sie schließlich ratlos in ihrem Schoß liegen.

Die jüngere der beiden Frauen schien es gut mit ihr zu meinen. Einmal sprach sie Aysche sogar an.

„Wie geht es Ihnen?“ fragte sie freundlich. Da wich es für einen Augenblick gleich einem Alpdruck von dem Mädchen. Groß und traurig richteten sich ihre Honigaugen auf die Fragerin, und zaghaft flog etwas wie ein kleines ängstliches Lächeln über ihr Gesicht, als sie leise „Teschekür ederim – ich sage Dank!“ antwortete.

Die Frauen tranken ihren Kaffee sehr langsam, um Aysche in Ruhe beobachten zu können. Sie standen auch auf und betrachteten sie von hinten, von der Seite, und eine bat sie sogar, den Baschörtü vom Kopf zu nehmen. Als die erste Frau ihre Kaffeetasse niedersetzte, war es für Aysche das Zeichen, aufstehen zu dürfen. Wie erlöst erhob sie sich, machte ihre Abschiedsverbeugungen und ging, wie es die Vorschrift verlangte, rückwärts hinaus.

Schon im Flur riß Aysche die Schuhe von den Füßen und dachte mit Schmerzen daran, daß sie sie zur Hochzeit noch einmal würde tragen müssen. Noch nie hatte sie sich so schnell umgezogen wie nach dieser Brautschau.

Als Mutter und Tante, welche die Gäste zur Haustür begleitet hatten, ihr Zimmer betraten, kam ihnen Aysche schon in der Alltagskleidung entgegen.

Die Frauen strahlten, küßten Aysche und lobten sie sehr. Sie habe ihre Sache gut gemacht, die Tanten des Ali Efendi seien sichtlich zufrieden gewesen, und die Nachricht, die jetzt wohl bald käme, würde sicherlich erfreulich sein. – Den letzten Kaffee hatte man für sie geopfert, und die Tante hoffte, Aysche würde dies wohl zu schätzen wissen.

Aysche schwieg. Sie war noch immer sehr blaß.

Bald kam auch der Onkel dazu, der sich, während die fremden Frauen im Hause weilten, in seinem Zimmer hatte aufhalten müssen. Ausführlich ließ er sich berichten, wie alles verlaufen sei.

Auch Nedschla, Leila und Nihal schoben sich durch die Tür und schwatzten drauflos, denn sie hatten durch den Türspalt alles genauestens verfolgt.

Aysche war die einzige, die nichts sagte und in einem Augenblick, als sie sich unbeobachtet glaubte, aus dem Zimmer schlüpfte, den Tscharschaff anlegte und zum Yali lief.

Saffet umarmte die Freundin zärtlich. „War es schlimm, Dschi Dschiim?“

Aysche nickte nur.

Da zog Saffet das große, blasse Mädchen mit sich und führte es über den Steg in den Park. Hier warf Aysche den Tscharschaff ab und lief zu ihrer Magnolie. Oben in dem grünen Laub des alten Baumes löste es sich gleich einem Krampf in ihr, und endlich konnte Aysche wieder sprechen.

„Schrecklich war es, Saffet, schrecklich! Wie sie geguckt haben!“ Und dann erzählte sie der Freundin von den Erlebnissen dieses Vormittags.

„Joghurt, schöner frischer Joghurt!“ Fast wie ein Lied schwang die klingende Stimme des Joghurtverkäufers durch Straßen und Gassen, über die Plätze und drang in Schlösser, Yalis und arme Fischerhäuser. Im Rhythmus dieses Liedes schwebten die flachen, tellerförmigen Metallbehälter an den Seilen des Krummholzes, das der Mann auf der Schulter trug, leise auf und ab.

„Joghurt, schöner frischer Joghurt!“

Aysche trat aus dem Hause, eine Schüssel in Händen, und näherte sich dem Joghurtverkäufer. Da entdeckte sie zwei schwarze Tscharschaffs vom Landeplatz des Bosporusdampfers daherkommen.

Die Brautwerberinnen!

Aysche erkannte sie sofort. Sie begrüßte die Frauen höflich und begleitete sie ins Haus.

Ihre Mutter bat die Gäste ins Zimmer und schickte Aysche in die Küche Kaffee kochen. Schon seit der Brautschau war kein Kaffee mehr im Hause. Der Onkel hatte geröstete Erbsen besorgt, die als Kaffee-Ersatz dienten – und die Aysche jetzt mahlen mußte, um dieses „Kriegsgetränk“ den Gästen vorzusetzen. Hoffentlich würden sie Verständnis dafür haben!

Weil die Frauen unangemeldet erschienen waren, brauchte sich Aysche heute nicht umzuziehen, und so bewegte sie sich in der gewohnten Kleidung freier und ungezwungener als das letzte Mal.

Die Brautwerberinnen saßen auf dem Diwan, nippten an ihren Täßchen, zogen den Rauch der Zigaretten ein und tauschten die vorgeschriebenen Fragen und Antworten über das Befinden aus.

Danach bat die Ältere, man möge ihnen sagen, ob man grundsätzlich gewillt sei, Aysche ihrem Neffen Ali zur Frau zu geben, und wann – angenommen, man sei bereit – der Onkel ihren Mann empfangen würde, damit die Brautgaben besprochen und der Eheschließungstermin festgesetzt werden könne.

„Leider“, fügte jetzt die Jüngere bedauernd hinzu, „leider hat Ali in Anatolien keine Möglichkeit gehabt, sich photographieren zu lassen, wie das heute in den modernen Zeiten so üblich ist.“

„Gern hätten wir Ihnen ein Bild Ihres zukünftigen Schwiegersohnes mitgebracht“, wandte sie sich der Mutter zu. „Doch da dies nicht möglich ist, möchten wir beide Ihnen versichern, daß er ein rechtschaffener Bursche, grade gewachsen, Erbe des Besitzes im anatolischen Dorf, südlich von Ankara, das Sie ja kennen, und schon achtzehn Jahre alt ist.“

Die Mutter lächelte glücklich, und auch die Tante, die längst das Zimmer betreten und die Frauen begrüßt hatte, strahlte.

„Es ist nicht schlimm, maschallah, daß Sie kein Bild von Ali haben“, erwiderte die Tante lebhaft, „wir glauben Ihnen, daß er gesund und freundlich ist, wie seine Tanten. Und, wäre es zu unserer Zeit nicht unerhört gewesen, ein Bild von sich machen zu lassen mit diesem Kasten des Scheitan?!“

„Ja, ganz recht, meine Liebe“, beteuerte auch die andere der Brautwerberinnen, „ich glaube nicht, daß es Allah wohl gefällt, was die Menschen sich jetzt hier mit diesen europäischen Dingen erlauben!“

Alis jüngere Tante aber meinte lächelnd: „Solange es nur die Männer betrifft, helfe ihnen Allah, sie stehen ja doch in der Öffentlichkeit. Und“, fügte sie lächelnd hinzu, „ich wäre froh gewesen, zur Verlobung ein Bild meines Achmet zu sehen! Im übrigen wissen wir ja alle, daß jede Mutter – sei es nun heimlich, sei es mit der Erlaubnis ihres Mannes – das Bild auch ihrer Tochter zeigt!“

„Was sprichst du da!“ fiel tadelnd die Ältere ein, „zähme deine Zunge, und vergiß nicht, daß Alis zukünftige Braut deine lockeren Reden hört!“ So strafend blickte sie auf die Jüngere, daß Aysches Mutter, einen Streit befürchtend, jetzt die Hand erhob:

„Aysche wird sich nie so weit vergessen, ein Bild von sich machen zu lassen, daß jedes Menschen Auge sie entweihen und beleidigen könnte! Und ich bin überzeugt, maschallah“, fügte sie dann hinzu, „daß auch keine andere unserer Frauen und Mädchen je so tief sinken würde!“

Wohlgefällig nickten die Frauen, nippten am Kaffee und zogen an den Zigaretten.

Allah weiß es, sie waren stolz darauf, sittsame, rechtgläubige Frauen zu sein, und wollten sich und ihre Töchter vor diesen immer gefährlicheren Einflüssen des ungläubigen Europa bewahren.

„Sie glauben es kaum, aber mein Mann, der in Istanbul bei der Polizei arbeitet, hat es von einem, der in Europa war, gehört: Sie sollen dort nicht nur ihr unverhülltes Gesicht jedem Manne zeigen, sie sollen auch fast unbekleidet zur Nachtruhe ins Bett steigen!“

„Und in aller Öffentlichkeit fahren sie im gleichen Straßenbahnwagen wie die Männer, haben kein Frauenabteil in ihren Schiffen – und ich könnte noch mehr solcher Abscheulichkeiten aufzählen, wenn Aysche nicht dabei wäre!“

Aysche dachte an Fräulein Berg und was sie den Mädchen aus ihrer Kindheit erzählt hatte. Gern hätte sie eingeworfen, daß es vielleicht gesünder sei für die Mädchen, ohne Tscharschaff auf der Straße zu gehen, weil man besser atmen könne, und ohne diese vielen Kleider und Hosen zu Bett zu gehen, weil der Körper freier ruhen könne. Auch, daß es stickig und gräßlich sei, sich in die engen Frauenabteile der Dampfer und Straßenbahnen zu drängen, und daß es besser sei, andere Völker zu verstehen in ihrer Fremdartigkeit, als sie zu verurteilen. Genau so hatte Fräulein Berg gesagt –

Aber Aysche schwieg, denn es wäre ungezogen und vorlaut gewesen, in Gegenwart der Erwachsenen ungefragt zu sprechen, geschweige denn eine so revolutionäre Meinung zu vertreten.

So saß sie denn da, kaute an der Unterlippe und blickte zu Boden. Ob Ali etwas weitherziger dachte? Ob er seiner noch jüngeren Tante ähnelte, deren Blicke immer wieder freundlich, ja fast aufmunternd auf ihr ruhten?

Die Brautwerberinnen blieben nicht sehr lange.

Der Termin zum Treffen zwischen Aysches und Alis Onkeln, in Vertretung ihrer verstorbenen Väter, wurde vereinbart, und herzlich verabschiedeten sich die Frauen.

Der Besuch von Alis Onkel verlief zu allgemeiner Zufriedenheit. Aysche brauchte nicht zugegen zu sein, als die Männer über ihre Brautgabe verhandelten.

Der Fischer feilschte um die Summe des Geldes, die Alis Onkel zu zahlen hatte, so als verkaufe er seine Ware auf dem Markt. Er lobte Aysches Fleiß und Willigkeit, ihre Schönheit und Bescheidenheit und versicherte immer wieder, daß Ali mit dieser Frau ein gutes Geschäft mache.

Als sie sich einig waren und er die Hälfte der vereinbarten Summe bar auf den Tisch erhielt, schmunzelte er, denn der Betrag übertraf bei weitem seine Erwartungen.

„Den anderen Teil bekommt Aysche, wie es üblich ist, im Falle einer Ehescheidung oder Alis Tod“, sagte der Alte ihm gegenüber.

Der Fischer grinste zufrieden und zählte das Geld. Er würde es selbst verwalten und dafür sorgen, daß er dabei nicht zu kurz käme.

Nach einigen Tagen erschien Alis jüngere Tante, um zu erfahren, ob die Familie zufrieden sei mit den Angeboten. Mutter und Tante äußerten ihre Freude über die Verbindung. Es wurden noch wichtige Punkte geklärt, die Aussteuer besprochen und der Tag der Verlobung festgesetzt.

Die folgende Zeit verstrich sehr schnell.

Die alte Hanim Efendi hatte den Fischer zu sich rufen lassen und ernst mit ihm gesprochen. Danach durfte Aysche wieder am Unterricht im Yali teilnehmen, und eifriger als vorher übte sie sich im Lesen und Schreiben.

Auch an der Frage der Aussteuer nahm die alte Herrin des Yali Anteil. Aysches Mutter wurde ab und zu ins Yali gerufen und kehrte mit Handtüchern, Bettlaken und sonstigen Gaben beschenkt ins Fischerhaus zurück.

Aysches Aussteuertruhe füllte sich.

Aysche selbst aber ging durch die Tage wie in einem Nebel. Es geschah dieses und jenes, was für ihr Schicksal bedeutsam war. Sie nahm es hin, wie eine Pflanze, über die Allah Regen und Sonne, Gewitter, Kälte und Wärme niedergehen läßt.

Heller Sonnenschein lag über dem Bosporus, zitterte über den Häusern und goß sein Leuchten über die schwarzen Tscharschaffs der Frauen, die mit Blumenkörben in den Händen sich dem Fischerhaus näherten. Vor ihnen gingen hell gekleidet ihre Kinder, die Blumensträuße trugen.

Oben am Fenster, verborgen hinter dem Vorhang, um die „Frauensleute" beim Eintritt in sein Haus nicht zu stören, stand neugierig der Fischer. Er seufzte leise und erinnerte sich, was das für ein aufgeregtes Hin und Her gewesen war – gestern und auch vorgestern schon. Die Frauen hatten sich auf das heutige Fest der Verlobung vorbereitet, an dem seine einzige Aufgabe war, „nicht zu stören", denn es war ein Fest der Frauen, der Mädchen und der Kinder, an dem kein Mann teilhatte. So stand er da – allein. Unten aber begann die Feier.

Saffet erschien in festlichem Tscharschaff aus feinem schwarzem Samt und stellte ihr Blumenkörbchen bescheiden auf einen Stuhl, während Alis Tante und ihre Begleiterinnen die Blumenkörbe mit den Geschenken des Bräutigams auf den Tisch hoben.

Neugierig drängte sich alles um die Körbe, als Aysche die Sachen auspackte. Vom „Oh" und „Ah" der Fischerkinder begleitet, holte Aysche bunte Tücher für Mutter und Tante, rote goldbestickte Pantöffelchen für die Mädchen unter den Blumen heraus und für sich, die Auserwählte, einen neuen Tscharschaff, bunte Bänder, zartgeblümten Kleiderstoff, wie sie ihn noch nie besessen hatte.

Immer lustiger wurden die Frauen, immer redseliger die Mädchen; fröhlich klang ihr Lachen zu dem Onkel hinauf, der brummend in seinem Zimmer saß.

Als Alis Tante der Braut dann den Verlobungsring an den Finger steckte, blickte sie das Mädchen so freundlich und herzlich an, daß es selbst Aysche warm ums Herz wurde.

Am Abend, nachdem sich die Frauen verabschiedet hatten und wohl fröhlich, doch in wohlgesitteter Ruhe mit ihren Kindern wieder zum Dampfer hinuntergingen, begleitete Aysche die Freundin heim.

„Liebste?“ jammerte Saffet. „Nun bist du verlobt, jetzt wird alles so schnell gehen bis zu deiner Abreise!“

Aysche nickte wie im Traum.

„Der Onkel geht morgen zum Kadi, um die Erlaubnis für Alis und meine Heirat einzuholen. Und dann soll das Nikiah, das Fest des Ehevertrages, gefeiert werden!“

Saffet wußte, daß Nikiah die Summe des Geldes bedeutete, die der Mann seiner jungen Ehefrau schuldig ist – und sie wußte auch, daß die eigentliche Hochzeit erst nach Abschluß solch eines Ehekontraktes gefeiert wurde. Meistens einige Monate, oft einige Jahre nach diesem Nikiah-Fest.

Deshalb fragte sie schnell: „Und Ali, kommt Ali zum Nikiah nach Istanbul?“

Aysche verneinte.

„Seine Tante sagte, es würde zu lange dauern. Auch Ali sei jetzt einberufen worden und hätte sich um einen Heiratsurlaub bei seinem Offizier beworben. Er würde keinen großen Urlaub bekommen. Für Nikiah und Hochzeit reiche es nicht. Deshalb soll ich gleich nach dem Nikiah mit der Mutter nach Anatolien fahren. Die Hochzeit findet in meiner neuen Heimat statt. Danach bringt er mich in sein Haus. Sie sagte auch, daß wir uns mit der Reise beeilen sollten, denn da er nun fort sei von zu Hause, sei ich als Arbeitskraft doch sehr nötig!"

Aysche schwieg ein Weilchen, dann seufzte sie. „Vielleicht aber ist der Krieg bis dahin schon zu Ende! Inschallah!"

„Inschallah!" wiederholte Saffet den Seufzer der Freundin. „Der Krieg zu Ende und auch die Brüder wieder daheim!"

Am Tor des Yali wollte Aysche sich verabschieden, doch kam der alte Wächter in so großer Eile auf Saffet zu und richtete ihr so hastig aus, sie solle sofort in den Empfangsraum der Großmutter gehen, wo sie dringend erwartet würde, daß Aysche nicht zum Abschiedsgruß kam. Saffet, erstaunt und beunruhigt über die unschickliche Hast des Dieners, stampfte leicht mit dem Fuß und fragte, was denn los sei.

Auch Aysche blickte besorgt auf den Alten, der, kreidebleich im Gesicht, sich kaum beherrschen konnte.

„Saffet Hanim, verehrte liebe Saffet Hanim", und der Alte beugte sich tief nieder vor der kleinen Herrin, „Allahs Wille ist groß – Allah ist allmächtig. Er gebe dem Yali und seinen Herren Kraft – und dir auch, Saffet Hanim! – Oh, hätte er mich zu sich genommen anstelle des jungen Lebens! Doch geh nun, kleine Hanim, nicht ich darf dir berichten!"

Saffet hatte den schwarzen Schleier hochgeschlagen, schreckensweit blickten ihre dunklen Augen auf den treuen Diener –

„Ismet Aga!“ schrie sie. Einen Augenblick nur stand sie da wie erstarrt, dann lief sie, so schnell ihre Füße sie trugen, dem Haremlik zu.

Den jungen Offizier, der von einem Diener begleitet aus dem Selamlik getreten war und nun mit ernstem Gesicht auf die Pforte zuschritt, hatte sie nicht gesehen.

Regungslos stand Aysche im Tor, während der Wächter jetzt ehrerbietig zur Seite trat.

Höflich verneigte sich der große junge Mann vor dem Mädchen.

„Entschuldigen Sie, Hanim, wenn ich es wage, Sie anzusprechen, aber es ist Krieg, und viele Sitten sind gelockert. Sie – Sie sind die Tochter des Hauses?“ Erwartungsvoll blickte er auf die dichtverschleierte Gestalt.

„Nein“, antwortete Aysche mit zitternder Stimme, alle guten Sitten vergessend – „ich nicht – Saffet Hanim ist ins Haus gelaufen.“

„So war es die kleine Peri, die soeben vor mir durch den Garten flog?“

„Ja, Efendi, doch sagt mir, wißt Ihr etwa von der Nachricht, die so furchtbar ist, daß der alte Wächter hier seine Ruhe verlor?“

Keine Sekunde dachte Aysche daran, daß es ungewöhnlich war, sich hier mit einem fremden Offizier zu unterhalten.

„Wer sind Sie, Hanim, daß Sie nach dem Schicksal dieses Hauses fragen?“

„Saffets Freundin bin ich. Doch redet, ich bitte Euch, sprecht schon! Das Glück dieser Menschen ist auch mein Glück, ich liebe sie!“

„Wir alle“, begann der Offizier, und ein herber Zug legte sich auf sein dunkles Gesicht, „wir alle tragen an dem gleichen Schicksal, am Schicksal unseres Vaterlandes. Murat, der älteste Sohn des Hauses, ist im Kampf ums Vaterland gefallen. Unsere Truppen an dieser Front sind aufgerieben. Der Feind steht tief im Lande!“

Erschrocken hielt er inne. „Entschuldigen Sie, Hanim“, sagte er verwirrt, „daß ich Ihnen, einer Frau, von diesen Dingen sprach, doch Ihre Haltung, Ihre Stimme waren so bestimmt ...“

„Ich fühlte es“, sagte Aysche tonlos, „ich wollte es nicht glauben, doch ich fühlte es, als wir diesen Hof betraten. Arme Saffet, armer Pascha ...“

„... armes türkisches Volk“, beendete der junge Mann den Satz des Mädchens.

Aysche rührte sich nicht. Da war der junge Mann an ihrer Seite. „Verzeihen Sie, Hanim, unschicklich ist es, was ich jetzt tue, doch ist es die Bitte eines Sterbenden – Viel erzählte mir Murat von seiner Schwester. Ihnen, Saffets Freundin, möchte ich es sagen: Grüßen soll ich sie von ihrem Bruder, Allahs Segen schickte er ihr in seiner Sterbestunde, und mich, seinen Freund, bat er, ihr den Segen zu bringen. Es war nicht mein Wille, die Bezaubernde in ihrem ersten Schrecken zu belauschen, doch nun, da ich sie gesehen, wird ihr Bild mich begleiten. Erzählen Sie es ihr, und legen Sie ein gutes Wort ein für mich. Ich werde wiederkommen – so Allah es will!“

„Inschallah!“ flüsterte Aysche, die jetzt an der Mauer lehnte, verwirrt.

„Allah sei mit Ihnen!“ sagte der Offizier und verneigte sich tief. „Mit Ihnen – und Murats Schwester!“

„Allah beschütze Euch!“ erwiderte Aysche leise, wandte sich um und ging die Straße entlang. Auf den saftig grünen Blättern der alten Magnolie spielte ein goldener Schimmer der untergehenden Sonne.

„Verlobung“, dachte Aysche, „Verlobung, Tod und junge Liebe für Saffet? – Wie nah doch alles beieinander liegt in dieser seltsamen Welt!“ – Als sie über den freien Platz schritt, klang ihr das übermütige Lachen der Fischerkinder aus dem kleinen Haus am Bosporus entgegen.

Das Nikiah-Fest rückte heran. Des Fischers Stimmung wurde grimmiger von Tag zu Tag. Natürlich wollte er fast alle Verwandten einladen, seine Verwandten, die Verwandten seiner Frau, die Verwandten Ali Efendis – doch das erforderte ein Festessen.

Nun war es in diesen schweren Zeiten ohnehin sehr mühsam, Lebensmittel zu erhalten. Außerdem mochte es in wohlhabenden Familien noch leichter sein, wo man Diener oder griechische Dienstmädchen hatte, die man in die Läden zum Einkaufen schicken konnte.

Ein armer Fischer konnte sich das natürlich nicht leisten. Weil er aber auf Anstand und Erhaltung der Sitten auch in seinem Haremlik hielt, mußte er wohl oder übel selbst losgehen und zusehen, daß er vielleicht hier einiges erhielt oder dort nicht allzuviel bezahlen mußte.

Die alte Hanim Efendi im Yali war ihm von großer Hilfe. Sie vermittelte ihm dieses und jenes, selbst die alte Sklavin, die schon über siebzig Sommer zählte, versprach sie ihm zum Servieren an der Männertafel, denn eine Jüngere hätte er sich geweigert anzunehmen. So bedacht war er auf guten alten Brauch. Im Fischerhaus war man voller Tätigkeit und Vorbereitungen.

Gemeinsam mit Alis Onkel überlegte der Fischer, wie man Aysche als junge Frau mitsamt ihrer Mutter nach dem Nikiah-Fest nach Ankara schicken könne. Dort sollte, wie vereinbart, ein Verwandter sie erwarten und in sein Haus nehmen, bis die Hochzeit stattgefunden hätte, denn daß Ali keinen langen Heiratsurlaub bekommen konnte, in diesen Kriegszeiten, mußten alle einsehen. Und obgleich der Fischer die Hochzeit gerne miterlebt hätte, denn er war doch neugierig auf diesen Ali, so war es ihm andererseits recht, die Hochzeitsgelder zu sparen und die Schwägerin samt ihrer Tochter bald loszuwerden.

Aysche selbst wurde immer stiller, je näher das Fest ihrer Eheschließung kam. Am liebsten war sie im Yali bei Saffet und Fräulein Berg, um all den gut und weniger gut gemeinten Ratschlägen ihrer Familie aus dem Wege zu gehen.

Saffet hatte der Tod ihres Bruders hart getroffen.

Wieder einmal stand sie Allahs Willen machtlos gegenüber. Unter Tränen hatte sie Aysches Bericht vom Offizier gelauscht, der ihr die Segenswünsche ihres Bruders überbrachte.

„Den heirate ich, Aysche, bestimmt, den – und keinen anderen!“ versicherte sie mit kindlichem Ernst.

Und immer wieder mußte ihr Aysche von dem Offizier erzählen, haargenau, was sie gesprochen, wie er ausgesehen hatte und ob er sie wohl liebe.

Selbst ihre deutschen Vokabeln vergaß Saffet zu lernen, und Fräulein Berg schüttelte oft mißbilligend den Kopf über das große Kind, das jetzt plötzlich ein neues Spielzeug gefunden hatte – „ihren Offizier“.

„Saffet“, sagte sie eines Tages sehr ernst – „Liebe und Ehe sind keine Spielerei. Denk an deine Aufgaben und hänge nicht nutzlosen Träumereien nach. Du kennst weder den Namen dieses Menschen, noch hast du ihn gesehen.

Ein richtiger Mann hat im Felde auch wahrhaftig an Wichtigeres zu denken als an dumme kleine Mädchen!"

„Dumme kleine Mädchen?" empörte sich Saffet. „Geliebtes Fräulein Berg, bin ich nicht vierzehn Jahre alt? Großmutter hat mit zwölf Jahren geheiratet! Glaub mir, er liebt mich! Liebes Fräulein Berg, er liebt mich doch!" Und Saffet blickte ihr „Fräulein" jetzt so bittend an, daß dieses ihr nicht böse sein konnte.

„Er liebt mich, Fräulein Berg, sicher, er liebt mich", sagte Saffet und wußte doch selbst nicht, was Liebe war.

Plötzlich aber sprang sie auf, schlang die Arme um Fräulein Berg und bat erschrocken: „Du sagst doch keinem etwas von meiner heimlichen Liebe?!! Nicht wahr, du versprichst es mir? Es ist ein Geheimnis zwischen uns dreien, und kein anderer darf etwas davon wissen!"

Sie griff sich an den Kopf und rief mit komischem Augenaufschlag: „Gott behüte, wenn die Tanten von meiner heimlichen Liebe erführen – bei Allah –, ich weiß nicht, was sie vor Entsetzen täten!"

„Dummes Zeug, heimliche Liebe! – Lern lieber deine Vokabeln!" rief Fräulein Berg ärgerlich. Doch Saffet lächelte nur geheimnisvoll und rückte ihren Stuhl ganz dicht an den der Freundin. „Nicht wahr, Aysche, Dschi-Dschiim, wir zwei wissen Bescheid!"

Da schickte Fräulein Berg die beiden in den Park. Sie sollten frische Luft schöpfen, um in der kommenden Stunde konzentrierter und emsiger bei der Sache zu sein.

Saffet ließ sich das nicht zweimal sagen.

„Komm, Liebste, laß uns zur Magnolie gehen." Als sie auf der Brücke waren, blieb Saffet plötzlich stehen. Es schien ihr wieder einmal ein Gedanke gekommen, der impulsiv ausgeführt werden mußte.

„Geh voraus zur Marmorbank, Dschi-Dschiim, ich komme gleich!“ Und schon sprang sie die Stufen hinunter und lief ins Haus zurück.

Langsam ging Aysche über die Brücke, blickte auf den Weg dort unten, auf das Yali, über dem die Luft in der Mittagssonne leise zu zittern schien, und betrat den Park.

Als sie beim Magnolienbaum anlangte, kam auch schon Saffet ganz außer Atem angelaufen.

Saffet strahlte, dabei lag ein Zug auf ihrem Gesicht, so geheimnisvoll, so erwartungsvoll, halb verschmitzt, halb schelmisch, daß Aysche richtig neugierig wurde.

Saffet hielt die Hände unter dem Maschlah verborgen und zitterte vor Erwartung auf das, was die Freundin nun täte.

„Dschi-Dschiim“, begann sie feierlich, „Liebste, dein Abschied rückt immer näher, übermorgen feiern wir deinen Nikiah – deshalb gebe ich dir mein Geschenk schon jetzt!“

Damit brachte sie ein Schächtelchen zum Vorschein und legte es der erstaunten Aysche in die Hände. Als Aysche es öffnete, war sie sprachlos.

Nachdem sie sich ein wenig gefangen hatte, rief sie erschrocken: „Nein, Dschanoum, nein, das kann ich doch nicht annehmen! Das nicht, nie und nimmer, wirklich, das ist ja viel zu kostbar für mich!“

„Doch, du mußt es annehmen. Es gehört dir, ich habe es dir geschenkt. Du mußt es mitnehmen nach Anatolien und immer tragen!“

Damit hob sie behutsam den Schmuck aus der Schachtel, den Aysche vor Monaten am Bosporus gefunden hatte, und legte ihn um das kräftige Handgelenk der Freundin. „Ach, Saffet“, versuchte Aysche ihr nochmals zu widersprechen, „ich bin nicht fein, nicht zierlich, der Schmuck paßt nicht zu mir. Behalte ihn, Liebste, du bist die rechtmäßige Herrin dieses Schmuckes!“

Gemeinsam betrachteten sie jetzt die feine Filigranarbeit mit den winzigen Emaillesternchen und zarten Blattranken.

Dann sagte Saffet: „Du kennst doch die Geschichte dieses Schmuckes, Aysche. Er hat die Gabe, stets zum rechtmäßigen Besitzer, der ihn erbt, zurückzukehren. Wenn du ihn immer trägst, Liebste, kehrst du eines Tages zu uns zurück. Inschallah, ich glaube daran!“ – Ein wenig zweifelnd sah Aysche auf die Freundin, dann verbarg sie den Schmuck im Tscharschaff.

„Tschok teschekür ederim! Saffet, ich weiß gar nicht, wie ich dir danken soll!“ sagte sie.

„Wiederkommen, inschallah!“ bat Saffet.

Bald darauf sah man die Mädchen eng umschlungen ihrem Arbeitszimmer zugehen, wo Fräulein Berg die beiden schon ungeduldig erwartete.

Nikiah!

Aysche hatte ihr Seidenkleid an, die gelbseidenen Schuhe drückten ihre Füße. Sie war sehr blaß.

Bald wird alles vorüber sein, tröstete sie sich selbst. Inschallah!

Ihr Platz war dicht hinter der geschlossenen Tür des Nebenzimmers, damit ihr „Ja“ zur Eheschließung in dem Raum, wo diese vollzogen wurde, deutlich hörbar war.

Aysche zitterte ein wenig. Obgleich es heiß war, fröstelte sie. Aysche hatte Angst.

Und dann ging alles so schnell. Der Onkel kam, um sich zu vergewissern, daß sie da sei, und um sich mündlich die Vollmacht zu holen, den Vertrag in ihrem Namen unterschreiben zu dürfen.

Dann schloß sich die Tür.

Jeden Laut konnte Aysche jetzt aus dem Nebenzimmer hören.

Der Imam hatte die Genehmigung des Kadis für die Eheschließung mitgebracht und begann die Zeremonie.

Aysches Onkel, der sie vertrat, fragte nun laut, ob sie gewillt sei, Alis Frau zu werden. Er stand dicht an der Tür, damit sie ihn gut hören konnte.

„Nein, nein, nein“ – wollte Aysche rufen, doch eine fremde Stimme sprach ruhig das „Ja“ aus. Hatte sie selbst „Ja“ gesagt? Natürlich, alle Zeugen im Nebenzimmer hatten sie gehört. Ein „Nein“ wäre auch unmöglich gewesen!

So klar hatte Aysches „Ja“ geklungen, daß der Onkel strahlte. Seht, seht, es wird wohl nur Schüchternheit gewesen sein, was sie sich sträuben machte.

Als nun Alis Onkel für den Bräutigam im Felde das „Ja“ ausgesprochen hatte, fragte der Imam, ob der Onkel gewillt sei, Aysche für den festgelegten Preis Ali zu geben – und nachdem die Frage bejaht war –, Alis Onkel, ob er bereit sei, die vereinbarte Summe zu zahlen.

„Ewet“ – „Ewet.“

„Ja“ – „Ja.“

Darauf schrieb der Imam langsam und ruhig die Urkunde über die Eheschließung, den Ehevertrag, aus.

Es dauerte eine ganze Weile. Als er diese Arbeit beendet hatte, sprach er ein paar Worte aus dem Koran und segnete die Ehe.

Aysche war verheiratet!

Verheiratet! Doch kaum konnte sie dies überlegen, da wurde sie schon von den Frauen umringt, gestreichelt, geküßt und ins Nebengemach geführt. Laut und fröhlich wurde gefeiert.

Laut und fröhlich ging es auch bei den Männern her. Sie hatten sich Ibrahim, den Blinden, ins Selamlik geholt, und er erzählte. Von Liebe natürlich. Von Liebe und Haß. Von Treue und Verrat. Von Kampf und Sieg. – Bis in die Nacht hinein wurde getrunken, gegessen, gelacht und gesungen.

Der Bräutigam aber stand draußen im Felde.

Die Braut war still und blaß.

Als das Fest beendet war, alle Gäste sich verabschiedet hatten und Aysche zu Bett gehen wollte, blickten die Sterne in ihr Zimmer. Sie trat ans Fenster. Die Mutter war im

Nebenraum. Aysche hörte sie die Teller zusammenstellen und hin und her gehen.

Das weiche Dunkel der Nacht legte sich gütig auf ihr Leid.

Da sah sie in einem Korbsessel Ibrahim noch vor dem Hause sitzen. Er hatte den Kopf erhoben, als blicke er zum Himmel auf.

Und Aysche tat etwas, was unerhört war. Beide Hände am Gitter, preßte sie ihr Gesicht an die kühlen Stäbe und bat mit leiser, bebender Stimme: „Erzähl, Ibrahim, erzähl mir eine von deinen Geschichten!“

Und, so seltsam es klingt, Ibrahim erschrak nicht, Ibrahim wunderte sich nicht, Ibrahim hob die Hände zum Himmel und wies auf die silbernweiße Milchstraße in der Unendlichkeit, als könne er sie sehen.

„Allah ist groß –

Allah ist allwissend –

Allah ist gütig!“

begann er, und als würde er Ayisches Blässe sehen, fuhr er fort: „Und keines Menschen Leid ist so groß, daß Er nicht einen Ausweg fände!

Vor unzähligen Hunderten von Sommern, als Ibrahim, der Stammvater, den Befehl Gottes erhielt, seinen eigenen Sohn zu opfern, war seine Not unermeßlich groß. Wessen Not kann sich mit dieser messen? Doch getrost auf die Güte des Herrn vertrauend, nahm er seinen Sohn, ihn Allah zum Opfer darzubringen.

Allah aber sah seine Not. Er teilte die Wolken. ‚Halt ein, Ibrahim, und tue dem Kinde nichts zuleide!‘

Mächtig klang Seine Stimme hernieder.

Einen goldenen Widder an den Hörnern gepackt, fuhr Sein Bote zur Erde, und leuchtende Funken schienen das Firmament in ein Feuermeer zu verwandeln.

Gott selbst schickte die Rettung!

Du weißt es, maschallah!

Zeiten sind vergangen – Jahrhunderte, Jahrtausende. Die leuchtende Spur des Widders wischte Allah nicht aus. Er ließ sie am Himmel stehen, Ibrahim zu Ehren, den Menschen zur Mahnung, jedem aber zum Trost, der ein Leid mit sich trägt. Denn keines Menschen Not gleicht der Ibrahims – und jedem soll geholfen werden – wie auch Ibrahim geholfen wurde. Inschallah!

Deshalb freut euch, ihr Menschen, ihr Kinder Allahs!"

Der Blinde schwieg. Auf seinem Gesicht aber lag eine goldene Spur.

Vom Widder?

Von den Sternen?

Aysche wußte es nicht –

„Teschekür ederim, danke", flüsterte sie und nahm die Sternenstraße Ibrahims als Geschenk mit in ihr neues Leben.

Die nächsten Tage vergingen mit dem Einpacken von Ayssches Habe. So freundlich waren die Verwandten noch nie zu den Frauen gewesen wie jetzt. Alle brachten sie Aysche noch dieses und jenes.

Körbe und Truhen füllten sich. Ali sollte keinen Anlaß haben zu sagen, er hätte eine arme Feldmaus ins Haus bekommen.

Genau war der Tag festgelegt worden, an dem Aysche und ihre Mutter reisen sollten. Das war nicht leicht in diesen Kriegstagen, denn die Züge fuhren nicht regelmäßig, doch hatte der Onkel keine Mühe gescheut, den beiden Frauen alles zu regeln.

So standen sie denn eines Tages schwarz verhüllt am Bahnhof Haidarpascha, dem Hauptbahnhof für sämtlichen Verkehr in den Osten.

Verwandte und Freunde hatten sich in solch großer Zahl eingefunden, die beiden zu begleiten, daß Aysche staunend die Augen aufriß. – Nie zuvor hatte sie gewußt, daß so viel Leute Anteil an ihrem Schicksal nahmen. Nun, sei es Zuneigung, sei es Neugier, sie waren da und überhäuften Aysche und ihre Mutter mit Worten voll Zärtlichkeit und guter Wünsche.

„Dschanoum – Liebling –“

„Allahs Segen sei mit dir, mein Augenlicht!“

„Güle, güle – kehr lächelnd wieder!“

Küsse, Küsse, Küsse –

Aysche schwindelte. Sie atmete erleichtert auf, als sie endlich zum Zug durften, der sie nach Ankara bringen sollte.

Ein Glück, daß die Mutter mitfuhr! Aysche sah sie von der Seite an. Selbst durch den Schleier wirkte ihr Gesicht verklärt. Ihre Augen leuchteten, als hätte sie Fieber.

So wundersam ist es, in die Heimat zu reisen?

Aysche aber verließ die Heimat ihrer Kindheit, und Tränen würgten sie im Halse.

Dann setzte sich der Zug in Bewegung – rollte an, blieb stehen – rollte an – jawasch, jawasch – wir haben Zeit!

Winken, winken. Die Tante weinte. Sie war so leicht gerührt. Die Fischerkinder weinten.

Winken, winken, winken!

Als letzte sah Aysche Saffet. Sie stand abseits, ihr Tüchlein in der Hand. Dann rollte der Zug davon.

Das Abteil war stickig heiß. Zum Glück fuhren nicht viele Frauen nach Anatolien.

Aysche rückte zur Mutter. Die sah sie liebevoll an, es lag eine Zärtlichkeit in ihrem Blick, die das Mädchen nicht gewohnt war. Aysche sah zu Boden und wunderte sich darüber, wie nah sie einander plötzlich waren im kleinen Abteil des Zuges – auf dem Weg ins große Unbekannte.

Der Blick aus dem Fenster war zauberhaft schön. Sie fuhren den Golf von Ismit entlang, sahen das türkisfarbene Wasser, dahinter im Dunst das gegenüberliegende Ufer.

Von Ismit aus stand Aysche am linken Fenster.

„Sieh Mutter, dieser herrliche See ist der Sapanca-See! Fräulein Berg und die Hanim Efendi haben mir die ganze Strecke genau erklärt. Ich weiß auch, was hier früher geschah –“, und lebhaft begann Aysche zu erzählen, während die Mutter erstaunt zuhörte.

Noch nie hatte die Mutter so aufmerksam Anteil genommen an Aysches Berichten. Beide schienen einander mit neuen Augen zu sehen, und es war, als nähmen sie sich vor, behutsamer, vielleicht ein wenig liebevoller miteinander umzugehen.

Dann drehte der Zug stark nach Süden, hielt in Geyve, in Osmanli und erreichte den Ort Bilecik.

„Mutter, sieh den Fluß, der uns nun begleitet! Das ist wohl der Sakarya! Hier am Sakarya hat einst Ertogrul seinen türkischen Stämmen, die mit seinem Vater aus dem weiten Osten Tibets gekommen waren, zugerufen:

‚Hier, türkisches Volk, baue deine neue Heimat! Hier bebaue das Land, hier weide deine Herden, hier wachse zu einem starken, großen Volk!‘“

Und als sie merkte, daß die Mutter ihr sehr aufmerksam folgte, fuhr sie eifrig fort:

„Und nach seinem Sohn Osman wurde unser Volk die Osmanli genannt, und der neue Staat das Osmanische Reich!“

„Warum hast du mir nie von diesen alten Geschichten erzählt?“ fragte die Mutter leise.

Und Aysche, die ja zu Hause nur auf Ablehnung gegenüber allem, was sie im Yali lernte, gestoßen war, blickte verständnislos auf die große Frau.

„Du hattest doch keine Zeit für so was. Und die anderen sagten, es sei schlecht, mehr zu wissen, als wie man Kaffee kocht, Tücher druckt und andere Mädchenarbeit tut!“

Die Mutter nickte nachdenklich.

Oft hielt der Zug sehr lange. Die Mutter holte Brot und Oliven aus dem Bündel, und sie aßen.

Hinter Bilecik begann die Landschaft stark anzusteigen. Die Gegend war nicht mehr fruchtbar und grün. Schroffe Felsen, gelbgrauer Sand wechselten mit Gestein in erschreckend bizarren Formen. Der Zug erklomm die anatolische Hochebene. Immer wieder hielt er, manchmal an so steilen Hängen, daß die Mutter sich schwindelnd vom Fenster wandte.

Es war dunkel geworden. Sie fuhren jetzt gegen Osten über die anatolische Steppe, die einer Wüste glich.

Sie aßen ein wenig, schliefen ein, fuhren hoch – der Zug stand. Sie schliefen ein, wachten auf – der Zug fuhr. Aysche schien es, als läge Ankara am anderen Ende der Welt.

Gegen Morgen fuhr der Zug noch immer durch Wüste. In der Ferne schimmerten die Berge rosa, ganze Ketten von Gebirgen waren schwarz – Anatolien!

Im Herzen Anatoliens, Ankara!

Als der Zug in Ankara hielt, war Aysche tief enttäuscht. Lehmhütten! Nur hier und da das Minarett einer kleinen Moschee. Im Norden auf dem Berge die Mauern der Zitadelle. Staub! Alles trostlos – öde –, nichts erinnerte hier an die Beschwingtheit und Farbenfreudigkeit Istanbuls, gar nichts!

Ein kleiner Mann mit weißem Bart und weißem Haar unter dem roten Fez kam langsam auf sie zu.

Es war Abdullah Efendi, ein Vetter der Mutter, in dessen Hause sie bleiben sollten, bis Ayschés Hochzeit vollzogen war. Er hatte sie sofort erkannt, begrüßte die Frauen, wies auf sein Büffelgespann und half ihnen, die Sachen vom Bahnsteig auf den Karren zu tragen.

Während sie dann durch die öde Landschaft fuhren, sprach er vom Kriege. Viele der Jungen seien eingezogen. Ihr Dorf liege so einsam, daß sie selbst vom Kriege erst etwas gemerkt hätten, als die Gendarmen aus der Stadt durch ihr Land zogen und die Söhne und Männer zum Militär holten. Große Aufregung hatte es im Dorf gegeben, doch nun hätte sich alles wieder längst beruhigt.

Und nach einer Weile des Schweigens: Ali sei heute in Urlaub gekommen. Die Hochzeit sei schon vorbereitet, morgen solle sie gefeiert werden. Ein Zimmer sei für das junge Paar geräumt in Alis Elternhaus. Er habe es gesehen. Es sei nicht fein, aber Aysche würde es schon wohnlich machen. Bis zur Hochzeit am nächsten Tag aber seien Aysche und ihre Mutter bei ihnen herzlich willkommen. Ob die Mutter sich noch seines Hauses erinnere? Natürlich erinnerte sich die Mutter, sie hätten doch als Kinder zusammen gespielt! Das letzte Haus im Westen des Dorfes!

Dann schwiegen sie.

Der Ochsenkarren schwankte die steinige Straße entlang – öde, graugelbe Wüste – kein Baum, kein Strauch – ab und zu eine Schafherde. Was die Tiere hier wohl fraßen?

Ob das Haus ihrer Eltern noch stünde, fragte die Mutter.

Nein, Allahs Wille sei es gewesen, dieses Haus nach dem Tode der alten Leute verfallen zu lassen.

Und wieder Schweigen.

Schritt vor Schritt setzte der Büffel. Seine Bewegungen waren schwer und langsam. Die großen Holzräder des Karrens quietschten – jawasch, jawasch –

Zeit spielte hier keine Rolle – man hatte viel Zeit, sehr viel Zeit, immer –

Es war heiß. Kein Lüftchen schien sich zu rühren.

Aysche flimmerte es vor den Augen. Das Graugelb der Landschaft verschwamm mit dem Lila der Berge am Horizont, verschwamm mit dem Schwarzgrau der schwieligen Haut des Büffels.

Aysches Blick blieb an einer Wunde des Büffels hängen – an einer eitrigen Wunde im Nacken des Tieres.

Eine große Traurigkeit ergriff das Mädchen, das morgen seine Hochzeit feiern und hier heimisch werden sollte – und es wunderte sich über die Mutter, die sich freute, in diese Einöde zurückzukehren.

Jawasch, jawasch –

Sie wußte nicht, wie viele Stunden vergangen waren, seitdem sie in Ankara den Karren bestiegen hatten.

Es gab keine Zeit –

Langsam begann es zu dämmern, als der Alte sich den Frauen zuwandte und in die Ferne deutete: „Dort ist unser Dorf, jetzt kann man es sehen!"

„Maschallah", rief die Mutter glücklich und beugte sich weit vor.

Aysche jedoch konnte nirgends auch nur die Andeutung eines Dorfes erkennen, sosehr sie sich auch anstrengte.

Alles graugelb – graugelb – graugelb –

Ganz allmählich merkte sie, daß das, was sie für Steine gehalten hatte, Lehmhütten waren, undeutlich zeichnete sich ein Zaun aus großen Feldsteinen ab, der um das ganze Dorf lief.

Sie hatten ihre neue Heimat erreicht!

Mittlerweile war es fast dunkel geworden. Das Dorf schien wie ausgestorben. Irgendwo bellte ein Hund. Hinter dem Zaun glaubte Aysche Gestalten zu erkennen, doch regte sich nichts.

Der Alte ließ sich vom Karren gleiten, verschwand zwischen den Hütten, um gleich darauf mit einem halbwüchsigen Knaben wiederzukommen. Ohne ein Wort zu sprechen, trugen die beiden das Gepäck in sein Haus.

Langsam folgten ihnen Aysche und die Mutter mit ihren Bündeln über den steinigen Pfad, zwischen den Hütten hindurch, die einander aufs Haar glichen. Lehmhütten waren es, graugelb wie die Landschaft ringsum.

Vor Abdullah Efendis Haus blieben sie stehen. Das vorspringende Dach in der Breite der ganzen Hütte wurde gestützt von vier rohen Pappelstämmen. Es bildete so einen überdachten kleinen Vorplatz.

Sie gingen über diesen Vorplatz und mußten sich bükken, um durch die Türöffnung ins Haus zu kommen.

Eine alte Frau stand reglos im Raum. Die Flammen der offenen Feuerstelle, über der ein Kessel hing, warfen rötliche Lichter über ihre in buntgestreifte Hosen und bunte Tücher gehüllte Gestalt. Eine Weile standen sie sich so gegenüber, dann wandte sich die Alte zur Seite, nahm eine Laterne vom Boden, hob sie hoch und kam über farbige, handgewebte Teppiche den beiden entgegen.

„Fühlt euch wohl bei uns!" begrüßte sie die Frauen, doch lächelte sie nicht dabei, und Aysche fürchtete, daß ihr Besuch unwillkommen sei. Sie blickte auf ihre Mutter und sah diese ihren Schleier zurückschlagen und feierlich „Wir fühlen uns wohl bei euch!" sagen.

Da ahnte sie, daß es nicht Mangel an Wohlwollen war, was das Gesicht der Alten so hart machte. Und sie fühlte plötzlich noch mehr. Aysche hatte, ohne daß sie es in Worte zu fassen vermochte, das unbestimmte Gefühl, daß die Menschen dieser Landschaft herb und schwerfällig sein mußten – und vielleicht stumpf, daß die lebhaften, zärtlich verspielten Türkinnen Istanbuls wie bunte Blumen in die reiche Vegetation am Bosporus paßten, aber nicht nach Anatolien. Hier mußten die Menschen wohl schweigsam wie die Landschaft, hart wie ihre Felsen, genügsam wie ihre karge Pflanzenwelt sein, um leben zu können.

Die Alte führte sie in einen Nebenraum und füllte eine Schüssel mit Wasser, damit sie sich den Staub der Reise abwaschen konnten.

Später saßen sie auf den bunten Teppichen und aßen Bulgur, Schafskäse und Joghurt, dabei sprachen sie von der bevorstehenden Hochzeit.

Es war heiß.

Als die Alte das Haus verließ, um Teppiche und Decken aufs Dach zu tragen und die Nachtlager der Frauen zu richten – denn die Männer schlafen auf dem Minder in der Laube – , begann die Mutter wie aus weiter Ferne:

„Sieh, Aysche, in solch einem Raum bin ich aufgewachsen“, sagte sie, „etwas kleiner war er und vom offenen Feuer ganz verrußt. Nur in einer Ecke lagen Teppiche. Dort schliefen wir Kinder. – Und die Mutter erzählte uns Märchen. Die Schatten und Lichter der Feuerstatt flackerten an Decke und Wänden, und wenn unsere Augen zu tränen begannen, zog uns die Mutter zum Minder in die Ecke, kniete nieder und betete mit uns. Und wir wußten nicht, ob unsere Tränen vom Rauch herrührten oder von den Geschichten der Mutter oder von der tiefen Hingabe ans Gebet."

Als sie dann oben auf dem Dach lagen und in die Sterne am dunklen Nachthimmel blickten, verstand Aysche plötzlich, was die Mutter früher meinte, wenn sie gesagt hatte:

„In Anatolien sind die Menschen Allah näher, da ist alles weit und groß und klar – und nie werden sie durch Buntheit und Verspieltheit von der Größe Gottes abgelenkt."

Das war licht und gut.

Wie ein dunkler Schatten aber lag vor Aysche das Morgen – die Hochzeit – Ali –

Morgen würde sie ihn sehen.

Aysche hatte Angst.

Sie warf sich von einer Seite zur anderen. Da sah sie die leuchtende Straße des goldenen Widders am Himmel stehen – und wurde ruhig.

Sie wußte nicht, daß einige Häuser von dem ihren entfernt ein junger Mann ebenso angstvoll in den Morgen träumte – Ali.

Als Aysche die Augen öffnete, war es Morgen. Das Dorf begann zu erwachen. Die Frauen kletterten von den Dächern. Hier und da krähte ein Hahn. Kinder rannten spielend durch das Dorf, Mädchen gingen mit Eimern und gebauchten Krügen zum Brunnen. Knaben trieben eine Schafherde aus dem Dorf. Hier brüllte ein angepflockter Esel vor Hunger, dort standen zwei Büffel am Dorfrand und blickten mit triefenden Augen in die leere Weite. Die Alte war schon aufgestanden. Aysche sah sie neben dem Hause ein Feuer in dem eiförmigen Backofen aus Lehm entfachen. Der Teig lag auf der Holzschaufel, bereit, ins Ofenloch geschoben zu werden.

Das ganze Dorf schien in geschäftiger Erregung.

Das Dorf feierte Hochzeit.

Aysches und Alis Hochzeit.

Und dann ging alles so schnell, daß Aysche kaum zur Besinnung kam.

Ihre ganze Aussteuer wurde im großen Raum ausgebreitet, damit jede Dorfbewohnerin die Dinge betrachten konnte. Der Hocker wurde gerichtet, auf dem sie neben der Aussteuer sitzen mußte, wenn die Frauen kamen, sie zu bewundern.

Festlich geschmückt wurde der Nebenraum, in dem Ali und Aysche ihren ersten Kaffee gemeinsam trinken sollten, einander ansehen und die ersten Worte miteinander wechseln durften.

Diese Vorbereitungen erforderten Zeit.

Dann wurde Aysche in ihre weißen Hochzeitsschleier gehüllt, so daß sie – wie alle Bräute in Istanbul – einer weißen Säule glich. Vom Kopf hingen lange, silberne Metallbänder bis zu den Füßen.

So geschmückt, erwartete sie den Bräutigam. Genauestens hatte ihr die Mutter eingeschärft, was sie zu tun hätte, wenn dieser käme.

Ayisches Herz klopfte heftig. Wieder waren ihre Hände feucht und kalt.

Und dann kam er.

Schon aus der Ferne hörte man das Schwatzen und Kichern der Mädchen und Frauen, die ihn begleiteten, das Jubeln der Kinder, die ihn umsprangen.

Langsam näherte sich der Zug dem Hause Abdullah Efendis – Ali war bunt in die Festtracht seines Dorfes gekleidet, eine Tracht, die Aysche nie gesehen hatte.

Langsam wurde sie nun von der Alten, von ihrer Mutter und einigen Mädchen Ali entgegengeführt.

Nur undeutlich sah sie durch die vielen Schleier, daß Ali klein war, nicht größer als sie selbst, klein, schmal und schüchtern.

Auch sein Gesicht, das sie nur undeutlich sehen konnte, gefiel ihr nicht, und alles in ihr lehnte sich auf gegen ihn, der ihr Ehemann sein sollte.

Hatte sie sich nicht von jeher einen stattlichen, lachenden Helden gewünscht?!

„Ach, Ali, ich will dich nicht“, dachte Aysche, als sie ihm nun die Hand reichte und ihn dem Hause Abdullah Efendis zuführte. Die Mädchen und Kinder sprangen übermütig um das Brautpaar herum. Jedes von ihnen versuchte, einen Teil der glitzernden Metallbänder von Ayšches Kopf zu erhaschen, denn es bedeutete Glück, das Band einer glücklichen Braut zu besitzen.

Aysche aber geleitete Ali ins Haus durch den großen Raum an ihrer Aussteuer vorbei in den kleinen, geschmückten, wo die winzigen Kaffeeschälchen bereits gefüllt auf sie warteten.

Aysche und Ali setzten sich.

Aysche empfand keine Angst mehr, nur Abwehr. Und als Ali umständlich sein Geschenk aus der Tasche holte, um es ihr zu reichen, nahm sie es und stellte das Schächtelchen ungeöffnet neben die Kaffeetassen. Nun, da sie das Geschenk genommen hatte, durfte Ali ihre Schleier lüften. Er tat es mit zitternden Händen, verhedderte sich, und Aysche mußte ihm helfen, die weißen Wolken um ihren Kopf zu entfernen. Der gefürchtete Augenblick war gekommen.

Sie blickten einander in die Augen.

Aysche sah ein schmales braunes Gesicht unter dunklem Lockenhaar, eine feingebogene Nase, sie sah zwei dichtbewimperte braune Augen unter schweren Lidern so angstvoll auf sich gerichtet, daß ihre Abwehr, ihre Ablehnung einer großen mütterlichen Wärme wichen.

„Armer Ali“, dachte sie, „du hast ja Angst vor mir –“

Und in Aysches Honigaugen, die im ersten Augenblick kalt und verächtlich auf Ali geruht hatten, glomm ein warmer Glanz auf. Als würden unzählige kleine Sonnen auf Ali herabstrahlen, so empfing ihn nun Aysches Mütterlichkeit und half ihm über die ersten Augenblicke hinweg.

„Aysche“, sprach Ali kaum hörbar ihren Namen aus, so, als wolle er mit ihm Bekanntschaft schließen, und Aysche fühlte, wie erleichtert er plötzlich war, denn es lag ein winziges Lächeln um seinen Kindermund.

Sie griff nach ihrer Kaffeetasse und nahm einen Schluck. Auch Ali begann nun seinen Kaffee zu trinken. Sie sprachen nichts miteinander.

Wozu Worte?

Und wenn die Mütter im Raum, die neugierig im Hintergrund standen und auf das Gespräch, das nicht kommen wollte, warteten, auch gar nichts merkten, so war doch eine Brücke von Aysche zu Ali geschlagen.

Als Ali sein junges Weib in den anderen Raum führte, sie auf den Hocker neben ihre Aussteuer setzte und sich verabschiedete, um zur Feier mit den Männern des Dorfes zu gehen, war er fröhlich.

Aysche aber saß still, die Hände im Schoß, auf ihrem Hocker und ließ die Mädchen und Frauen an sich vorübergehen. Sie hörte wohl Ausrufe des Staunens und der Bewunderung über die seltenen Dinge, die die Fremde ins Dorf gebracht hatte und die keine der Frauen und Mädchen in solcher Feinheit je gesehen hatte, doch es berührte sie nicht.

Im Geiste sah sie Alis kindliches Gesicht, seine Angst, sein erleichtertes Aufatmen, sein Lächeln, seine Fröhlichkeit, und Aysche beschloß, ihm eine gute Frau zu sein – ihren Mann glücklich zu machen und zu lieben.

Deshalb war sie froh, als Ali, ehe die Dämmerung sich über das Dorf legte, im geschmückten Büffelkarren ankam, die Aussteuer und seine junge Frau auflud und glücklich durch das Dorf kutschierte. Die Bänder an den Hörnern der Büffel flatterten, wenn sie ob des Ungewohnten die Köpfe schüttelten. Das ganze Dorf folgte, Glückwünsche rufend, dem frohen Zuge.

Im Hause Alis angelangt, begleiteten die Mutter des Bräutigams und seine Schwestern das junge Paar in seinen Raum. Ali nahm der Mutter die Laterne aus der Hand, ließ sich küssen – und schloß die Tür. Er ging zur gegenüberliegenden Wand und hängte die Leuchte an einen großen Nagel. Dann wandte er sich um und sah Aysche reglos im Raum stehen, der ihr zukünftiges Heim sein sollte. Im Raum, der keinen Fußboden hatte, in dem von der mit rohen Baumstämmen abgestützten Decke trockenes Gras hing, im Raum, der kein Glas vor den Fensterlöchern hatte und dessen Lehmwände sie trostlos anstarrten.

Beinahe wäre Aysche in Tränen ausgebrochen. Als sie aber Ali, der ihr Erschrecken bemerkt hatte, traurig vor sich sah, lächelte sie wieder und begann ihre Sachen zu ordnen.

„Du bist es anders gewohnt von Istanbul?“ fragte er leise.

Es war das erste Mal, daß Aysche Alis Stimme hörte. Und es war eine gute Stimme.

Aysche blieb stehen. „Ja, es ist anders in Istanbul, aber auch bei uns hier soll es schön werden“, antwortete sie und ging wieder durch den Raum.

„Bei uns hier“, hatte sie gesagt, nicht „bei uns in Istanbul“, stellte Ali dankbar fest.

Aysche breitete ihre Teppiche aus und legte ihre Kissen auf den Minder – sie hängte ihre Kleider an die Wand –, und Ali half ihr dabei. Als sie ihre Truhe mit der Wäsche und den Büchern in eine Ecke rückte und Ali den Deckel hob, wich er einen Schritt zurück.

„Was soll das?“ fragte er erschrocken.

„Bücher“, antwortete Aysche ruhig, „Bücher, in denen viel Gutes steht. Auch der Koran liegt da auf der Wäsche.“

„Was tun wir damit?“ wollte Ali wissen.

„Hast du keine Schule besucht?“ fragte Aysche verständnislos.

„Nein“, sagte Ali, „in unseren Dörfern gibt es keine Schulen.“

„Auch nicht für Jungen?“

„Gar keine!“

„Ach Ali, auch in Istanbul sind die Schulen nur für die Reichen da. Ich hatte Glück, maschallah, mit einer Freundin, der Tochter eines Paschas, durfte ich lernen!“ Als sie Alis Gesicht noch immer ratlos auf die Bücher gerichtet sah, fuhr sie fort: „Ich kann es auch nicht gut – aber was ich kann, will ich dir zeigen!“

„Unsinn“, sagte Ali heftig und wandte sich ab – „Unsinn – es ist Krieg. Übermorgen stehe ich wieder an der Front, und die anderen sind stärker. Wir gehen zurück, zurück, zurück! Du kommst aus einem Paradies. Ich komme aus der Hölle!“

Beide Hände schlug Ali vors Gesicht und ließ sich schwer auf den Minder fallen. Da saß er nun und stöhnte.

Aysche stand vor ihm. Gern hätte sie etwas gesagt, geholfen, aber wie? Konnte man überhaupt helfen, wenn einer am Kriege verzweifelte?

Ratlos sah Aysche auf Ali. Es war dunkel geworden. Durch die Fensterlöcher schienen groß und leuchtend die

Sterne. Da begann Ali zu reden – vom Kämpfen und Sterben sprach er, von Schlachtfeldern, von Blut –

Schwerfällig war seine Ausdrucksweise. Er wollte sich mitteilen, doch war er kaum dazu fähig. Aysche sagte gar nichts, sie saß neben ihm und hörte zu. Doch schon das schien ihm zu helfen. Es war gut, daß Aysche still sein und zuhören konnte. Ali schwieg. Nach einer Weile deutete Aysche auf die Sterne.

„Allah ist allmächtig.

Und keines Menschen Leid so groß, als daß ihm nicht geholfen werden könnte –“

Und Aysche erzählte Ali das Märchen, welches Ibrahim ihr zum Abschied geschenkt hatte.

Drei Tage lang wurde Alis und Ayisches Hochzeit gefeiert. Schon am Morgen versammelten sich die Burschen und Mädchen des Dorfes vor dem Steinzaun. Die Mädchen hatten sich fein gemacht. Viele bunte Tücher hatten sie um den Leib geschlungen, bunte, mit Goldstücken besetzte Tücher auf den Kopf gebunden. Einer der Männer spielte auf einer Schalmei, ein anderer auf einer Art Pauke oder Kürbisrassel. Die Klänge zogen monoton und disharmonisch durchs Dorf.

Und es begannen die Reigen. In zwei Kreisen standen sich die jungen Leute gegenüber. Sie hüpften – schritten nach rechts, schritten nach links –, und wieder begann das Hüpfen. Sie vergnügten sich köstlich.

Alis und Aysches Mütter gingen umher, brachen die Brotfladen, warfen jedem ein Stück in den Schoß; dann stellten sie Schüsseln hin, gefüllt bis an den Rand, und jeder fuhr mit den Händen in die Speisen, um sich soviel herauszuholen, wie er mochte. Sie sangen ihre eintönigen Lieder – und manchmal lachten sie auch.

Ali durfte zusehen – aber Aysche war nicht zugegen.

Am Morgen des vierten Tages ritt Ali auf einem Esel in die Kreisstadt, von wo aus er zur Truppe stoßen sollte. Sein kleiner Bruder ritt mit ihm, um den Esel heimzubringen.

Noch nie war es Ali so schwer gefallen, sein Heimatdorf zu verlassen. Auch Aysche blickte ihm lange nach. Sie hatte Ali liebgewonnen.

MUKBIL UND NASLI, DIE KINDER

1921–1932

Der Krieg war verloren.

In den kleinen Dörfern Anatoliens hätten sie nichts davon erfahren, wenn nicht zufällig dieser oder jener der heimziehenden Soldaten vorbeigekommen wäre:

„Der Krieg ist zu Ende. Verloren! In Istanbul hat der Sultan nichts mehr zu sagen. Die Stadt ist voll fremder Offiziere, die befehlen. Die Bevölkerung wird gequält – weder unsere Religion noch unsere Frauen und Kinder sind den Fremden heilig!“

Die Männer saßen und standen um diese Verzweifelten und hörten ihnen zu, genau wie sie früher den Geschichten der Märchenerzähler gelauscht hatten – Geschichten aus einer anderen Welt –, es berührte sie kaum.

In ihrem Dorf hatte sich nichts geändert.

Die Soldaten zogen weiter –

Es war alles wie vorher. Die Zeit verging. Wochen? Monate? Jahre? Wer von ihnen konnte es sagen? Was bedeuteten schon Namen von Tagen? Keiner nannte sie. Die Namen der Monate? Keinen interessierten sie. Nur den Wechsel der Jahreszeiten empfanden die Leute in den Dörfern.

Und wieder kamen Männer ins Dorf. Diesmal keine Verzweifelten einer besiegten Armee. Diesmal Begeisterte.

„Habt ihr von Mustafa Kemal gehört? Er hat sich nicht den Feinden gebeugt! Jetzt, wo das türkische Volk am Boden liegt, sein Land besetzt von feindlichen Siegern aller Länder – jetzt, da es scheint, daß es sich nie mehr aufrichten könne – jetzt, da in Istanbul der Sultan sich den Engländern ergab und alles zu Ende schien, da stand er auf – Mustafa Kemal! Er hat Istanbul verlassen, ist nach Anatolien gezogen, sammelt Resttruppen türkischer Soldaten, ruft sein fast verblutetes Volk auf zum Aufstand. Er hat uns den Glauben an eine freie, einige Türkei wiedergegeben!"

Und sie fuchtelten mit den Armen und riefen begeistert: „Wer von euch kommt in unsere Reihen? Wer von euch ist bereit, mitzukämpfen für unser Vaterland?"

Wieder hörten die Männer diese Reden, wie sie den Märchenerzählern gelauscht hatten. Geschichten aus einer freundlicheren Welt, die sie nichts anging.

„Ich denke, der Krieg ist zu Ende?" sagte wohl einer, und „gebe Allah, daß sie uns nicht wieder zu den Soldaten holen" ein anderer.

Nur wenige Junge, die den Krieg noch nicht kannten, wurden von den Begeisterten angesteckt und zogen mit.

Und doch geschah das Unfaßbare. Mustafa Kemal gelang es, eine Armee aus dem Boden zu stampfen. Es gelang ihm, mit Helfern und Helfershelfern Munition und Waffenlager auszuheben und in die anatolischen Berge zu bringen.

Eines Tages standen die Griechen vor der Tatsache: Die Türken begannen den Kampf um ihr Leben. So gingen die Jahre 1920 und 1921 dahin.

In Istanbul standen die Sultanstreuen den Rebellen der inneren Türkei feindlich gegenüber.

Andere, die ihrer Verhaftung entgangen waren, Stabsoffiziere, Generäle, Beamte, Zivilisten, überschritten heimlich die englischen Linien und eilten nach Ankara.

Saffet stand zwischen ihrem Vater, dessen Treue zum Herrscherhaus unerschütterlich war, und Hilal, der längst mit Begeisterung an der Seite Mustafa Kemals kämpfte.

Und wenn sich auch ein Teil der Istanbuler Aristokratie den Besatzungsmächten gebeugt hatte und gegen ihre Brüder im Inneren des Landes arbeitete, in Anatolien tobte der Freiheitskampf unter dem unbeugsamen Willen eines Mannes.

Gab es jetzt noch einen in Anatolien, der nichts von diesem Kampfe gehört hatte?

Aus den entlegensten Dörfern, weltabgeschiedenen dumpfen Dahinvegetierens, waren sie zum Kampf gerufen und gekommen. Einige folgten, ohne zu verstehen, wofür, müde, widerwillig. Und andere voll heiliger Begeisterung für diesen Mann, der mit ihnen ihre Freiheit erkämpfen wollte.

Und es kam zur Massenerhebung, die auch die letzten Winkel des Landes erfaßte.

Männer, selbst Frauen, junge und alte, arme und reiche, meldeten sich zu Hunderten in Ankara bei den zuständigen Stellen. Bauersfrauen erboten sich, Munition zu schleppen, Mädchen und Frauen, auch angesehener Familien, Uniformen zu nähen oder Verwundete zu pflegen.

Die Kämpfe dauerten an. Hart und blutig. Viele Dörfer wurden überrannt, zerstört, viel Leben wurde vernichtet. Manchem währte der Kampf zu lange. So manchen Mannes Glaube war zu klein.

Sie desertierten! Das Dröhnen der Kanonen in Ohren, das Sterben vor Augen, irrten sie durch die Wüste der anatolischen Hochebene, oft einem Tod entgegen, der noch grausamer war, weil nicht der Feind, sondern die Heimat ihrem Kinde das Leben nahm. So saß jetzt auch Ali auf einem Felsen – als Deserteur. Er hatte es nicht mehr ausgehalten an der Front, und keiner hatte ihn davonkriechen sehen, als er sich vor drei Tagen von der Truppe entfernte.

Den Kopf in die blutenden Hände gestützt, die Fetzen an den Füßen vom Blut gerötet, staubig, mit Lumpen an den Gliedern, blickte er über die Bodenwellen, die öde und unbeweglich einem im Sturm erstarrten Meere glichen. Bis weit an den Horizont war kein Baum zu sehen, kein Strauch, kein Gras, das auch nur einen Tropfen Wasser ahnen ließe in der Hitze dieser ersten Julitage des Jahres 1921. Kein Dorf – kein Mensch.

Ja, lebte er denn noch?

Von weitem rollte dumpfer Kanonendonner gleich drohendem Gottesgericht.

Wo waren die Flüchtlinge geblieben, die er noch gestern dahinziehen sah? Zusammenbrechende Greise, weinende Kinder, blökende Schafe? Flüchtlinge, die aus Angst vor den Griechen und den Schlachtfeldern das heimatliche Dorf verlassen hatten. Lagen sie verborgen in den Bodenwellen, oder waren sie aufgestiegen in eine andere Welt, gleich ihm?

Sein Heimatdorf hatte er tot gefunden, ausgestorben, als sei er dort nie ein Kind gewesen, als hätte er dort nie Schafe gehütet, als hätte es keine Mutter gegeben – keine Aysche – keinen Sohn –

Wie hatte es ihn vor zwei Sommern beglückt, als einer, der lesen konnte, ihm aus Aysches Brief mitteilte, er habe einen Sohn! Er hatte heimgewollt, um seinen Sohn zu sehen, ihm einen Namen zu geben – es war nicht möglich gewesen.

Ali wollte schreien, um zu sehen, ob er noch lebe, doch kein Ton kam aus seiner vertrockneten Kehle, kein Ton, der die Stille der Landschaft, das eintönige Rollen in der Ferne zerrissen hätte.

Hatte er geträumt?

War sein Leben, das er zu leben gemeint hatte, waren die Menschen, die er zu lieben geglaubt hatte, Traum gewesen?

War er der letzte Mensch?

Stille – grauenhaftes Donnergrollen –

Er – der letzte Mensch?

Nein – Da schlängelte sich von dem gegenüberliegenden Berg ein Zug herab. Er glaubte, Gestalten zu erkennen. Ali spähte in die Dämmerung. Es waren Frauen. Sie trugen Munition.

Sie trugen die Munition zum Kampf für seine und ihre Heimat. Sie waren nicht müde geworden. Sie waren noch nicht verzweifelt, sie desertierten nicht –

Und Ali warf sich zu Boden, seine Hände griffen in die Steine, er stöhnte laut auf und vergrub sein Gesicht im Geröll. Drüben aber ging die Schlange der Frauen vorwärts, langsam, gleichmäßig, ohne zu stocken. Frauen, auch junge, fast noch Kinder, und alte, gebeugt von der Last ihrer Jahre.

Auch Aysche war unter ihnen. Sie trug ihren kleinen Jungen auf dem Rücken. Genau wie ein Teil der anderen Frauen hatte sie das schwarze Tuch um ihre Schulter geschlungen. Darin saß das Kerlchen und schwatzte leise vor sich hin, in einer Sprache, die nur Mütter verstehen.

Er war zufrieden. Soeben hatte er gegessen. Satt, geborgen im schwarzen Tuch auf dem Rücken der Mutter, freute er sich am leisen Schaukeln – auf und ab – auf und ab. Bei jedem Schritt, den die Mutter tat, schwang das schwarze Bündel ein wenig mit. Wenn sie stolperte, jauchzte der Kleine auf ihrem Rücken.

„Sohn“, dachte Aysche, und dann mit einem Anflug von Zärtlichkeit, „Söhnchen“.

Er hatte noch keinen Namen und zählte doch schon zwei Sommer. Ja, als der Frühlingsregen aufhörte, hatte sie ihn geboren. Drunten im Dorf, in der kleinen Lehmhütte, die ihre und Alis Heimat war. Ali war noch an der Front damals und war auch nicht gekommen, als sie ihm von der Geburt seines Sohnes geschrieben hatte.

Ob ihr Brief ihn erreicht hatte? Gespannt hatte die ganze Familie auf ihn gewartet, und als er nicht kam, auf die Nachricht von ihm, welchen Namen er seinem Sohne geben wolle. Doch es kam auch keine Nachricht.

„Sohn“, sprach Aysche leise vor sich hin, „Sohn, wenn ich dürfte, würde ich dich Mukbil nennen.“

Und „Mukbil“ jauchzte es wie ein Echo aus dem schwarzen Tuch.

„Du hast so lustige Augen, wie keines der Kinder, die ich sah, wirklich!“

„Witlich, witlich!“ jubelte das Echo aus dem Tuch.

„Dein Vater hätte dir den Namen geben müssen, dein Baba!“

„Baba“, rief der Kleine –

„Ja, Sohn", seufzte Aysche, „dein Vater. Ob er noch lebt? Er kämpft für dich, Sohn, damit du einmal in einer freien Türkei leben kannst, nicht als Sklave der Fremden in einem zerstückelten Reich."

Bergauf, bergab schlängelte sich der schmale Pfad zwischen den Bergen hindurch. Schmaler, steiler, steiniger Pfad, zwischen toten, grauen Bergen. Hatte man einen erklommen, lagen neue vor einem und immer neue – tot und drohend – in ihrer ganzen Trostlosigkeit.

Auf dem Rücken das Leben, auf der Schulter den Tod, schritt Aysche in der langen Schlange der Frauen der Stelle zu, wo, genau wie gestern, vorgestern und all die Tage vorher, der Ochsenkarren mit den großen Rädern auf sie warten würde. Wo die Männer, zerlumpt, Büffelfelle um die Füße gewickelt, stehen würden, die Gesichter teilnahmslos, wie die Augen der Büffel, die sie am Halfter hielten. Und die Frauen würden ohne viel Worte die Munition auf den Wagen laden und umkehren, um neue zu holen. Die Wagen würden sich in Bewegung setzen und unter entsetzlichem Quietschen der Front zurollen.

Schritt für Schritt ging Aysche weiter. Schritt für Schritt, auf dem Rücken das Leben, auf der Schulter den Tod.

„Für dich, Sohn", dachte sie, „sonst könnte ich es nicht. Sollen wir Frauen nicht das Leben hüten? Vom ersten Augenblick an, da es zu werden beginnt? Über die Zeit, da es klein ist, hinweg durch die Jahre der Kindheit. Und später – haben wir es nicht zu hüten, auch wenn es mit Männerkräften durchs Leben stürmt?"

Aysche seufzte. „Ach, Sohn!" Mukbil war eingeschlafen. Vertrauensvoll ruhte sein Kopf an der Mutter Schulter.

Plötzlich saß da eine Frau am Wegrand, eine alte, ausgemergelte, aschfahl wie die Landschaft um sie.

„Was tust du hier allein? Woher kommst du?“

Aysche beugte sich zu der Alten, während die anderen teilnahmslos weitergingen – stumpf, in gleichmäßigem Trott.

„Von dort“, sagte die Alte und atmete schwer. Eine Hand, die nur aus Knochen zu bestehen schien, deutete in die Richtung, in die der Zug der Frauen sich bewegte. „Der Krieg ist ohne Nutzen, hört auf mit dem Krieg! Hört auf!“

Aysche konnte ihr nicht helfen, keine der Frauen konnte ihr helfen.

„Wir werden siegen“, sagte Aysche und beugte sich über sie, „wir werden siegen, und unsere Kinder werden freie Türken sein in einer freien Türkei und werden ihr Land groß und schön machen und werden diese Berge hier bebauen. Sie werden stark sein, und es wird keinen Krieg mehr geben!“

Als hätten die eigenen Worte ihr neue Kraft gegeben, richtete sie sich auf. „Mukbil, für dich, vergiß es nie, Mukbil, wie deine Eltern für dich kämpften!“

Mukbil war ein Sonnenkind.

Alle Frauen sagten es. „Du hast ein Leuchtkind, Aysche, maschallah!“

„Ein Augenlicht!“

„Ein Sonnenkind in dieser Zeit!“

Und wenn Aysche ihren Sohn neben sich herlaufen ließ, winzige Lederpasteln an den Füßen, strahlte er übers ganze kleine Gesicht, jauchzte vor Vergnügen und gebärdete sich wie toll. So übermütig war er, als sei die ganze Welt voll Freude.

Seit zwei Tagen trug Aysche ihren Jungen weniger als bisher. Sie war müde. Sie konnte es selbst nicht begreifen. Die Glieder waren schwer, der Kopf dumpf, und wenn sie sich zum Essen setzte, hatte sie kaum Kraft, wieder aufzustehen.

Mukbil, eine Hand an ihrer bunten Kattunhose, trippelte unentwegt neben der Mutter. Er fühlte die Steine durch seine dünnen Schuhchen, stolperte manchmal über eine Unebenheit des Pfades, richtete sich, noch unbeholfen, wieder auf, blieb stehen, verzog sein Gesicht und blickte zu Aysche empor. Doch diese hatte Mühe, selbst vorwärts zu kommen.

„Ich kann nicht, Sohn“, schienen ihre müden Augen zu sagen. Sie gab ihm die Hand, und Mukbil lächelte wieder. So gingen sie weiter, Hand in Hand, langsam, das kleine Trippeln neben dem schweren, langausholenden Schritt.

„Du bist krank, Aysche", sagten die anderen Frauen, „ruh dich aus!"

Doch Aysche wollte nicht am Wegrand zurückbleiben.

Immer wieder dachte sie an den Sohn, raffte sich auf und ging weiter.

Nach einer Weile blieb Mukbil stehen und sah kläglich zu ihr auf. Er streckte die Arme empor, klammerte sich mit beiden Fäustchen an ihr Beinkleid und grub sein Gesicht in den bunten Stoff. Der Kleine hob ein Beinchen – setzte es auf den Boden, hob das andere Beinchen – setzte es auf den Boden, und da Aysche ihn nicht auf den Arm nahm, verzog er sein Mäulchen, und bitterlich begann das „Sonnenkind" zu weinen.

Aysche ließ die Munition zu Boden gleiten, bückte sich und nahm ihr Kind auf den Arm.

„Ich glaube, es ist zuviel für uns", sagte sie leise.

„Zuviel!" echote der Kleine noch schluchzend, beide Ärmchen fest um den Hals der Mutter gelegt.

„Komm, Liebling, wir ruhen ein wenig!"

Vorsichtig setzte sich Aysche nun doch. Sie atmete tief und lehnte den schmerzenden Kopf an einen Stein.

„Jetzt liegen dürfen, liegen und schlafen!" dachte Aysche und schloß die Augen.

Wie aus weiter Ferne hörte sie eine der Frauen sagen: „Fürchte dich nicht, Aysche, wir sehen wieder nach dir!" Aber die Stimme klang so leise in das Sausen um ihre Ohren, daß Aysche sie kaum vernahm.

Ratlos sahen die Frauen auf sie, die stark zu fiebern schien. Dann luden sie sich Aysches Teil an Munition auf die Schultern, um ihn ans Ziel zu tragen.

Mukbil hatte sich wie ein Kätzchen in Ayssches Schoß gekringelt, er spielte mit seinen Fingerchen und sang leise vor sich hin. Behutsam strichen die Frauen über die dunklen Locken des Sonnenkindes:

„Allah behüte dich!“

„Allahs Segen mit dir!“ – „Lächle, lächle!“

Dann gingen sie weiter, und bald schon war nichts mehr von ihnen zu sehen.

Nur Aysche saß, an den Stein gelehnt, ihr Kind im Schoß, bewußtlos am Wege. Sie wußte nicht, wie lange sie so gesessen hatte. Undeutlich hatte sie gehört, daß Mukbil weinte. Sie hatte ihm die Hände auf den Kopf gelegt, und wieder war die Eintönigkeit der Weite mit dem Graugelb des Himmels verschwommen und Aysche in die Welt ihrer Fieberträume gefallen.

„Annäh – Mutter!“ bat Mukbil –, „Annäh“, rief er laut. Er war an ihr hochgeklettert. Mit gespreizten Fingerchen streichelte und tätschelte er ihre heißen Wangen. „Annäh, Annäh, Annäh!“

Doch seine Annäh rührte sich nicht, schwer ging ihr Atem, fast keuchend. Da kringelte sich Mukbil in ihrem Schoß wie ein kleiner Igel zusammen und weinte sich in den Schlaf.

So fanden sie die Sanitäter, die mit Tragbahren über die Fronten gingen, Verwundete zum Lazarett zu schaffen. Die Frauen hatten aufgeregt berichtet, daß eine von ihnen am Wege liege, das Fieber hätte sie gepackt.

„Wegen einer Frau diesen Umweg?“ hatte einer der Männer abschätzig gerufen. „Unzählige liegen verwundet, warten auf uns –“

Doch die Frauen hatten nicht lockergelassen: „Tat sie nicht wie die Männer ihre Pflicht fürs Vaterland?“

„Schleppte sie nicht die Munition, ohne die ihr nicht kämpfen könntet?“

„Trägt sie nicht ihren Sohn bei sich, Mukbil, das Sonnenkind?“

Sei es nun der Sohn, sei es die Munition, die Aysche getragen hatte, die Männer ließen sich die Richtung weisen und gingen den Pfad hinauf, den die Frauen vor Stunden gekommen waren.

Als sie Mukbil schlafend im Schoß der schwerkranken Frau sahen, beschlossen sie, das Kind nach Ankara zu bringen.

„Die Frau“, sagten sie, „ist nicht mehr zu retten, den Jungen aber, inschallah, geben wir im Lazarett ab.“

Damit beugte sich einer der Männer über Mutter und Kind und faßte die Frau an der Schulter. Aysche stöhnte nur. Mukbil jedoch erwachte.

Aus weit aufgerissenen Augen sah er auf die Männer, und als jetzt einer nach ihm griff, um ihn auf die Trage zu heben, schrie er so laut, wie keiner es von solch einem Zwerglein für möglich gehalten hätte. Mit beiden Fäustchen klammerte sich Mukbil an die Mutter. „Annäh, Annäh, Annäh –“

Wie im Traum legte Aysche die Arme um ihren Sohn. Fest, ganz fest, hielten sich Mutter und Kind. So blieb den Sanitätern nichts anderes übrig, als beide auf die Bahre zu heben und den steinigen Pfad hinunter zu tragen.

Mukbil schien zu fühlen, daß die Gefahr des Getrenntwerdens überstanden war. Er schrie nicht mehr. Ja, als er das leichte Schaukeln spürte, kuschelte er sich in den Arm der Mutter und sang leise vor sich hin.

Doch dann geschah das Entsetzliche, das Mukbil unbewußt durch sein ganzes Leben trug:

Die Bahre hielt.

Wieder kamen die Männer auf sie zu, packten die Mutter und ihn und hoben sie auf einen Ochsenkarren, auf dem schon viele Soldaten lagen.

Mukbil sah Blut. Blutige Notverbände, blutige Uniformen. Er sah es, ohne zu begreifen, was es war. Die Gesichter um ihn waren nicht freundlich, wie er es gewohnt war, sie waren verzerrt, starr und still. Am schlimmsten aber war das Stöhnen, das Schreien, das verzweifelte Rufen –

Mukbil verstand nichts von dem, was er sah. Es war nur das Bild dieser Gesichter, des Blutes, das ihn sein Leben lang nicht verlassen sollte. Er starrte in das Grauen und barg schluchzend sein Gesicht im Arm der Mutter.

Diese aber merkte nichts von alledem.

In heftigen Fieberträumen irrte sie durch die Schlachtfelder, Ali zu suchen. Sie lief über die Berge, über die Weiten anatolischer Wüste.

Und sie fand ihn.

Beide Hände in die Steine gekrallt, lag er da, das Gesicht in den Boden seiner Heimat gedrückt.

„Ali", schrie Aysche auf, „um Himmels willen, Ali!" Sie kniete nieder, um ihm zu helfen. Da aber hielt sie seine Seele in Händen, klar und weiß, gleich einem schneeweißen Rößlein. Alis Augen baten: „Komm zu mir, ich brauche dich, Aysche, komm zu mir, in diese lichte, leichte Welt!"

Und es wurde hell um Aysche und leicht, und sie machte sich auf, um Ali zu folgen.

Plötzlich aber hörte sie einen gellenden Schrei. „Annäh, Annäh!“ Und etwas klammerte sich an sie, daß sie mühsam die Augen öffnete. Ihr Körper wurde wieder schmerzhaft und schwer.

„Mukbil“, flüsterte sie kaum vernehmbar und legte den Arm um ihr Kind, „ja, Mukbil, sei still, ich bin da!“

Und Schritt für Schritt zogen die Ochsen den Karren durch Staub und Sand nach Ankara.

Als Aysche die Augen öffnete, fand sie sich auf einem Strohlager neben der Tür, die in einen großen Saal führte. Sie war mit handgewebten bunten Teppichen zugedeckt, und zusammengerollte Tücher waren unter ihren Kopf geschoben. Sie lag in einem Gang, den sie nie gesehen hatte. Ein dichter Wandschirm verdeckte ihr die Sicht in den Flur, doch stand die Tür zum Saale offen. Aysche richtete sich ein wenig auf und spähte in den großen Raum. Es lagen noch viele Leute dort, anscheinend waren sie krank, denn ab und zu vernahm Aysche ein Stöhnen.

Durch die weiten Fenster flutete helles Sonnenlicht, und winzige Staubkörnchen tanzten in seiner Bahn.

„Wo bin ich?“ überlegte Aysche angestrengt und legte sich müde in die Kissen. „Wo – bin – ich?“

Und plötzlich erinnerte sie sich der Weiten anatolischer Bergketten, sie erinnerte sich an den Zug munitionstragender Frauen, an – und ein heftiger Schreck durchfuhr Aysche.

Mukbil! Wo war Mukbil?

So gut es ging, richtete sich Aysche abermals auf und schrie heiser nach ihrem Kinde.

„Mukbil!“ hallte es angstvoll durch den Flur, und noch lauter, fast verzweifelt: „Mukbil!“

Doch schon jauchzte es ihr aus einer Ecke des weiten Saales entgegen: „Annäh, Annäh!“ Und eilig kam das kleine Etwas angetrippelt, zwischen Krankenlagern hindurch lief es jubelnd, so schnell es seine winzigen Beine tragen konnten, hin zur Mutter. Nun stand Mukbil in der Tür, einen Augenblick sah er sie an, dann sprang er auf sie zu, mit einem Ungestüm, daß Aysche sich nicht mehr halten konnte. Sie sank zurück aufs Lager. Mukbil aber schlang seine Ärmchen um ihren Kopf und lag der Länge nach über ihr.

„Aufgewacht“, plapperte er, „liebe Annäh, liebe, liebe, aufgewacht!“ Der kleine Mund stand nicht mehr still. „Nicht schlafen, bitte, nicht mehr müde sein, bitte, bitte!“

Aysche lächelte glücklich. Sie griff nach den Händchen über ihrem Kopf, legte den Arm um ihren Sohn und schloß die Augen. „Doch, mein Kind, ich bin noch müde, sehr müde!“

Mukbil richtete sich auf und tätschelte die Wangen der Mutter. Er konnte es kaum glauben, daß die Mutter mit ihm gesprochen hatte, daß sie nicht mehr schlief.

Als man Aysche und ihren Sohn vor einer Woche vom Ochsenkarren gehoben hatte, hatte keiner die schwerkranke Frau mit dem Kinde in seinen Saal nehmen wollen.

Wer will sich auch doppelte Arbeit aufbürden! Einer der Ärzte hatte gefragt, ob niemand den Kleinen heimnehmen könne. Doch keiner hatte sich gemeldet. Alle waren ja den Tag über zur Pflege hier, wo hätte der Kleine bleiben sollen?

So war Mukbil im Lazarett geblieben, hatte auf dem Strohlager im Flur neben der fiebernden Mutter geschlafen, hatte von ihrem Brei gegessen und war anfangs geduldet, dann geliebt durch die Säle gelaufen. Er hatte Pflegerinnen, Ärzte und Patienten angelächelt, so vertrauensvoll und selbstverständlich, daß sie ihn bald nicht mehr wegdenken wollten aus dem harten Dasein ihres dunklen Alltags.

„Annäh!“ Immer noch streichelten die kleinen Hände die Wangen der Mutter, die Wangen, den Hals – behutsam glitten die Händchen am Hals herab –

Doch – was war das?

Mukbils Linke war an Mutters Halse auf etwas Hartes gestoßen. Ja, er hatte sich einen Finger daran geritzt. Es tat weh, und Mukbil steckte den Finger in den Mund. Neugierig blickte er auf das seltsame Ding. Und wieder fuhr der Kleine mit der Hand zum geöffneten Hemd der Mutter –

Das harte Ding war in grauen Stoff eingenäht, an dicken Bändern lag es um den Hals der Mutter. Mukbil zupfte an einem Faden, und plötzlich sah er eine offene Naht im Stoff. Lustig!

Der kleine Finger fuhr in das Loch, bohrte sich hinein, und als Mukbil ihn herauszog, schimmerte es wie ein Wunder hervor. Feinste Goldranken, an denen blaue Sterne und blitzende Steine leuchteten.

Staunend starrte Mukbil auf das Funkeln. So was hatte er noch nie gesehen.

„Oh“, jauchzte er laut, „oh, Annäh!“

Aysche öffnete die Augen. Als sie sah, was das Entzükken ihres Sohnes hervorgerufen hatte, verbarg sie den Schmuck hastig in dem grauen Stoff und knüpfte das Hemd bis zum Hals hinauf zu.

„Laß das, Mukbil!“ sagte die Mutter heftiger, als sie wollte, und nahm ihn – als er sie erschrocken ansah – in den Arm. Leise fing sie an, mit ihm zu sprechen.

Mukbil vergaß den Schmuck. In den kommenden Tagen

und Wochen verbarg Aysche Saffets Geschenk noch sorgfältiger, und Mukbil dachte nicht mehr an das blitzende Wunder.

Von Tag zu Tag ging es Aysche besser. Die Pflegerinnen und der Arzt freuten sich, daß die junge Frau so schnell zu Kräften kam. Als Aysche aufstehen durfte, begann sie hier und da kleine Handreichungen zu machen, sie half dem Pflegepersonal, redete den Verwundeten gut zu, versuchte auch mit ihren geringen Kenntnissen hier einen Brief vorzulesen oder ließ sich dort etwas diktieren. Als das bekannt wurde, war sie vollends unentbehrlich.

Und so kam es, daß der Arzt dieser Lazarettbaracke Aysche bat, ganz dazubleiben und die Verwundeten im großen Saal zu versorgen. Aysche willigte gerne ein. Wo hätte sie auch hingehen sollen mit ihrem Mukbil? Ihr Dorf war geräumt, vielleicht gar zerstört, ihre Mutter tot – und Ali? Ali war wohl gefallen!

Nun bekam Aysche gleich den anderen Pflegerinnen eine Kittelschürze und die Armbinde mit dem roten Halbmond. Das weiße Tuch trug sie um den Kopf, wie als Mädchen. Aysche war froh und stolz, zum Roten Halbmond zu gehören.

Täglich mehrten sich die Transporte der Verwundeten. Täglich wurden die Nachrichten ernster, beunruhigender, erschreckender.

„Die Griechen sind doppelt so stark wie wir!“

„Wir gehen zurück!“

Und eines Tages die Nachricht, die ganz Ankara in Angst und Schrecken versetzte: „Mustafa Kemal hat Eskeshehir aufgegeben!“

„Rückzug auf der ganzen Linie!“

„Dreihundert Kilometer sind wir zurückgegangen!“

„Am Sakarya sollen sie zum Schutze Ankaras neue Stellungen bauen!“

„Die Stellungen werden wir nie halten können!“

„Niemals – wir mit unseren zerschlagenen Truppen!“

Aysche sagte gar nichts. Verzweifelt hörte sie diese Berichte und ging wie gelähmt von einem der Verwundeten zum anderen. „Jetzt kann es nur noch Tage dauern, bis die Griechen Ankara überrennen!“ schrie ein Kopfverletzter. „Wozu macht ihr noch Verbände? Laßt uns doch lieber verrecken!“

Aysche zitterte. Man hörte soviel von ausgeplünderten Dörfern, zu Tode gemarterten Frauen und Kindern, von brennenden Ortschaften. Zwei Pflegerinnen der Nachbarsäle erzählten täglich, daß wieder Bekannte in den Norden aufgebrochen seien und daß vielleicht auch sie in den nächsten Tagen Ankara verlassen würden.

Panikstimmung herrschte in der Stadt.

Alles sprach von Flucht.

Doch wohin sollte Aysche mit ihrem Kinde fliehen? In die Wälder des Nordens? In die Berge des Ostens? Nirgends hatte sie Bekannte, nirgends Verwandte –

Trotzdem wurde Aysche von Fluchtgedanken gequält, während sie hier einen Verband erneuerte, dort ein Glas Wasser reichte, hier einen Kranken stützte und dort ein aufmunterndes Wort sagte.

„Aysche, woran denken Sie?“ rügte der Arzt sie heftig, als sie ihm eines Tages eine falsche Arznei reichte – und als sie erschrocken zusammenzuckte, fuhr er noch lauter fort:

„Sie werden doch nicht fahnenflüchtig? – Was sollte aus unseren Verwundeten hier werden, wenn das feige Weibervolk sie im Stich ließe?“ Wütend stand er auf und ging hinaus.

Ja, was würde mit denen geschehen, die hilflos dicht nebeneinander auf dem Stroh lagen. Aysche blickte auf die Männer, die bewußtlos waren oder vor Schmerzen klagten. Sie mußte bleiben. Was aber würde aus Mukbil werden? Aysche griff sich an den Kopf. Was würden die nächsten Wochen bringen? Schon jetzt war es zum Verzweifeln.

Die ganze Bevölkerung Ankaras war eine große Gemeinschaft geworden. Die Männer kämpften an der Front, die jungen Frauen trugen Munition und Wasser, die alten – soweit sie die Stadt noch nicht verlassen hatten – standen daheim, wuschen die Wäsche der Verwundeten, wuschen das Verbandszeug für die Lazarette und kochten. Täglich kamen kleine Mädchen, die noch keinen Schleier tragen mußten, lieferten frische Wäsche ab und holten die schmutzige. Zweimal am Tage kamen sie und brachten Essen für die Kranken, das ihre Großmütter gekocht hatten, und halfen den Pflegerinnen eifrig, die Patienten zu versorgen.

Doch täglich blieben jetzt einige der Kinder fort, und es wurde bekannt, daß wieder ein Treck die Stadt verlassen hatte. Täglich aber mehrten sich die Transporte von der Front. – Das Verbandszeug reichte nicht aus, sie hatten nicht genügend Arzneien im Lazarett, sie hatten zuwenig Leute zum Pflegen und viel zuwenig Säle und Betten!

Wie sollte das weitergehen?

Wenn aber, trotz allem, die Stimmen der Muezzins von den Balustraden der Minaretts über die geängstigte Stadt klangen, kniete auch Aysche – Mukbil an ihrer Seite – nieder zum Gebet:

„Allah hilf!" Wenn sie sich aufrichtete, war Aysche stets ruhig.

„Allah weiß, was er tut. In seiner Allmacht ruhen wir. Was er uns bestimmt, ist unser Kismet!"

Und still ging die junge Frau, das Kind an der Hand, die Pflichten ihres Tages zu erfüllen.

Einen Monat lang zitterte die Bevölkerung Ankaras vor dem nahenden Unheil.

Im Lazarett wußte man sich vor Überlastung kaum noch zu helfen. In der Ambulanz hockte und stand alles wartend vor dem Verbandsraum. Sanitäter gingen zwischen den Patienten umher, um möglichst die Männer auch hier schon zu versorgen.

Eines Tages, als besonders viel zu tun war, sprang ein junger Offizier vor der Lazarettbaracke vom Apfelschimmel und eilte in die Ambulanz.

„Schnell den Verband!" herrschte er den Sanitäter an, „schnell –"

Der Sanitäter beendete kaum aufblickend seine Arbeit am Oberschenkel eines Soldaten. „Hörst du schlecht?" schrie der Offizier despotisch. „Ich muß zurück ins Hauptquartier!" Damit hielt er ihm den blutenden Arm vors Gesicht.

Der Sanitäter erschrak. Mit diesem Arm wollte ein Mensch zurück an die Front? Er sprang auf, stieg eilig über die Verwundeten, riß die Tür zum Verbandsraum auf und wechselte einige Worte mit dem Arzt. Der Offizier wurde hereingerufen. Der Sanitäter wandte sich seiner Arbeit zu.

„Sie wollen wieder an die Front?“ fragte der Arzt, faßte nach dem Arm und zog die Brauen zusammen. „Muß das sein?“

„Muß das sein?“ empörte sich der junge Mann. „Muß das sein? Doktor, sind Sie ein Türke oder einer unserer Feinde? Jeden von den Soldaten, die hier noch laufen können, würde ich an die Front jagen, wenn es nach mir ginge! Schnell, Doktor, beeilen Sie sich!“

Der Arzt preßte die Lippen aufeinander. Ruhig und sicher arbeitete er am zerschossenen Arm, säuberte und schiente ihn. „Wie steht es?“ fragte er knapp, als er dem ungeduldigen Patienten den großen Verband anlegte.

„Wie es steht? Mustafa Kemal ist in Ankara. Er hat sich zum Oberbefehlshaber mit diktatorischer Vollmacht ernennen lassen. Jetzt werden, jetzt müssen wir siegen!“

Begeisterung und Entschlossenheit blitzten aus den hellen Augen des breitschultrigen Mannes. Doch ärgerlich sah er auf den geschienten Arm.

„Zum Teufel noch mal – jetzt frage ich: Muß das sein? Doktor, Doktor, was soll ich an der Front mit diesem Apparat?“

„Laß den Arm ja in der Schiene!“ brüllte der Arzt, der nun auch die Geduld verlor. „Was soll Mustafa Kemal mit Kriegern, die so leichtsinnig mit ihrem Leben spielen?!“

Erstaunt hob der Offizier den Kopf. Noch nie war er angebrüllt worden. Da gewahrte er das übernächtigte Aussehen dieses Menschen, da erst die vielen Hilfesuchenden im Raum, da erst die leeren, verzweifelten, schmerzvollen, anklagenden und brennenden Augen, von allen Seiten groß auf sich gerichtet.

„Danke, Doktor!“ sagte er plötzlich ruhiger und fügte, als sie durch den Vorraum schritten, mit einem Blick auf die Verwundeten, leise hinzu: „Allah gebe euch Kraft!“

„Uns allen gebe er Kraft!“ brummte der Arzt und: „Daß Ihr mir den Arm nicht aus der Schiene nehmt!“ brüllte er, als sie draußen waren, dem Patienten nach , als dieser schon auf seinem Pferd saß.

Der Offizier grüßte stramm, dann gab er dem Schimmel die Sporen: „Los, Sturm, los!“

Als Aysche die Ambulanz betrat, war Hilal, der junge Offizier, bereits auf dem Wege zum Sakarya.

An diesen Fluß, der zwischen steilen Felsen, überragt von toten Bergen, dahinfließt, hatte vor 700 Jahren Ertogrul, der Graue Wolf, seine Turkstämme geführt. Hier ließ er sie ihre Schafe hüten, hatte er ihnen befohlen, seßhaft zu werden. Hier war das Osmanische Reich entstanden.

Am selben Ort hatte auch Mustafa Kemal, der Graue Wolf, sein Hauptquartier aufgeschlagen. Er sah den schweren Kampf seines Volkes.

Sollte die Türkei, die hier am Sakarya ihr Leben begonnen, hier auch den Todesstoß erleiden? Oder sollte sie neu erstehen in einer gesünderen, fortschrittlicheren Form?

Am 14. August griffen die Griechen an.

Hilal gehörte zu einem wichtigen Truppenteil. Die Männer kämpften zäh auf beiden Seiten – der Kampf dauerte Wochen. Hilal wunderte sich, daß seine ausgebluteten Soldaten die Linien noch halten konnten.

Wie lange noch?

Er selbst stand immer vorn, spornte die Männer an und riß sie mit.

Doch auch die Kräfte der Griechen waren am Ende.

Am Morgen des 29. August trauten die Türken ihren Augen nicht. Der Feind trat den Rückzug an. Wie ein Lauffeuer erreichte diese Nachricht Ankara.

Die Freude der Bevölkerung kannte keine Grenzen.

„Mukbil, Mukbil, die größte Gefahr ist vorbei!" So fest umschlang Aysche ihren Sohn, daß dieser kaum wußte, wie ihm geschah – „Oh, Allah sei Dank!"

Wie leicht Aysche heute die Arbeit von der Hand ging. Es schien ihr, als müßten jetzt alle Verwundeten schneller genesen.

Mit Jubel wurde Mustafa Kemal in der Stadt begrüßt, die er zur Hauptstadt erheben wollte.

„Ghazi" – ruhmvollster Sieger –, dieser hohe Titel der Mohammedaner wurde ihm verliehen.

Die Bewohner Ankaras wußten in ihrem Glücks- und Siegestaumel kaum, was sie ihrem Retter an Verehrung bieten sollten – Spalier – bunte Tücher – Jubel – Jubel –

Auch Mukbil war im allgemeinen Überschwang des Siegestaumels auf die Straße gesprungen. Neben einigen größeren Jungen war er, ohne zu ahnen, weshalb, schreiend und jauchzend mitgelaufen. Immer weiter mit der winkenden, jubelnden Menge, neben den reitenden Soldaten her. Und da geschah es, daß der kleine Kerl, geschoben und gestoßen, plötzlich unter die Hufe eines Pferdes geriet. Ein Schrei aus vielen Kehlen, und Hilals Sturm stand wie aus Erz gegossen.

Frauen sprangen hinzu und hoben Mukbil auf.

Schreckensweit blickten zwei hellbraune Augen aus einem kreidebleichen Kindergesicht auf das Pferd und den

Reiter, der sich, selbst heftig erschrocken, nun herabbeugte, dem Kind freundlich über die Wange zu streicheln.

„Recht so, ein Türke weint nicht!“ sagte Hilal freundlich. „Dein Schutzengel behüte dich auch weiterhin!“ Er lächelte, gab seinem Pferd die Sporen und ritt in schnellem Trab der Gruppe anderer Offiziere nach.

Mukbil aber, der in der ganzen Umgebung der Lazarettbaracken bekannt war wie ein buntes Schäfchen, wurde zu Aysche getragen.

„Achte besser auf dein Kind, Aysche, eben wäre es fast zu Tode geritten worden, von den Siegern am Sakarya!“

Aysche erblaßte.

Fest, ganz fest hielt sie ihren Sohn im Arm. Sie ahnte nicht, wem Mukbil heute begegnet war.

An diesem Abend fragte Mukbil nach seinem Schutzengel.

Da erzählte Aysche ihm vom Lichtwesen, das jeden Menschen begleite, ja zu ihm gehöre, um ihm beim Kampf gegen Scheitan zu helfen.

Mukbil hörte staunend zu.

„Wo ist er, Annäh? Ich sehe ihn nicht!“

„Den kannst du nicht sehen, Dschanoum, aber er steht immer hinter dir und hat seine Flügel und Hände schützend über dich gebreitet!“

Mukbil fühlte seinen Engel hinter sich, leuchtend weiß mit schimmernden Flügeln, doch das Gesicht? Wie sah sein Gesicht aus? Mukbil sprang aus dem Bett und drehte sich – ruckweise und hastig, wie ein Tierlein, in die Runde. Ob es ihm nicht doch gelingen würde, seinen Schutzengel zu überlisten und leibhaftig zu erspähen?

Aysche lachte. „Wir können ihn nicht sehen, Liebling, nur fühlen können wir ihn – und manchmal erleben“, fügte sie dann leiser hinzu. Gleich darauf aber packte sie das Kerlchen, herzte und küßte es und steckte es unter die Decke.

„Dein Schutzengel behüte dich immer! Inschallah!“ sagte sie dabei und ahnte nicht, woher ihr Kind zuerst von diesem Lichtwesen gehört hatte.

Ankara.

Mitten auf der anatolischen Hochebene, umgeben von rauher, felsiger Weite, erhebt sich diese uralte Stadt, baumlos, wasserlos, blumenlos.

Eigentlich sind es nur zwei Hügel, die diese Stadt bilden. Zwei Hügel an der Kreuzung der uralten Karawanenstraßen, die von Norden nach Süden und von Westen nach Osten führen.

An einem Hügel kleben die Häuser und die Moscheen gleich Schwalbennestern aus Lehm erbaut, graubraun, wie die steinige Weite ringsum. Den anderen Hügel krönt die jahrtausendealte Zitadelle. Ausgetretene Stufen führen, durch einen alten Torbogen in der ungeheuren Mauer, zu unzähligen Winkelgäßchen. Schmale Stiegen klettern hoch zu baufälligen Holzhäusern. Graue Lehmziegel bilden die Fundamente dieser dunkelgeteerten Holzgebäude, und rötliche Dächer aus Ziegelplatten schützen sie vor Sonnenglut und Unwetter. Unendlich viele versteckte Ecken, dunkle Winkel und Sackgassen lassen einen Fremden sich hier nur schwer zurechtfinden.

Keinen Reichtum kennen die Leute in dieser Stadt, keine Ausschweifungen, keinen Übermut. Hart und karg ist ihr Leben, aber glasklar, wie die Luft über Ankara.

Nichts, aber auch gar nichts erinnert in dieser Klarheit an die schillernde, vielfältig verspielte und intrigenreiche Atmosphäre Istanbuls.

Zwei Welten.

In Istanbul werden alle Sprachen der Welt gesprochen, ihre Bewohner, ihre Zivilisation, ihre Kultur kommen aus allen Teilen der Erde.

Ankara ist türkisch. Kein Wunder, daß Mustafa Kemal seinen Sitz nach Ankara verlegte, um von hier aus die neue Türkei zu bauen.

Als Ministerium dienten ihm verwohnte Zimmer mit Möbeln aus Brettern, behelfsmäßig zusammengeschlagen. Die Männer um ihn wohnten in Notbaracken – in dunklen Dachkammern und verräucherten Küchen.

Aber sie waren wach und voll eisernen Willens, ihr Land zu retten.

Auch Hilal wohnte in einer Dachkammer oben in den Mauern der Zitadelle. Täglich ritt er den steilen Weg hinab durch den kleinen Bazar, um zum Generalstab zu kommen, der außerhalb der Stadt in der landwirtschaftlichen Schule untergebracht war. Täglich ritt er vorbei an der Lazarettbaracke, die unterhalb der Zitadelle stand –

Oft begegnete ihm der kleine Junge, der nach dem Sieg am Sakarya fast unter die Hufe seines Pferdes geraten war. Seit jenem Mißgeschick sprang ihm der Kleine entgegen, sobald er ihn erblickte, lächelte vertraut und ließ sich gern für einige Augenblicke in den Sattel heben. Hilal mochte das aufgeweckte Kerlchen gern und hatte stets – auch wenn er noch so beansprucht war – ein freundliches Wort für ihn. Und er war in Anspruch genommen! Die türkische Armee befand sich nach den letzten Kämpfen in einem bejammernswerten Zustand und mußte völlig neu organisiert werden. Mustafa Kemal hatte alle seine Männer, auch Hilal, eingespannt, jeden Anatolier – schon die achtzehnjährigen – zu den Waffen zu rufen. Vorräte wurden eingesammelt, altes Material aufgearbeitet, neue Waffen im Ausland gekauft. Und schnell mußte alles geschehen. Konnte man denn wissen, wann die Griechen einen neuen Angriff planten? So vergingen Wochen und Monate harter Arbeit.

Auch in den Lazarettbaracken kamen noch immer Transporte mit Verwundeten und Kranken an.

Aysche hatte es nicht leicht. Wenn die Schwestern nervös und zornig waren, schalten sie Aysche, denn sie war die Jüngste unter ihnen. Sie war nicht unbeliebt, doch wer hatte schon Zeit, sich viel um die Sorgen anderer zu kümmern.

Wie überall, geschahen auch hier Dinge, die nicht passieren durften: Eine Arznei wurde verwechselt, Wasser verschüttet, ein Thermometer zerbrochen, der Arzt tobte, und meistens war Aysche schuld. Die ungerechtesten Vorwürfe mußte die junge Frau über sich ergehen lassen. Oft trafen sie diese Beschuldigungen mit einer Heftigkeit, daß sie am liebsten geschrien hätte und davongelaufen wäre. Aber sie dachte an Mukbil und ihre Heimatlosigkeit, biß sich auf die Lippen, ballte die Hände in den Taschen der weißen Schürze zu Fäusten und blickte zu Boden.

Sobald es ging, faßte sie dann Mukbil an der Hand und lief mit ihm hinaus. Angstvoll sah das Kind in solchen Augenblicken in das harte Gesicht der Mutter; ihre Augenbrauen waren zusammengezogen, und die Augen blickten, als würden sie ihn gar nicht sehen. Dann waren Aysches Schritte groß und schnell, und Mukbil hatte Mühe, ihr zu folgen. Er lief neben ihr her und fürchtete sich.

Hinter der Moschee, dort, wo die Ruine des Augustustempels stand, waren sie allein. Hier setzte sich Aysche auf einen Stein und bedeckte das Gesicht mit beiden Händen.

Mukbil hockte am Boden und wartete.

Er sah sie an, unverwandt. Er wußte, daß jetzt Schutzengel und Scheitan miteinander kämpften, und war ganz still. Manchmal, wenn es gar zu lange dauerte, begann er auch mit Steinchen zu spielen, doch immer wieder blickte er zur Mutter auf.

Und dann geschah das Wunder. Aysche atmete tief, langsam nahm sie die Hände vom Gesicht, und Mukbils Angst verflog, denn dieses Gesicht war das seiner lieben Annäh. Die Augen sahen ihn wieder und lächelten, die Brauen standen in klarem Bogen über diesen Augen, und der Mund war voll und warm. Dann nahm sie ihn in die Arme, küßte ihn lange, sagte, daß Scheitan verjagt sei, und ging mit ihm in die Moschee, wo sie nebeneinander hinknieten, um ihre Gebete zu sprechen.

Ruhig ging der Tag dann weiter.

Und immer wieder wurden Verwundete eingeliefert. Jedesmal, wenn ein neuer Transport kam, lief Aysche hinaus. Forschend sah sie jeden der Männer an, der hineingetragen wurde.

Nein, Ali war nicht dabei, keiner aus ihrem Dorf war dabei – alles fremde Gesichter. Und wenn sie dann durch die Säle ging, Ruhe und Zuversicht verbreitend, schalt sie sich selbst. „Ali ist tot, sprichst du nicht nachts mit ihm? Ist es nicht so, als hätte er ein Stück deiner selbst mitgenommen? Weshalb bist du am hellichten Tag so töricht, auf dieser Erde nach ihm zu suchen?"

Herbststürme kündigten den Winter an, und eines Tages stand Mukbil jauchzend am Fenster: „Schnell Annäh, Annäh, es schneit!", und schon stürzte er zum anderen Fenster: „Hier auch, Annäh!" und zum dritten: „Hier schneit es auch." Überwältigt von so viel Schnee kam er zu Aysche gelaufen: „Annäh, es schneit an allen Fenstern!" Aysche strich ihrem kleinen Buben das Haar aus der Stirn. „Ja, Mukbil, nun ist es Winter!"

Doch währte Mukbils Freude nicht lange, denn wenn er nun gehofft hatte, in den Schnee hinaus zu dürfen, so wurde ihm das streng verboten. „Du hast keine Stiefel, Mukbil, und der Schnee ist kalt!"

Wie ein Gefangener hockte Mukbil hinter den Scheiben des Krankensaales und sah dem Wirbel der Schneeflocken zu. Er sah, wie die Straße einen weißen Teppich erhielt, wie die Häuser und Zäune Mäntel und Kappen bekamen, und drückte sein kleines Gesicht so fest an die Scheibe, daß Aysche ihn vom Tisch hob und sagte, es würde noch Scherben geben.

Am Abend aber wurde es gemütlich. Da lag der Widerschein der glühenden Kohlen aus den beiden Mangals rötlich auf der Decke, die Mistfladen, die aufgelegt wurden, weil die Kohlen nicht reichten, verbreiteten einen eigentümlich scharfen Geruch, und Aysche hatte Zeit für ihren Sohn.

Sie setzte sich in eine Ecke des großen Saales, nahm Mukbil auf den Schoß und begann zu erzählen. Meistens erzählte sie von Ali, wie gut er gewesen sei und wie er in den Kampf für seine Heimat gezogen sei. Von ihrer Hütte im Dorf erzählte sie, von den Hühnern, von den Schafen und von dem Esel mit den langbewimperten, traurigen Augen, der so fleißig gewesen sei wie kein zweiter im Dorf. Sie erzählte vom Brunnen, an dem die Kinder spielten, die Frauen ihr Gemüse und ihre Wäsche wuschen und wohin die Mädchen mit ihren gebauchten Krügen gingen, das Wasser zu holen.

Aber auch die Legende von Ibrahim erzählte sie und das Märchen vom Mädchenturm im Bosporus. Und wenn Mukbil auch nicht alles verstand – die Wärme, das eintönige Sprechen der Mutter und die Geborgenheit ihrer Nähe nahmen so stark von ihm Besitz, daß er sich wie ein Tierlein an sie schmiegte und mit glänzenden Augen auf das Leuchten an Decke und Wänden blickte.

Aber auch die Männer wurden still und sannen wie träumend der ruhigen Frauenstimme nach.

Einige fragten nach Istanbul, der Stadt der Träume jedes Türken, und ob Aysche wirklich dort gewesen sei. Dann erzählte Aysche von den blütenweißen Yalis am blauen Bosporus, von den rotblühenden Gärten, von ihrer Magnolie und dem Levkojenfeld beim Hause des Paschas. Von den schattigen Friedhöfen unter dunklen Zypressen und ihren kunstvollen Grabsteinen berichtete sie. Sie erzählte von Dolmabahce, dem zauberhaften Schloß, von schwarzen Dampfern, von Moscheen und Türbeen, vom Bazar und von den Fischern am Goldenen Horn, die ihre Fische im Kahn auf kleinen Kochern brieten und den Vorübergehenden verkauften.

Und sie dachte an Saffet und an die alte Hanim. Sie überlegte, ob Saffets „Offizier“ wiedergekommen sei, wie es im Yali aussähe, ob Hilal noch lebe und was der Onkel und die Tante jetzt täten. Dann griff sie wohl auch nach dem Schmuck an ihrem Halse und fragte sich, ob er sie wirklich noch einmal zur Freundin führen würde. –

Sie geriet ins Träumen, bis Mukbil sie heftig am Arm zog.

„Annäh, o bitte, erzähl doch weiter!“

So verging der Winter.

Mit Regengüssen und warmem Sonnenschein meldete sich der Frühling.

Mukbil durfte wieder hinaus. Barfuß wie die großen Buben lief der Dreijährige durch den aufgeweichten Schmutz der Straße, selig über die wiedergeschenkte Freiheit.

Auch Schafe und Esel erschienen im Freien und suchten sich ihr kärgliches Futter auf den Straßen. Die großen Jungen aber sprachen wichtig und prahlend von den Drachen, die sie bauten und bald steigen lassen würden.

Mukbil hörte sie reden, sah bewundernd zu ihnen auf und freute sich auf den Tag des Drachensteigens. Er sprach nur noch von Drachen und lief dann ernst und selig mit glühenden Wangen hinter den großen Buben her, als es eines Tages wirklich soweit war und sie mit diesen runden flachen Gebilden ankamen, um sie draußen vor der Stadt steigen zu lassen.

Da stand Mukbil nun auf der kahlen Fläche und staunte –

Die Jungen begannen zu laufen, und Mukbil verschlug es fast den Atem, als die runden, mächtigen Dinger sich tatsächlich in die Luft hoben und wie weiße Monde am Himmel hingen. Gleich Zauberern erschienen ihm die Jungen – und er wagte nicht, sie anzusprechen.

Als sie heimgingen, trippelte Mukbil hinter ihnen her. Doch die Jungen schlenderten nicht wie sonst an der

Lazarettbaracke vorbei, sondern stiegen durch den Bazar zur Zitadelle hinauf.

Hier auf dem Bazar war Mukbil noch nie gewesen. Er vergaß die großen Buben, vergaß die Drachen, vergaß, daß er heimzugehen hatte und eine Annäh auf ihn wartete. Staunend lief er von Stand zu Stand.

Was es alles gab!

Überwältigt blieb er endlich vor einer Budike stehen, die über und über behängt war mit großen und kleinen Messing- und Kupferglocken. Die funkelten in der Sonne, als wären sie aus purem Gold.

Neben den Glocken aber hingen größere und kleinere Ketten von blauen Glasperlen. Der alte Mann, der neben dem Stand auf einem Hocker saß, lächelte, als er Mukbils sprachloses Staunen sah. Er rückte seinen Fez zurecht und nickte dem Kleinen freundlich zu.

„Schön, maschallah, meine Ware ist schön, so schöne findest du auf dem ganzen Markt nicht mehr!"

Und Mukbil kam näher und nickte zustimmend. Nein, so schöne Ware gab es wohl auf dem ganzen Markt nicht mehr!

„Ja, hat dir deine Mutter noch kein Glückskettchen gekauft?" fragte der Alte und tastete Mukbils Hals ab. Aber weder am Halse noch an den Ohren fand sich bei Mukbil eine blaue Perle.

„Wallahi, er hat keine einzige Glücksperle, keinen Schutz gegen den bösen Blick", sagte der Alte kopfschüttelnd, „wo doch fast jeder Esel, jedes Pferd, jedes Kamel solch ein Kettchen am Ohr oder um den Hals hat. Wo wohnt denn deine Mutter?"

„Im Hause der Kranken und Verwundeten“, sagte Mukbil und schämte sich, daß er keine blaue Perle besaß.

„Dann sag ihr heute abend noch, daß sie dir eine kauft!“ Und der Alte hob einige Perlenschnüre von dem Gold der Glocken und hielt sie Mukbil vors Gesicht – „Schön!“

„Schön, maschallah!“

Da lachte es laut vom gegenüberliegenden Stand. Ein Mann, der Mukbil noch älter schien als der Glockenmann, saß dort vor einer Bude roter Feze. Kleine und große, leuchtendrote Feze mit langer schwarzer Quaste waren dort aufeinandergestapelt neben runden schwarzen Käppis.

„Na, kleiner Mann, dann vergiß deiner Mutter auch nicht zu sagen, daß du einen Fez brauchst. Siehst du, diesen kleinen roten – hier – maschallah –, der paßt dir genau!“

Er kam herbeigehumpelt und setzte Mukbil einen Fez auf den Kopf. „Der schönste, mein Sohn, den du auf dieser Welt findest. Er glänzt wie Seide und wärmt wie die Hand einer gütigen Peri!“ Und wieder lachte er laut und dröhnend. Mukbil aber wagte kaum zu atmen, geschweige denn sich zu bewegen. Er stand vor den blauen Perlen, den roten Fez auf dem Kopf, und zitterte innerlich über die Wunder, die ihm heute widerfuhren.

Noch mehr Leute hatten sich angesammelt und lachten über den Kleinen, der wie aus Holz geschnitzt dastand und sich nicht zu rühren wagte, damit ihm der Fez ja nicht vom Kopfe falle.

Dem Alten am Kupferstand aber tat er leid. Er nahm Mukbil den Fez vom Kopf und warf ihn schimpfend seinem Nachbarn zu. „Nun laß mir das Kind zufrieden, du Sohn der Bosheit!“ sagte er bestimmt. „An meinem Stand ist es stehengeblieben, nun soll es mein Gast sein!“ Und er zog einen winzigen Hocker unter einem Regal hervor und deutete Mukbil an, sich zu setzen. Dann holte er aus einem Fach eine Blechbüchse heraus, und – Mukbil traute seinen Augen kaum – schön aufeinandergeschichtet lag dort Lokum, ein Stück neben dem anderen.

Der Alte gab Mukbil zwei Stücke, in jede Hand eins. Dann fragte er Mukbil, wie er denn heiße, und erzählte, daß er Enkelkinder habe, die gerade so alt seien wie sein kleiner Gast. Als er merkte, daß Mukbil Hunger hatte, gab er ihm ein Stück Brot und ließ den Kleinen ruhig essen, während er sich einigen Kunden zuwandte und hier zwei Glocken für Schafe, dort eine Perlenkette für den Spiegel daheim verkaufte.

Mukbil fand es herrlich, hier zu sitzen, Brot und Lokum zu essen und dem Treiben an den Ständen zuzusehen.

Doch als der Alte seinen Stand zusammenklappte und Mukbil anwies, nun zur Mutter zu gehen, wurde dem Kleinen recht jämmerlich zumute, denn – wo war das Lazarett? – wo die Mutter?

Gehorsam stand er auf, doch als der Alte das weinerliche Zucken um den Mund des Kleinen sah und seine ratlosen auf ihn gerichteten Augen, sagte er begütigend, daß er ihm den Weg schon zeigen werde. Bloß heulen dürfe er nicht.

Und tapfer stand Mukbil dann in dem allgemeinen Aufbruch des Bazars, weinte nicht, sondern wartete, bis der Alte ihm endlich die Hand gab und „Nun komm!“ sagte.

Als sie in die Nähe des Lazaretts kamen, hörten sie Aysches Stimme, die nach Mukbil rief. Ohne sich zu verabschieden, rannte der Kleine los, gerade in die Arme der Annäh.

Er konnte heute kaum etwas essen vor eifrigem Berichten, und noch am Abend, als er neben der Mutter im Bett lag und schlafen sollte, stand sein Mund keinen Augenblick still. Halb im Schlaf erzählte er leise weiter von runden weißen Drachen, von goldenen Glocken, blauen Perlbändern und roten Mützen. Alles kunterbunt durcheinander.

Zu Beginn des Sommers 1922 war eine neue türkische Armee kampfbereit. Ganz im geheimen hatte Mustafa Kemal seine Truppen aufmarschieren lassen. Am 26. August überrannte er die feindlichen Befestigungen auf der ganzen Linie. Die Griechen flohen in Richtung Smyrna.

Und wieder mehrten sich die Verwundeten, die in Ankara eingeliefert wurden.

Eines Tages, als Aysche noch die Lager für einen neuen Transport richtete, wurden die ersten Männer schon in den Saal getragen.

„Aysche, wo bleiben Sie?“ rief der Arzt ungeduldig. „Hier diesen Mann in den Operationssaal bringen, schwere Kopfverletzung, den da verbinden Sie selbst, Streifschuß im Bein, und jenen legen Sie vorläufig hin – keine Verletzung zu sehen –, sprechen Sie mit ihm!“

Und schon war er draußen.

Aysche arbeitete mit fliegenden Händen. Als sie sich über den dritten beugte, erkannte sie den Sohn des alten Abdullah Efendi aus ihrem Dorf.

„Sahir“, rief sie ihn an, „ich grüße dich, Sahir, ja kennst du mich denn nicht? Aysche bin ich, Aysche – Alis Frau!“

Da öffnete der Kranke kurz die Augen, und ein Schein, den man fast für ein Lächeln hätte halten können, flog über sein Gesicht.

„Aysche“, sagte er leise, „du also lebst noch?“

„Ja, maschallah, ich lebe. Doch was ist dir geschehen?

Sahir, sprich schon, damit ich dir helfen kann!" Und wieder öffnete der Junge, der fast noch ein Kind war, die Augen. „Helfen? Geschehen? Was ist uns allen geschehen? Tot! Alles tot! Ali haben sie gefunden – tot! Unser Dorf ist niedergebrannt. Daß deine Mutter in Haymana gestorben ist, weißt du wohl schon lange – meine Eltern sind verbrannt –" Er hielt einen Augenblick inne, dann fuhr er stockend fort: „Aysche, ich habe an der Verfolgung der Griechen teilgenommen. Wir sind durch Blut gewatet. Zwei Jahre hatten die Griechen Anatolien besetzt, sie haben grauenhaft gehaust – nun vergelten die Türken Gleiches mit Gleichem!" Beide Hände schlug der Junge vors Gesicht und stöhnte laut. „Ich kann nicht mehr, nein, ich nicht!"

Erschüttert wandte Aysche sich ab.

Allah, Großer, Allmächtiger! Was war aus diesem Jungen geworden? Als wäre es gestern gewesen, erinnerte sich Aysche dieses stillen Halbwüchsigen, der ihre Bündel ins Haus getragen hatte, als sie mit der Mutter zum ersten Male die neue Heimat betreten hatte. – Und dann rollten die Bilder der letzten Jahre an ihrem geistigen Auge vorbei – eines nach dem andern.

Ihre Ankunft im Dorf – die Angst vor dem unbekannten Verlobten – Ali – ihre gemeinsame Hütte – sein Abschied – ihr Heimweh nach Istanbul – das Leben unter Menschen, für die es kein Zeitgefühl, keine Welt gab außer der ihren – das Entsetzen des Imams, als sie ihn bat, ihr weiterzuhelfen im Lesenlernen – der Abscheu, den die Männer ihr zeigten, weil es als unanständig galt, lesen zu wollen als sittsame Frau – sie sah sich auf den steinigen Feldern arbeiten – und sah ihre Mutter glücklich sich am Brunnen unterhalten. Sie dachte an die Zeit, da sie ihr Kind erwartete, und an das große Glück, als sie es im Arm hielt – und immer die Hoffnung auf Alis Heimkehr. Eintönig war ein Tag nach dem anderen dahingegangen – bis die Schrecken des Krieges auch dieses Dorf erreichten. Es war entsetzlich gewesen. Mit dem Kinde war sie geflohen. Als sie zu den munitionstragenden Frauen gestoßen war, erhielt sie die Nachricht vom Tode der Mutter. Doch immer noch hatte sie die Hoffnung gehabt, eines Tages Ali zu treffen.

Und nun?

Alles in Aysche lehnte sich auf gegen das Unbegreifliche. Wieder preßten sich ihre Lippen aufeinander, wieder arbeitete es unter den Backenknochen, und ihr Gesicht wurde fahl.

Mukbil, der herzugelaufen war, sah es sofort – immer, wenn die Mutter ihr „graues Gesicht“ bekam, klopfte Mukbils Herz furchtsam. Heftig zog er sie am Rock.

„Komm, Annäh“, bat er, „komm, leg deine Hände vors Gesicht!“

Und die Mutter ging mit ihm. Im Kreuzsitz hockte sie auf ihrer Lagerstatt und bedeckte das Gesicht mit beiden Händen.

Mukbil saß vor ihr und wartete. Doch das Wunder wollte nicht kommen. Die Mutter rührte sich nicht. Wie leblos saß sie da. Laut tickte die Uhr über ihnen. Minute um Minute verrann.

Mukbils Angst wuchs, und leise begann er zu weinen. Endlich lösten sich die Hände von Mutters Gesicht. Gütig, doch voll Trauer, blickten ihre Augen auf den Sohn: „Wir haben keinen Vater mehr, Mukbil, jetzt wissen wir es bestimmt!“ sagte sie.

Mukbil verstand sie nicht, aber er nickte – und als sie aufstand, folgte er ihr zu Sahir.

Sahir lag da und stöhnte. Aysche legte ihm die Hand auf die Stirn. Wie heiß er war! Als Aysche seine Temperatur maß, schnellte das Quecksilber bis auf 40° hinauf!

Zwei Wochen danach wurde Sahir begraben.

Und dann lief die Nachricht durch Ankara, daß auch Smyrna von griechischen Truppen geräumt sei!

Ankara jubelte, und als Mitte Oktober bekannt wurde, der Krieg um die Unabhängigkeit sei zu Ende, der Waffenstillstand unterzeichnet und Mustafa Kemal wolle den Frieden besiegeln, kannte die Freude der Bevölkerung keine Grenzen mehr.

„Siehst du, Mukbil", sagte der alte Kupferhändler zu seinem kleinen Freund, der vor ihm auf dem Hocker saß, „siehst du, immer, wenn die Not ganz groß wird, schickt Allah einen Retter. Mustafa Kemal – der Ghazi – merke dir diesen Namen gut – er ist ein Held, und viele, viele türkische Männer und Frauen sind Helden an seiner Seite!"

„Was ist ein Held?" fragte Mukbil. Er saß, die Beine gekreuzt, auf dem Hocker und hielt die großen Zehen fest mit seinen Händen umklammert. „Was ist ein Held?"

„Maschallah, ein Sohn des Heldenvolkes weiß nicht, was ein Held ist!" rief der Alte erschrocken – und blickte auf den kleinen Jungen vor sich, der ihn erwartungsvoll ansah.

„Ein Held ist ein Jüngling oder ein Mann oder ein Knabe – der keine Angst hat – der für das Gute und Rechte kämpft, immer und überall – hm –"

Der Alte räusperte sich; bis jetzt hatte auch noch niemand von ihm verlangt, daß er erklären sollte, was ein Held sei.

„Bist du auch ein Held?“ klang es da forschend an sein Ohr. Was soll ein alter Messinghändler auf solch eine Frage antworten?

„Äh“, räusperte er sich wieder, „frag nicht so dumm!“ Das war eine gute Antwort, fand der Alte – nun konnte der Kleine denken, was er wollte. Um jedoch weiteren Fragen zu entgehen, fuhr er schnell fort: „Ich bin zwar kein Dede-Korkut, aber ich will dir von Helden erzählen!“

„Doch wer ist Dede-Korkut?“ wollte Mukbil wissen.

„Dede-Korkut?“ Der Alte lächelte geheimnisvoll. „Dede-Korkut – das war ein Sänger herrlichster Heldenlieder. Er war groß und stark, hatte langes Haar, so weiß wie der Schnee auf den Gipfeln der Berge, und einen langen weißen Bart. Seine Augen sahen viel, seine Stimme klang wie eine Glocke, und Worte wußte er zu setzen, fein und bunt, so daß jeder, der ihn hörte, über seinen Liedern alles andere vergaß!“

„Sing solch ein Lied von ihm!“ bat Mukbil und starrte den Alten unentwegt an.

„Ich kann nicht singen“, versicherte der Alte, „ich bin kein Dede-Korkut. Auch die Märchenerzähler singen die Heldenlieder nicht mehr, sondern erzählen sie!“

„Bitte, erzähl!“

Der Alte, der nie Märchen erzählt hatte, überlegte angestrengt, wie er sich dieser schwierigen Aufgabe entledigen könne. Was wußte er denn schon von den Heldentaten der alten türkischen Stämme, die Dede-Korkut besungen hatte!

Ja, früher, vor dem Kriege, da saßen oft Märchenerzähler bei den Karawanen in den Hans der Karawansereien an den Feuern und erzählten. Wie oft hatte er sich bei den Märchenerzählern eingefunden und staunend gelauscht!

Aber selbst erzählen?

Der Alte schob den Fez zur Seite und kratzte sich umständlich den Kopf.

„Ach“, stöhnte er dann, auf den Zwerg zu seinen Füßen blickend, der ihn unentwegt anstarrte, „ach, überhaupt – du bist noch viel zu klein für die Geschichten des Dede-Korkut!“

Mukbil aber war schwer enttäuscht. Er – Mukbil –, zu klein, viel zu klein für Geschichten!!! Er – Annähs großer Junge!

Mukbil blinzelte den Alten aus seltsam halbgeschlossenen Lidern von der Seite an, dann rutschte er tief gekränkt, mit einem Blick, der dem Alten durch Mark und Bein ging, vom Hocker und rannte, ohne sich noch einmal umzusehen, quer durch den Bazar.

„Heh, Mukbil, Sohn der tausend Torheiten, so warte doch“, schrie ihm der Alte, mit beiden Händen in der Luft fuchtelnd, nach.

Aber Mukbil rannte heim zu seiner Annäh, für die er ein großer Junge war und die ihm nie gesagt hatte, daß er noch zu klein für lustige Geschichten sei.

Und wieder wurde es Winter, und wieder löste der Frühling den Winter ab.

Längst war Sahir vergessen, doch immer wieder war seither einer an dem heftigen Fieber erkrankt und gestorben. Als der Sommer mit heißen Sandstürmen eingezogen war, häuften sich die Fieberfälle. – Ein älterer Arzt aus Istanbul stellte Fleckfieber fest und befahl, sofort diese Kranken zu isolieren.

Schrecken verbreitete sich bei Kranken und Pflegern.

Aysche dachte nur an Mukbil. „Allah, bewahre das Kind vor Ansteckung!"

Zwei Schwestern erkrankten. Aysche war zur Pflege dringend nötig.

„Wenn mir etwas zustößt", überlegte Aysche sorgenvoll, „wenn ich krank werde oder zu Ali in eine bessere Welt soll, was wird dann aus Mukbil? Wem kann ich mein Kind anvertrauen? Und Saffets Armband? – Keiner wird mir den eingenähten Schmuck vom Halse nehmen, wenn ich sterben sollte! Sie werden ihn für einen Talisman halten!"

Immer wieder kreisten Aysches Gedanken um ihren Sohn und um dieses Geschenk, das ihm später gehören sollte.

„Ob ich ihm den Schmuck schon jetzt um den Hals gebe, damit er ihm nicht verlorengeht, falls ich von dieser Welt muß?"

Jedes Für und Wider dieses Gedankens erwog Aysche sorgfältig.

Doch bevor sie in die Seuchenabteilung des Lazaretts versetzt wurde, ordnete der junge Arzt eines Tages ganz unerwartet an, Aysche solle des Kindes wegen vorerst bei den Verwundeten bleiben. Aysche dankte ihm herzlich.

Trotzdem löste sie eines Abends, als sie auf ihrer Lagerstatt saß, behutsam das eingenähte Armband vom Halse. Mukbil, der schon ausgezogen auf der Decke herumsprang, wurde aufmerksam und rutschte zur Mutter.

„Was ist das, Annäh?“ fragte er neugierig und griff nach dem merkwürdigen, in graues Leinen eingenähten Ding.

Sanft nahm Aysche seine Händchen in die ihren.

„Mein Sohn“, sagte sie dabei, „mein lieber großer Sohn“ – Mukbil sah sie erstaunt an, so feierlich kannte er seine Annäh gar nicht. Sie war so anders als sonst. Doch schon fuhr Aysche fort:

„Sieh, ich gebe dir jetzt das Geschenk einer schönen Peri aus Istanbul. Vielleicht wirst du es einmal sehr brauchen. Und nun gib gut acht auf das, was ich dir jetzt sage: Du darfst dieses Geschenk nie vom Halse reichen, du darfst nicht damit spielen, und du darfst es keinem zeigen, keinem davon erzählen, denn es gibt auch böse Jungen, die es dir fortnehmen könnten. Trage immer dein Hemdchen darüber, damit keiner es sieht!“

Nun wollte Aysche es dem Kleinen um den Hals binden, doch dieser wehrte sich und rief: „Es ist häßlich, Annäh, Geschenke von Peris sehen anders aus – in allen Märchen, die du mir erzähltest, sind Geschenke von Peris nicht grau und aus grobem Stoff! Ich will dieses häßliche Ding nicht haben!“

„Mukbil“, erklärte Aysche ruhig, „das Geschenk ist eingenäht in diesen Stoff, damit es nicht zu sehen ist.“ Und nach einer kleinen Weile des Überlegens seufzte sie leicht. „Ich will es dir zeigen“, sagte sie dann, holte eine Schere und trennte eine Naht auf.

„Oooch!“ Mukbils Staunen kannte keine Grenzen mehr! Beide Hände vor den Mund gepreßt, blickte er auf das Kissen, wohin Aysche den Schmuck gelegt hatte – Goldranken, blaue glitzernde Blüten und Diamantsplitter funkelten ihm entgegen. Ein Wunder! Das Geschenk einer Peri!

„O Annäh!“ jauchzte Mukbil – „oh, oh, oh, wie schön!“

„Ja“, sagte Aysche und freute sich selber dieser köstlichen Arbeit. Nach einer Weile aber sagte sie: „Und nun mußt du beweisen, daß du ein großer, vernünftiger Junge bist, der diesen Schatz wohl zu hüten weiß!“

„Ja, Annäh, ich will es tun!“ Der Viereinhalbjährige blickte zur Mutter auf, wie ein kleiner Erwachsener. Ernst sah er zu, wie die Mutter alles wieder einnähte, wie sie sorgsam die Naht befestigte, die Bänder prüfte, und er hielt ganz still, als Aysche ihm den Schmuck um den Hals legte und die Bänder im Nacken zusammennähte.

In dieser Nacht lag Aysche lange schlaflos. Hatte sie richtig gehandelt? War ihr Sohn nicht doch noch zu klein, um dieses Erbstück zu bewahren?

Mukbil aber träumte ein Märchen. Er ging durch den Bazar, und der Schmuck an seinem Halse leuchtete so hell, daß alle Leute sich nach ihm umsahen. Und es kam ein

Apfelschimmel mit goldenen Hufen dahergetrabt und wieherte laut vor Freude, als er den kleinen Jungen so geschmückt sah. Er ließ sich nieder vor ihm, und Mukbil konnte in einen perlenbestickten Sattel steigen. Der Schimmel aber erhob sich in die Lüfte und flog mit ihm über Wüsten, Städte und Seen. In einem Märchengarten ließ er sich nieder, und Mukbil sah ein weißes Schloß. Zwischen Rosenstöcken kam ein kleines Mädchen auf ihn zugelaufen, lieblich, wie er noch kein Mädchen gesehen hatte, das reichte ihm die Hand und sagte: „Grüß Gott, Mukbil, Allah sei mit dir. Dies alles, was du siehst, gehört dir, denn du trägst das Erbstück meiner Mutter um den Hals!"

Monate vergingen.

Am Anfang hatte Mukbil noch allabendlich seiner Annäh verkündet, daß keiner etwas von ihrem gemeinsamen Geheimnis erfahren habe. Nach einer Weile jedoch wurde ihm das graue Ding am Halse alltäglich. Seine Spiele mit den Buben auf den Straßen, seine täglichen Besuche auf dem Bazar und die zufälligen Begegnungen mit dem freundlichen Offizier wurden weitaus wichtiger und interessanter.

So kam es, daß Mukbil das „Geheimnis" an seinem Halse vergaß und an sich trug, selbstverständlich wie seine Hemdchen und Höschen.

Am 13. Oktober 1923 schrak Mukbil nach Mitternacht aus festem Kinderschlaf – donnernde Schüsse ließen die leichten Wände des Lazaretts erzittern.

„Annäh!" schrie Mukbil angstvoll und klammerte sich an die neben ihm liegende Mutter. Kam das schreckliche Schießen aus dem Kriege nun auch zu ihnen?

Weinend barg er den Kopf im Arm der Mutter.

„Dummer kleiner Mukbil!" tröstete diese und hielt ihren Sohn ganz fest.

„Dummer kleiner Mukbil!" Und als Mukbil aufblickte, sah er in das lachende Gesicht seiner Annäh. Ja, hatte sie denn gar keine Angst? Das Schießen wollte doch kein Ende nehmen!

Nein, Aysche hatte keine Angst, denn sie wußte, woher es rührte. Schnell stand sie auf, warf ihr großes Tuch um die

Schulter und nahm Mukbil in diese weiche, dunkle Wärme. Sie ging mit ihm durch den Flur zu den Patienten, sprach beruhigende, fröhliche Worte zu ihnen und trat ans Fenster.

Bei jedem Schuß sah man die Nacht durch Feuerschein erhellt. Die Fenster ringsum waren erleuchtet. Jubelnde Menschen stürzten aus den Häusern, schwangen ihre Feze, umarmten und küßten einander. Die Stadt glich einem Narrenhaus.

Mit hundertundeinem Schuß wurde Ankara zur Hauptstadt der Türkei ausgerufen. Die Türkei aber sollte zur Republik erklärt werden.

Mustafa Kemal hatte das Sultanat abgeschafft. Der Sultan war aus Istanbul geflohen. Nun ernannte Mustafa Kemal als Präsident des neuen Staates Ankara zur Hauptstadt. Er wollte seinem Lande auch neue Ziele und neue Gesetze geben. Mustafa Kemal plante große Reformen. Sein Volk sollte anders werden, ganz anders: gescheiter, gesünder, freier!

Das türkische Volk aber ahnte nichts von den kommenden Umwälzungen. Es jubelte seinem Befreier entgegen und feierte diesen Tag. Die Festfreude lag über dem ganzen Land – Glückwunschtelegramme aus aller Welt trafen ein.

Am 29. Oktober wurde die Türkei zur Republik erklärt und Mustafa Kemal zum Staatspräsidenten ernannt. Dieser Tag wurde zum Nationalfeiertag des neuen Reiches erhoben.

Früh setzte der Winter ein in diesem Jahr. Und wenn der Jubel über die Befreiung auch groß gewesen war, so war der Jammer über die bald danach einsetzende Fieberepidemie nicht geringer.

Nun konnte auch der Sohn Aysche nicht mehr vor der Pflege im Seuchenlazarett bewahren. Aysche mußte einspringen und ihrer Pflicht genügen. Mukbil blieb im Barakken-Lazarett, schlief allein auf ihrem großen Strohlager und wurde von Fatma, der alten Pflegerin, versorgt, die hier blieb.

Mukbil fühlte sich plötzlich sehr einsam. Das Bett, in dem er neben der Mutter geschlafen hatte, erschien ihm so groß und leer, daß er sich unter der Decke ganz verloren vorkam. Seine Annäh hatte wohl gesagt, daß sie bald wiederkäme und er ja ihr großer Junge sei. Doch nun war er schon die zweite Nacht hier so allein, und Mukbil fühlte sich weder groß noch tapfer. Leise weinte er sich in den Schlaf.

Am Morgen schmeckten ihm weder das Brot noch die Oliven, die Fatma ihm gab. Traurig stand er am Fenster und schaute in das Schneegestöber auf der Straße.

Ob er ein wenig hinaus sollte? Der Schnee sah so weich und fröhlich aus! Fatma war nirgends zu sehen. Überhaupt war keiner da, der sich um ihn kümmerte.

So lief denn Mukbil zur Tür und in seinen Stoffpantinen hinaus in den Winter. Begeistert über das Glitzern und Glänzen ringsum lief er weiter. Mit dem Munde versuchte er Flocken zu fangen, stolperte, fiel hin und wälzte sich wie ein übermütiges Tierlein im weichen Schnee.

Ob er seine Freunde auf dem Bazar besuchen sollte? Kaum daß ihm der Gedanke gekommen, wurde er schon ausgeführt.

Mukbil trabte den Hang hinauf. Der Schnee wurde höher. Es war gar nicht mehr so leicht, vorwärts zu kommen. Fuß um Fuß setzte der Kleine in das frisch gefallene Weiß. Alles sah heute anders aus als im Sommer oder Herbst. Dort hätte doch der Laden des Glockenmannes sein müssen, doch er war nicht da. Und auch von dem Mann mit dem roten Fez war nichts zu sehen. Alles wie ausgestorben. Und immer noch schneite es!

Mukbil wurde noch einsamer zumute – „Annäh, liebe Annäh, komm doch", jammerte er leise. Und aus Sehnsucht und Heimweh nach seiner Mutter fiel ihm der Schmuck an seinem Halse ein.

Und Mukbil kroch in eine Ecke zwischen Brettern und alten Mauerwänden, deren es hier so viele gab, setzte sich in den Schnee und zupfte den Schmuck hervor. Mit einem rostigen Nagel, der an einem der Bretter hing, riß Mukbil ein Loch in das graue Leinen, trennte die Naht auf, und da lag das zauberhafte Glänzen, wohl fest an seinem Halse, und doch in seinen Händen.

Leise streichelte ein winziger Zeigefinger über die Blüten, über die Ranken, und der ganze kleine Kerl versank in goldene Träume.

Wer weiß, wie lange Mukbil so im Schnee gesessen hätte, wenn die großen Buben hier nicht vorbeigelaufen wären.

„Seht, da, da ist ja Mukbil!" schrie einer. „Schläft der?"

„Ach was, schlafen! Etwas gefangen hat er –"

„Seht nur, was er in Händen hält!"

„Gold!" – Und ihren Augen nicht trauend, kamen sie an.

„Du Dieb!"

Hastig wollte Mukbil den Schmuck im Hemd verbergen, doch – zu spät!

Schon hatte einer der Größten ihn gepackt und schüttelte ihn hin und her.

„Dieb – du gerissener Dieb!“ schrie er ihn an.

„Gib das Gold her!“

„Wir wollen es verteilen!“ brüllten einige der anderen. Sie wollten seine Jacke öffnen. Mukbil riß sich los, doch schon lag die ganze Meute über ihm.

Mukbil schrie laut auf.

Aber was hilft einem kleinen Jungen alle Verteidigungskunst, wenn er noch nicht ganz fünf Jahre zählt, während seine Angreifer viel älter und in der Überzahl sind.

Mukbil schrie, so laut er konnte. Und da, er wußte nicht, wie es geschah, hatte eine starke Hand die Jungen an ihren Kitteln gepackt und fortgeschleudert wie Hunde. Sie verteilte ein paar Ohrfeigen, und zornig rief jetzt eine Stimme: „Ihr Feiglinge, über einen herzufallen, der viel kleiner und viel schwächer ist als ihr! Wahrhaftig, schämt euch! Das wollen türkische Helden sein! Feiglinge seid ihr, ihr Elenden!“

Und hoch aufgerichtet stand ein Offizier vor ihnen, breit und groß, im Militärmantel, eine Fellmütze auf dem Kopf.

„Ein Dieb ist er, ein elender Dieb!“ schrie einer der Jungen, all seinen Mut zusammennehmend.

„Was soll der winzige Punkt denn gestohlen haben?“ fragte der Mann verächtlich den aufgeregten Jungen.

Gleich darauf aber beugte er sich über das schluchzende, zitternde Häufchen am Boden und hob es auf.

„Mukbil!“ sagte er erschrocken. „Du bist es?“

„Gold“, schrien die Jungen dazwischen, „blitzendes, blinkendes Gold hat er gestohlen!“

„Blöder Hammel!“ schimpfte der Mann. „Woher soll solch ein Kind hier in Ankara Gold stehlen!“

Und er trug den Kleinen zu seinem Schimmel, der mit erhobenen Nüstern zu wiehern begann.

„Er hat es, er hat es!“ schrien die Jungen und liefen neben ihm her. „Er hat das Gold am Halse!“

Der Offizier aber hob den Knaben aufs Pferd, schwang sich in den Sattel und nahm den fast Bewußtlosen fest in den Arm.

„Mukbil, kleiner Freund, ganz naß bist du ja“, sagte er mitleidig. Die großen Hände wollten das Jäckchen schließen und berührten den Schmuck.

Was nun geschah, ließ die Jungen erschrocken zurückweichen. Mukbil aber klammerte sich fest an die breite Brust, denn heftig riß der Mann am Zügel. Hoch bäumte sich sein Schimmel auf. Dann stand das Tier. Der Mann hielt den Schmuck in den Händen und starrte darauf, als würde er seinen Augen nicht trauen. Gleich darauf packte er den Kleinen an der Schulter und rüttelte ihn heftig –

„Mukbil“, schrie er, „Mukbil, woher hast du den Schmuck?“

Erschrocken begann der Kleine zu weinen. „Annäh“, schluchzte er, „o Annäh“ – Doch sein Retter schien wie von Sinnen.

Ganz fest hielt er das Kind und gab dem Pferd die Sporen!

Hoch stob der Schnee in die Luft, als Hilal – denn er war es – mit dem Knaben zur Lazarett-Baracke galoppierte.

Als Hilal vom Pferde sprang, weinte Mukbil noch immer.

Aufgeregt erschien Fatma in der Tür.

„Mukbil, du lebst! Maschallah, solch ein Junge, reißt einem aus – reißt einfach aus!“ Fatma hatte große Angst ausgestanden um das ihr anvertraute Kind.

„Ein Glück, daß du da bist, Scheker-Mukbil – und naß bist du!“

Lebhaft gestikulierend wollte sie den Kleinen ins Haus ziehen, doch Hilal hielt sie fest –

„Ich muß dich sprechen“, sagte er herrisch, „und zwar sofort!“

„Jawohl, gnädiger Herr, was willst du von einer armen alten Frau?“

„Bist du die Mutter dieses Kindes?“ forschte Hilal unerbittlich weiter.

„Ich – hihihi –, ich, die Mutter dieses Kindes – hihihi“, kicherte die Alte –, „nein, dieses Täubchen gehört einer Jungen, maschallah, einer Hübschen!“

„So führ mich zur Mutter des Knaben“, befahl er kurz.

„Geht nicht, mein Herrchen – hihihi –, geht nicht!“

„Es geht“, sagte Hilal bestimmt, „führ mich zu ihr!“

„Es geht nicht, Herrchen – hihihi –, ich sagte schon, es geht nicht. Die Junge, Hübsche pflegt im Seuchenlazarett. Den Knaben versorge ich!“

„Alte, du machst mich rasend! – So sag mir wenigstens, wie ihr die Junge, die Hübsche nennt!“

„Aysche heißt sie – wie die Lieblingsfrau des Propheten –, und gut ist sie und schön!“

Doch Hilal beachtete sie nicht mehr.

„Mukbil, du bleibst bei mir!“ sagte er, hob den Jungen in den Sattel und blickte ihn so seltsam forschend, so seltsam froh und ungläubig an, daß die Alte vor Staunen den Mund nicht mehr zubekam.

Doch ehe sie sich's versah, saß der Fremde schon zu Pferde. Den Mantel um den Kleinen geschlungen, ritt er in schnellem Trab den Weg zurück, den er gekommen war.

Hilal trug Mukbil in seine kleine Dachkammer, zog ihm die nassen Kleider vom Leib, steckte ihn in sein Bett und machte Feuer im Ofen. –

Mukbil zitterte vor Kälte und Aufregung. Erst als Hilal einen Tisch ans Bett rückte, Brot, Joghurt und herrlich ölige Auberginen auftrug, sich zu ihm setzte und ihm heißen Tee einflößte – taute das Kind auf. Seine Wangen röteten sich, seine Augen glänzten wie große Kirschen.

Hilal betrachtete ihn sinnend.

„Wohnst du mit deiner Mutter in der Lazarett-Baracke?" fragte er.

„Ja", Mukbil nickte. „Im Flur, hinter der Wand!"

„Wie lange seid ihr schon dort?"

„Immer!"

„Wart ihr früher nicht in einem Dorf mit gesunden Leuten?" fragte Hilal weiter.

Angestrengt schien der Kleine nachzudenken.

„Ja", sagte er dann und dachte an die Erzählungen seiner Annäh, „ja, und ein Brunnen war da und ein Eselchen mit traurigen Augen!" Nach einer kleinen Weile fügte er hinzu: „Und noch früher waren wir in einer Stadt mit weißen Moscheen und Schlössern und Brunnen und vielen Bäumen und Blumen und einem großen Wasser, so blau wie der Himmel!"

„Istanbul?" fragte Hilal erstaunt.

„Ja, Istanbul", stimmte der Kleine eifrig bei.

„Du lügst, Mukbil, in Istanbul bist du nie gewesen!"

„Dooooooooch, glaube schon", versicherte Mukbil überzeugend, „in Istanbul und noch viel, viel weiter – hundert Meter weiter oder noch viel mehr!"

Hier hielt er inne und lächelte verklärt: „Bei dir aber ist es wie im Märchen!"

Während Mukbil warm und tief in den neuen Tag schlummerte, saß Aysche am Bett eines Schwerkranken.

„Nicht fortgehen, Schwester“, bat er, „ich fürchte mich!“

„Nicht fürchten“, sprach Aysche ruhig, „nicht fürchten, fürchten macht schwach und unruhig, schwach und unruhig sein aber ist nicht gut!“

Heiser lachte der Patient.

Aysche blickte auf zur verblichenen Decke, zur schmutzigen Tapete und griff nach der mageren Hand, die auf der Bettdecke lag.

„Ich gehe nicht fort, ich bleibe da!“

Im selben Augenblick klopfte es ans Fenster. Ein Kranker schrie auf. Aysche erhob sich und ging durch den Raum. Da – das Klopfen wiederholte sich am nächsten Fenster. Aysche wollte hinaussehen, doch die Scheiben waren undurchsichtig von Eisblumen und Schnee.

Die Kranken erwachten, sie wurden unruhig.

Wer konnte jetzt, mitten in der Nacht, an die Scheiben klopfen?

Ein Mann begann zu schimpfen, andere blickten aus schreckensweiten Augen zur Fensterreihe und dann auf Aysche. Jetzt erklang das Klopfen am dritten Fenster. Auch Aysche wurde es ungemütlich. Einen Augenblick lang zögerte sie, dann ging sie kurz entschlossen hin und riß einen der Fensterflügel auf, Schneegestöber wehte ihr entgegen. Im ersten Augenblick erkannte Aysche nichts –

dann sah sie im Dunkel der Nacht einen Stock vor ihrem Gesicht und wich zurück.

Schon wollte sie das Fenster schließen, da rief es: „Aysche!“ Und als sie sich hinausbeugte, erblickte sie eine verschneite Gestalt, den Stock in der Hand, die ihr aufgeregt zuwinkte. „Aysche, ich muß dich sprechen!“

„Fatma!“ schrie Aysche erschrocken. „Ist was mit Mukbil?“

„Ja, ja“, versicherte die Alte, lebhaft und aufgeregt.

„Komm ans Flurfenster, Fatma! Hereinlassen darf ich dich nicht, schnell, geh rechts um die Ecke, das dritte Fenster, ich öffne es!“

Ayasches Knie zitterten. Sie wußte nicht, wie sie durch den Saal gegangen war, wußte nicht, was die Kranken ihr zugerufen hatten – „Mukbil, was war mit Mukbil geschehen?“

Schon öffnete sie das Fenster und sah die Alte humpelnd um die Ecke biegen.

„Schnell, Fatma, was ist Mukbil zugestoßen?“

„Er ist fortgebracht worden von einem Militär. Gestohlen hat er, sagten die Jungen nachher, Gold gestohlen hat das Täubchen, und nun werden sie ihn wohl einsperren und ihm die Hand abhacken!“

„Still, Fatma, du sprichst irr! Woher soll Mukbil Gold stehlen? Wer soll ihm die Hand abhacken? Ach, geh mit deinen dummen Geschichten!“ Aysches Stimme versagte fast vor Aufregung.

„Die Militärs, die großen Militärs von Mustafa Kemal natürlich, die Ordnung bringen in unser Land!“

„Sei still, Fatma, sag lieber, wo Mukbil ist!“

„Ich weiß es nicht!“ – Einen Augenblick lang verdrehte Fatma ihre Augen so, daß man nur das Weiße sah – „Fortgebracht auf einem Pferde, auf einem schönen, stattlichen Pferdchen!“

„Was hat der Mann gesagt?“ forschte Aysche atemlos. Aus dem Krankensaal rief es nach ihr.

„Schnell, Fatma, ich muß zu den Kranken. Was hat er gesagt?“

„Nach dir hat er gefragt, mein Scheker-Mädchen. Ich habe ihm gesagt, wo du seist. Sicher kommt er morgen, dich zu holen. Ich habe dir einen Tscharschaff mitgebracht von meiner Enkelin, damit du dich nicht zu schämen brauchst!“

„Ich kann ihn nicht nehmen, wegen der Seuchengefahr“, erwiderte Aysche hastig, „gib ihn an der Pforte ab für mich –“

Das Rufen wurde lauter.

„Allah ismarladik!“ klang es noch durchs Fenster.

„Die Nacht soll dir gesegnet sein!“

Dann eilte Aysche in den Saal.

Wie langsam heute die Zeit verging, obgleich die Kranken noch nie so erregt und unruhig gewesen waren. Die Zeiger der Uhr schienen stillzustehen.

Endlich war es sechs Uhr, und der Pfleger kam, um Aysche abzulösen. Aysche eilte auf ihr Zimmer.

Großer Gott, was sollte sie nur tun? –

Ratlos blickte sie sich um. Und wieder lief sie hinunter, um dem Pfleger von dem nächtlichen Erlebnis zu berichten. Vielleicht wußte er einen Rat. Aufmerksam hörte ihr der Mann zu.

„Dem Jungen kannst du jetzt nicht helfen“, erklärte er dann sachlich, „wo er auch sein mag, eben schläft er!“

Und als er Aysches schwer umschattete Augen sah, nickte er ihr väterlich zu – „Und du sollst jetzt schlafen, sofort, damit du ein wenig ausgeruht in den Tag gehst, der dir wohl Aufregendes genug zu bringen hat. Nimm eine Tablette, Aysche, und leg dich hin. Ich rufe dich sofort, wenn jemand nach dir fragt, die Alte sagte doch, sie wüßten, wo du zu finden seist!“

Das leuchtete Aysche ein, und so ging sie schweren Herzens ins Zimmer, in dem die anderen Schwestern schliefen, nahm eine Tablette und legte sich auf die harte Pritsche, die die Tagesschwester soeben verlassen hatte.

Wie lange sie geschlafen hatte, wußte Aysche nicht. Es war schon hell, als sie geweckt wurde, und es hieß, ein Offizier hätte nach ihr gefragt. In zwei Stunden würde er sie abholen. Sie solle ein Lysolbad nehmen und desinfizierte Kleider anziehen.

Zwei Stunden später saß Aysche im dämmrigen Pförtnerhaus und wartete.

Aysche hatte Angst. Sie wußte, daß Fatma übertrieben hatte, doch etwas Wahres mußte wohl daran sein. Wo, wo hatte Mukbil etwas stehlen können? Wo gab es denn schon Gold zu stehlen? Wie sollte man ihn oder sie, die Mutter, bestrafen? Sie wußte, daß die Polizei der neuen Türkei streng und hart war! Aysche seufzte und rieb die Knöchel ihrer kalten Hände aneinander, so daß sich die Haut weiß darüber spannte. Der Pförtner beachtete sie nicht. Er saß an seinem Tisch und malte Striche auf ein weißes Papier. Es roch nach Desinfektionsmitteln.

Aysche stand auf, zupfte Fatmas Tscharschaff zurecht und setzte sich wieder. Über der Tür hing eine große, breite Uhr. Sie hörte es knacken, wenn der Zeiger von Minute zu Minute sprang.

Wie langsam die Zeit verging!

Plötzlich wurde die Tür aufgerissen, und herein trat ein Offizier. Er wirkte sehr stattlich in seinem Militärmantel mit den blitzenden Epauletten. Auf dem Kopf trug er eine Fellmütze, sein Gesicht war so stark beschattet, daß Aysche es nicht sehen konnte.

Der Offizier ging zum Pförtner. Dieser sprach einige Worte mit ihm, gleich darauf wies er mit dem Federhalter auf die verschleierte Frau, die nun langsam aufstand und sich nach altem Brauch verneigte.

Doch bevor Aysche sich ganz aufgerichtet hatte, faßten zwei Hände sie an der Schulter, und eine warme Stimme fragte:

„Aysche, bist du es wirklich? Aysche, Saffets Freundin?“

Erschrocken blickte Aysche in das Gesicht, das unter der großen Fellmütze dem ihren jetzt so nahe war, daß der Pförtner sich gezwungen fühlte, laut zu hüsteln. Aysche wich einen Schritt zurück. Ihre Knie wurden weich, es war, als wollten sie ihr nicht recht gehorchen.

Nach wenigen Augenblicken aber stand sie wieder aufrecht und fest.

„Hilal? Saffets Bruder Hilal?“ fragte sie fast heiser vor Schreck.

„Ja, Aysche“, antwortete der Offizier, „doch komm, laß uns hinausgehen, hier ist es zum Ersticken dumpf.“

Glasklar wölbte sich der Winterhimmel über Ankara. Eine silbrig-kalte Sonne ließ das Weiß des Schnees ringsum erglitzern, als wäre die Welt mit Diamanten bestreut. Einen Augenblick mußte Aysche die Augen schließen, denn es blendete sie trotz des dunklen Schleiers.

Sie wollte fragen, fragen, fragen – nach Saffet, nach der Hanim Efendi, nach dem Yali, dem Pascha und Fräulein Berg. Ganz Istanbul war lebendig geworden in ihr – ihre Mädchenzeit lag greifbar nahe. Als wäre es gestern gewesen, sah sie sich neben Saffet in den Ästen der Magnolie sitzen, sah sich auf den lachenden „Prinzen“ blicken, der unter den Zweigen vorüberritt und zu ihr aufsah. Als hätte sie gestern die schlaflose Nacht um ihn verbracht, als hätte sie gestern in der Moschee für ihn gebetet! Tausend Dinge hätte sie gern gewußt, doch brachte sie kein Wort über die Lippen. Heftig preßte sie ihre Hände unter dem Tscharschaff ineinander, als sie nun neben Hilal die Straßen entlangging. Völlig verwirrt versuchte sie ihre Gedanken zu ordnen. Woher kam Hilal so plötzlich? Weshalb war er gekommen? Und dann – Mukbil!

Aysche blieb stehen.

„Was ist mit Mukbil? – Was hat er gestohlen? Wo ist er?“ fragte sie hastig.

„Wer hat dir denn erzählt, daß er gestohlen hätte?“

Auch Hilal war stehengeblieben.

„Fatma war in der Nacht an meinem Fenster. Mukbil hätte gestohlen und würde verurteilt! Weißt du von ihm, Hilal, ach sag mir, was geschehen ist!“ Ihre Stimme bebte.

„Sei ruhig, Aysche“, begütigte Hilal. Er versuchte ihr Gesicht zu erkennen, doch war der Schleier zu dicht.

„Mukbil hat nicht gestohlen. Große Jungen haben den Schmuck an seinem Hals gesehen und nannten den Kleinen einen Dieb. Zum Glück kam ich dazu. Ich kenne Mukbil schon lange. Durch den Schmuck aber erfuhr ich, daß er dir gehört!"

„Allah sei gedankt!" sagte Aysche leise.

Eine schwere Last war von ihr genommen. Jetzt erst sah sie die Winterpracht ringsum, jetzt erst fühlte sie die kaltklare Luft.

Sie seufzte erleichtert auf. Hilal lachte.

„Komm, es ist kalt, hier zu stehen, laß uns weitergehen."

„Ja, doch wo ist Mukbil?"

„Ich hab' ihn zu mir genommen. Er hat es besser bei mir als bei Fatma, auch wenn mein Zimmer klein ist. Und", fügte er auf Aysche blickend hinzu, „ich glaubte ein Recht darauf zu haben, da er unseren Familienschmuck trug!"

„Ich danke dir, Hilal", sagte Aysche bewegt, und es schien ihr, als hätte sie noch nie einen Wintertag erlebt, so traumhaft schön wie diesen. „Den Schmuck gab mir Saffet zum Abschied, Allah segne sie! Sie sagte, stets kehre diese Kostbarkeit zur rechtmäßigen Erbin zurück. Sie hoffte, er würde mich wieder ins Yali führen – und nun ist er samt meinem Mukbil zu dir gekommen! Wie seltsam! –"

„Ja, und wenn du unsere alten Vorurteile überwinden kannst und es wagst, zu mir in meine winzige Wohnung zu kommen, würden Mukbil und ich uns herzlich freuen!"

Aysche schwieg.

Sie stiegen den Weg zur Zitadelle hinauf. Die schmalbrüstigen Häuser drohten unter der Last des Schnees auf ihren vorspringenden Dächern fast zusammenzufallen.

Wind war aufgekommen und wehte Flocken von den Simsen. Als sie die erste Terrasse der Zitadelle erreichten, wollte Aysche zur Brüstung. Doch kaum hatte sie ihren Fuß aufs unberührte Weiß gesetzt, versank sie schon bis über die Knöchel im Schnee. Vorsichtig zog sie den Fuß zurück.

„Schade, ich glaube, die Aussicht muß herrlich sein, dort von der Mauer“, bemerkte sie.

„Warte mal!“ Hilal half ihr auf die Straße zurück und begann ihr, spielerisch wie ein kleiner Junge, einen Weg über die weiße Fläche zu bahnen. Ganz fest stapften seine großen Stiefel den Schnee, so daß ein Pfad entstand, der quer über das Rechteck führte. Aysche war verlegen geworden. Daß sich ein Mann, noch dazu ein hoher Offizier, ihretwegen diese Mühe machte!

Hilal merkte ihre Verwirrung, trotz des Schleiers, und konnte ein Lächeln nicht unterdrücken.

„Aysche“, sagte er, „du bist mir hier in der Ferne wie ein Stück von daheim, wie eine Schwester“, und er streckte ihr die Hand hin. „Komm, der Pfad ist schmal, ich helfe dir!“

Doch Aysche wehrte lachend ab.

„Wir sind andere Pfade gestiegen, draußen, als wir Munition an die Front trugen! Geh mir voraus, Hilal!“

Und als Hilal sich nicht rührte, sprang sie an ihm vorbei und balancierte geschickt in der vorgetretenen Spur.

„Du hast Munition getragen?“ Hilal blickte erfreut und ehrfürchtig auf die junge Frau. „Du hast mitgeholfen im Kampf um die Heimat?“

„Was hätte ich sonst tun sollen?“ Aysche blieb stehen und wandte sich ihm zu. „Ich denke nicht gern daran. Mukbil war dabei. Es war schwer!“

„Und wie kamst du nach Ankara?"

„Krank. Sie haben uns auf einen Verwundetentransport geladen, Mukbil und mich!"

„Und seit du gesund bist, pflegst du Kranke?"

„Ja, Verwundete – und seit vier Tagen Fieberkranke –"

Aysche hatte sich dem Pfad wieder zugekehrt und ging sicher und schnell zwischen verschneiten Kanonen hindurch der Balustrade entgegen. Hilal folgte ihr.

„Und dein Mann, Aysche, wo ist dein Mann?"

„Gefallen", sagte Aysche ernst. „Allah hab ihn selig. Ali ist für die Heimat gefallen!"

Sie schwiegen. Hilal klopfte den Schnee von der Mauer und stützte die Hände darauf.

„Das türkische Volk hat Unglaubliches geleistet in seinem Heldenmut und seiner Opferbereitschaft. Es ist wundervoll, daß ihr auf unserer Seite kämpftet!"

„Auf wessen Seite hätten wir sonst sein sollen?"

„Nun, daheim war das nicht so selbstverständlich. Der Vater kann es heute noch nicht fassen, daß ich im Kampfe gegen den Sultan stand, gegen den Sultan, Allahs Schatten! Bis zuletzt hatte er gehofft, Atatürk würde kapitulieren. Als der Sultan floh, das Sultanat aufgelöst und die Republik ausgerufen wurde, hat er einen Schlaganfall bekommen, von dem er sich bis heute noch nicht erholt haben soll! Daß seit dem vorigen Frühling auch das Kalifat aufgelöst ist, wagen sie ihm gar nicht zu sagen!"

„Der arme Pascha", rief Aysche, „ich verstehe ihn!"

„Ich auch", sagte Hilal nachdenklich, „für ihn war das Sultanat eine von Allah gewollte Einrichtung und der Sultan als Kalif Stellvertreter Allahs auf Erden!"

Aysche nickte. „Und die alte Hanim?"

„Ach, die Großmutter!" Ein Lächeln legte sich über Hilals herbe Züge. „Die gute Großmutter. Sie war unserem Kampf gegenüber viel aufgeschlossener. Zweimal habe ich sie heimlich besucht, ohne daß der Vater es wissen durfte. Er hätte mich als Verräter den Sultanstreuen ausgeliefert!"

„O Hilal!"

„Ja, es ist wahr, so wahr, wie ich hier stehe. Erinnerst du dich noch des alten Pförtners? Der alte, gute Ismet. Im Dunkeln hat er mich ins Haremlik gebracht. Großmutter und Saffet hielten mich versteckt. Ihnen erzählte ich von Mustafa Kemals Plänen, von unseren Siegen, von unseren Hoffnungen auf eine neue, gesunde Türkei!"

„Und?"

„Die Großmutter hörte zu. Sie hatte vieles dagegen einzuwenden, aber in einigem gab sie uns recht. Im vorigen Jahr ist sie gestorben. Allah hab sie selig!"

„Die Hanim Efendi tot?" Erschrocken wandte sich Aysche dem jungen Manne zu. „O Hilal, das trifft mich hart. Die Hanim Efendi, diese wundervolle alte Dame! Ich kann mir das Yali nicht ohne sie vorstellen!"

Aysche sah die alte Herrin vor sich, wie sie stolz dem Hause vorstand, wie sie klug und gütig für jeden da war, der sie brauchte. Es berührte sie zutiefst, daß sie diesen Menschen, den sie von Herzen verehrte, nicht mehr sehen durfte. Saffet war ihr recht ähnlich gewesen.

„Und Saffet?" fragte sie hastig und fast ungeduldig. „Bitte, Hilal, erzähl mir von Saffet!"

„Ach, Saffet, die kleine Zierlichkeit!"

Wie zärtlich Hilals Gesicht plötzlich aussah. „Saffet konnte nicht genug hören von alledem; steht doch ihr Turgut gleichfalls auf unserer Seite!“

„Ihr Turgut?“

„Ja, Saffet ist zwei Jahre, nachdem du fort warst, verheiratet worden. Sie hat dir geschrieben, hast du die Post nicht erhalten?“

„Nein, nie. Gar nichts mehr habe ich von Istanbul gehört, seit ich fort bin.“

„Saffet hat dir mehrmals geschrieben, auch durch mich. Doch du weißt ja selbst, wie es mit der Post stand, während des Krieges und der letzten Kämpfe.“

„Wallahi, wie glücklich wäre ich gewesen, einen der Briefe zu bekommen!“ rief Aysche und blickte in die Weite. „Saffet, ach, wie oft hab' ich an Saffet, an die Großmutter und das ganze Yali gedacht!“

Beinahe hätte sie gesagt, daß die Magnolie noch heute in ihren Träumen stand, doch unter dem Schleier errötend, fragte sie schnell: „Turgut! Du nanntest diesen Namen, wer ist der Mann Turgut, mit dem sie Saffet verheiratet haben?“

„Turgut Bey ist Arzt. Er ist ein Freund meines gefallenen Bruders Murat. Turgut hat die Nachricht von Murats Tod ins Yali gebracht und Saffet gesehen. – Sie lieben einander sehr“, fügte er nach kurzer Pause leiser hinzu.

„Wallahi, also doch Saffets Offizier!“ rief Aysche erfreut. „Ach, Hilal, ich kenne ihn! Ich sprach ihn, als er mit der Todesnachricht ins Yali kam. Er bat mich, Saffet die Grüße ihres Bruders zu übergeben. Ich erzählte Saffet am nächsten Tage von ihm, ganz ausführlich, wie alles gewesen war, und sie –“, nun lachte Aysche, „und sie war erfüllt von ‚ihrem Offizier'. Ach, wie empört war Fräulein Berg, wenn Saffet von ihrer ‚heimlichen Liebe' sprach und erklärte, den und keinen anderen wolle sie heiraten!"

Aysche war ganz lebhaft geworden, und Hilal schien angesteckt. Mit weitausholender Bewegung wischte er jetzt den Schnee von der Mauer, schwang sich auf ihren Rand, so daß er gerade vor Aysche saß.

„Eine kleine Tochter haben sie, Nasli, die Zierliche, ein zauberhaftes Kind!"

„Wie alt?" wollte Aysche wissen.

„Etwa zwei Jahre jünger als Mukbil, schätze ich", erwiderte er überlegend.

„Da hat sich wohl vieles verändert in Istanbul." Aysche schien jetzt weit in vergangene Ferne zu blicken.

„Ja, Aysche, sehr vieles ist anders geworden. Vielleicht sind auch wir anders geworden – und vieles wird noch anders werden. Doch die Magnolie steht unverändert im alten Park. Sie blühte, als ich zuletzt daheim war. Erinnerst du dich noch der Magnolie, Aysche? Erinnerst du dich noch unserer ersten Begegnung?"

Der Wind war stärker geworden. Große Wolkenbälle hingen jetzt am Himmel.

„Maschallah, wie sollte ich mich daran nicht erinnern!"

Aysche errötete heftig. Wie gut, daß sie den Schleier trug, was hätte Hilal sonst denken sollen! –

„Du warst der erste Mann, der mir ins Gesicht geblickt hat, seitdem ich den Schleier trug. Wie sollte ich das je vergessen!" dachte sie.

„Die ganze Nacht habe ich nicht schlafen können vor Scham. Und am nächsten Morgen beim ersten Ruf des

Muezzins war ich schon in der Moschee!" Aber sie schwieg und blickte zu Boden.

Hilal jedoch fuhr unbeirrt fort: „Schon vorher habe ich dich gesehen, Aysche, du standest im blauroten Levkojenfeld und hobst die Blüten ans Gesicht. Wir bändigten unsere Pferde auf der gegenüberliegenden Seite unter den Pinien. Du warst wundervoll, Aysche – so anders als die zierlichen Damen unserer Gesellschaft!"

Wieder errötete Aysche.

Sie war erschrocken und verwirrt. Weshalb sprach er so mit ihr? War das erlaubt? Sie wagte nicht, ihn anzusehen. Ihr Blick wanderte über den gegenüberliegenden Hügel, an dem die Häuser gleich Schneenestern klebten, und blieb auf der weißen, weiten Fläche dahinter ruhen. Sie sah Berg- und Wolkenschatten tiefviolett, gleich großen Vögeln auf dem Schnee liegen und meinte plötzlich, das Levkojenfeld in frühlingshaftem Blühen vor sich zu sehen. Ja, selbst den Duft meinte sie zu verspüren.

Aysche schloß die Augen.

Wie weit das alles lag! Wie unwiederbringlich weit! Knabenhaft weich war Hilals Gesicht damals gewesen, als er sie auf der Magnolie entdeckte. Unbekümmert, fröhlich, ja richtig lustig war er gewesen!

Und jetzt?

Aysche öffnete die Augen und sah ihm ins Gesicht.

Wallahi, die Zeit war nicht spurlos an ihm vorübergegangen. Rotbraun, voller Falten um die Augen lag die Haut auf seinem eckigen Gesicht. Wie ernst seine grauen Augen unter den bereiften Brauen sie anblickten, wie hart der Zug um den schmalen Mund war, wenn er nicht gerade lächelte.

Was lag auch nicht alles zwischen damals und heute!

Hilal schien ähnliches zu denken.

„Aysche“, bat er und sprang von der Mauer, „zeig mir dein Gesicht! Ich möchte dich sehen, wie damals auf der Magnolie!“

Doch erschrocken griff die junge Frau nach ihrem Schleier und wandte sich um. Wie hatte sie sich auch so weit vergessen können, Hilal ins Gesicht zu sehen!

Aysche ärgerte sich über sich selbst.

„Laß uns weitergehen“, bat sie und setzte die Füße schon in die vorgetretenen Stapfen, „es wird kalt hier!“ Und sie ging den Pfad entlang, den er für sie geebnet hatte.

Der Frost knackte in den Ästen der Bäume. Ayisches Atem feuchtete den Schleier und ließ Rauhreifsterne auf ihm erblühen.

Als sie unter dem verwitterten Tor hindurch die tiefverschneiten Stufen emporstiegen, sagte Hilal, an das Gespräch von vorhin anknüpfend: „Bald wirst du den Schleier für immer ablegen!“

Und als sie ihn verständnislos ansah, fuhr er fort: „Der Ghazi ist gegen den Schleier! Er sagt, daß unsere Frauen groß und heldenhaft sind und daß sie schöne und gute Gesichter hätten, die sie nicht verbergen sollten. Der Ghazi wird den Schleier abschaffen!“

Jetzt war Aysche sichtlich erschrocken. „Das ist unmöglich!“

„Warum?“

„Das machen die Frauen nicht mit, nie!“

„In Europa geht keine Frau verschleiert. Sie haben Berufe gleich den Männern, sind klug und leisten etwas.

Sollten unsere Frauen weniger können? Denk doch an Fräulein Berg!“

„Ach, Fräulein Berg, ja natürlich, das ist etwas anderes, die ist so aufgewachsen! Und alle Mädchen in Europa sind erzogen wie sie!“

„Auch bei uns werden in Zukunft die Mädchen erzogen werden wie in Europa!“

Ungläubig hob Aysche den Kopf.

„Wie geht es der Deutschen?“ fragte sie dann ablenkend. „Ist sie noch im Yali?“

„Ja, sie, die Treue, war all die Jahre über bei uns. Als es Großmutter so schlechtging, wechselten sie und Saffet einander Tag und Nacht ab in der Pflege. Nachdem Großmutter gestorben war, war sie Saffet – die es wohl am schwersten zu tragen hatte – eine große Hilfe. Und wenn du sagtest, daß Fräulein Berg ohne Schleier aufgewachsen sei, so möchte ich nochmals betonen, daß die kleinen Mädchen von heute auch so aufwachsen werden!“

Aysche wollte etwas erwidern, doch Hilal blieb stehen.

„Sieh hinauf, Aysche“, und er wies auf das obere Fenster eines baufälligen Hauses. Ein kleiner Junge saß dort auf dem Tisch, Hände und Gesicht an die Scheibe gepreßt. Er lachte, er winkte und benahm sich schier unbändig vor Freude.

„Mukbil“, rief Aysche glücklich.

Und keinen Augenblick lang dachte Aysche mehr daran, daß man als junge Frau unmöglich in die Wohnung eines alleinstehenden Mannes gehen könne. So schnell, daß auch Hilal eilen mußte, war Aysche die Stiege hinaufgesprungen. Unschicklich schnell!

„Mukbil, Dschi-Dschiim, Scheker-Mukbil!!!“ Ganz fest hatte sie ihren Jungen im Arm. „Mukbil, Liebling, was hast du mir für Sorgen gemacht!“

Aysche lachte und weinte, breitete ihren Tscharschaff um den Sohn und küßte ihn zärtlich.

Mukbil aber, eingehüllt in das Dämmerlicht des Schleiers seiner Mutter, wurde ganz still. Den ganzen Nachmittag über wich er nicht von ihrer Seite. Und als sie mit ihm gebetet hatte, ihn zu Bett brachte und gehen mußte, weinte Mukbil bittere Tränen. Und wenn Hilal und seine Annäh ihm auch versicherten, sie käme sehr bald wieder, so mußte sie jetzt doch gehen – und was tröstet einen kleinen Jungen schon über den schmerzlichen Abschied von seiner Mutter!

Als Aysche am Abend ins Lazarett kam, wurde sie schon ungeduldig erwartet.

„Ja, wo um alles in der Welt sind Sie als junge Schwester denn so lange gewesen?“ fragte der diensthabende Arzt sie ungehalten. „Noch nie hatten wir Ärger mit Ihnen, Aysche – ich hoffe, daß es so bleiben wird?“

„Gewiß“, beeilte sich Aysche zu antworten, „gewiß“, und sie wollte auf ihr Zimmer gehen, um sich umzuziehen.

„Moment“, der Arzt schien noch nicht fertig. „Ich hörte, ihr Sohn hätte jemanden ermordet und ausgeplündert? Waren Sie im Gefängnis?“

„Nein!“ Nun mußte Aysche doch lachen. „Nein, mein Sohn ist fünf Jahre alt, er wäre zu solchen Schandtaten nicht fähig. Es war ein Mißverständnis!“

„Mißverständnis? Nun, dann ist es ja in Ordnung!“

„Ja“, wieder wollte Aysche weitergehen, doch hielten die Worte des Arztes sie abermals auf, „und wo waren Sie dann so lange?“

„Ich war spazieren“, antwortete Aysche in Erinnerung des Nachmittags lächelnd, „ich habe meinen Sohn besucht!“

„Ihren Sohn besucht?“

„Ja, Herr Doktor, er wohnt jetzt beim Bruder meiner Freundin aus Istanbul. Eine Freude war das!“ Aysche strahlte.

„Sie hatten nur Ausgang zur Behörde, weil die Sache so dringend war oder so dringend dargestellt wurde! Privatbesuche sind Pflegerinnen des Seuchenlazaretts strengstens verboten! Haben Sie das nicht gewußt?"

Wie eine kalte Dusche fielen diese Worte über die Freude der jungen Frau. Aysche schwieg.

Nein, daran hatte sie gar nicht gedacht! Wirklich nicht! Um Allahs willen, hoffentlich hatte sie keinen angesteckt!!

„Ich, ich –", begann sie ihre Entschuldigungen.

„Schon gut. Es ist einiges los auf den Stationen. Ziehen Sie sich um und kommen Sie schnell herunter! Und in Zukunft wissen Sie Bescheid, keine Besuche! Niemanden treffen! Ich hoffe, daß Sie sich danach richten werden!" Streng blickte der Arzt sie an, dann öffnete er die Tür, und Aysche stand allein im Flur.

Ein Stückchen Watte lag am Boden. Aysche hob es auf, ohne zu wissen, was sie tat. Dann stieg sie mit schweren Schritten und ebenso schwerem Herzen die Treppe hinauf.

„Mukbil bleibt bei mir, Aysche. Die Frau des Kupferschmiedes, bei dem ich wohne, versorgt uns beide. Und du kannst in deiner freien Zeit zu Mukbil kommen, wann immer du willst!"

Ja, so hatte Hilal gesprochen, und Aysche war eine schwere Sorge losgeworden. Sie war nicht nur beruhigt, sondern glücklich. Wie ein Kind hatte sie sich auf den nächsten Besuch bei Hilal und Mukbil gefreut – Und nun?

Der Traum war zerschlagen.

Wieder einmal hatte sie sich dem Schicksal zu fügen, für Fremde dazusein, ungeachtet ihres eigenen „Ich".

Aysches Gesicht wurde hart.

„Ich will nicht! Ich will einfach nicht mehr!“ bäumte sich etwas auf in ihr, etwas, was sie früher als Mädchen gar nicht gekannt hatte. Warum muß man immer müssen! Warum? Warum war gerade sie in die Seuchenbaracke versetzt worden! Warum verstand es der Arzt nicht, daß auch sie ein eigenes Leben führen wollte, neben dieser harten Arbeit!

Aysche warf den Tscharschaff über die Stuhllehne. Der Schleier war zu Boden gefallen. Sie hob ihn auf und hielt ihn vors Gesicht. So trat sie vor den winzigen Spiegel an der Wand. Nein, auch in Hilals Wohnung hatte sie den Schleier nicht abgelegt, obgleich es heiß und unbequem war, ihn zu tragen, obgleich Hilal sie sehr darum gebeten hatte und sie es nur zu gern getan hätte. Doch war sie nicht streng erzogen worden? Sie wußte noch, was sich gehörte, auch wenn sie nun jahrelang im Krieg standen. Warum ihr Hilal wohl dieses Märchen von der Abschaffung des Schleiers erzählt hatte? Noch nie hatte sie etwas Derartiges gehört! O Allah, was würde das für Aufregung geben, wenn tatsächlich der Schleier eines Tages abgeschafft werden sollte! Aysche versuchte sich die alten Tanten von Saffet oder ihre eigene Tante in Istanbul vorzustellen und die Frauen, die sich so sehr über Fräulein Berg erregt hatten. Unausdenkbar! Nie würden sie das mitmachen!

Nein, es war schon recht gewesen, daß sie heute bei Hilal den Schleier umbehalten hatte. Schon so war es seltsam genug gewesen, obgleich ihr Hilal jetzt wie ein Bruder erschien.

Aysche beugte sich vor und versuchte zu erspähen, wieviel man durch den Schleier von ihrem Gesicht zu erkennen vermochte. Geheimnisvoll schimmerten ihre Augen durch das Schwarz, man ahnte es auch, wenn sie lächelte, erkennen aber konnte man nichts.

Aysche sah sich auf dem Diwan neben Hilal sitzen. Das warme Zimmer, wie ein „Daheim“ – Mukbil –, die Aussicht, nun oft dort sein zu dürfen! Es war schön gewesen, und sie hatte geglaubt, es würde Wirklichkeit – doch es blieb ein Traum.

Ärgerlich warf Aysche den Schleier zum Tscharschaff auf den Stuhl. Sie riß den weißen Kittel vom Haken an der Wand und zog ihn an. Wie sie den weißen Kittel haßte! Diesen Kittel, der sie gleich einer Mauer vom Sohn und der Außenwelt trennte!

„Aysche, wo bleibst du?“ Aufgeregt blickte die Nachtschwester zur Tür herein. „Der Alte tobt schon!“

„Ich komme!“ antwortete Aysche und knöpfte den Kittel zu. „Besuche könnt ihr mir verbieten“, dachte sie dabei, „meine Gedanken aber sind frei –.“ In Gedanken konnte sie Hilal so oft besuchen, wie sie nur wollte. Und wieder begann sie zu träumen. Seltsam verändert hatte er sich; wie ein Bruder war er heute gewesen, wie ein großer, starker Bruder. Sie hatte ihn sehr anders in Erinnerung gehabt, seit jener Begegnung im Park des Paschas. Er war ihr viel, viel schöner erschienen damals, viel weicher, viel unbeschwerter, mehr „Märchenprinz eines Traumbildes“!

Ihn heute mit diesem Traumbild zu vergleichen war unmöglich.

Seltsam. Fast erinnerte sie ihr Traumbild jetzt mehr an Ali. Aysche griff nach dem weißen Tuch, band es um Kopf und Hals, dann trat sie auf den Flur.

Wie gern hätte sie sich jetzt hingelegt, um den ereignisreichen Tag zu durchdenken!

Doch schon hörte sie den Arzt nach ihr rufen. Sie beeilte sich und stand gleich darauf neben ihm, um einem Patienten die Vene zu stauen. Der Arzt hielt schon die Spritze in der Hand, einen Wattebausch um die Nadel. Die Tagesschwester sah zu ihr herüber. Aysche nickte ihr zu. „Alles in Ordnung!" sollte es heißen – „Meine Sorge war unbegründet!"

Die Schwester ging hinaus, Arzneien für die Nacht zu richten. Aysche begleitete den Arzt von Bett zu Bett und erhielt Anweisungen für die Nacht.

Es dauerte eine ganze Weile. „Im Bett 3 befürchte ich einen Exitus in dieser Nacht, im Bett 28 auch. Rufen Sie mich, wenn es schlimm wird!" sagte der Arzt, als sie im Flur waren. „Im übrigen, nehmen Sie sich zusammen, Aysche. Es ist weder für die Patienten gut noch für Sie, wenn Sie Ihren Ärger so offenkundig zeigen. Gute Nacht!" Damit wandte er ihr den Rücken und ging mit großen Schritten den Flur entlang.

Aysche wurde dunkelrot.

„Annäh, leg die Hände vors Gesicht!" würde Mukbil jetzt ängstlich bitten. Einen Augenblick hob Aysche die Arme, doch ließ sie sie gleich darauf sinken. Sie hatte keine Zeit.

Schnell wandte sie sich der hohen Türe zu und betrat den Saal. Sie ging ans Bett 3, strich über die Hand des Patienten und setzte sich. Dort beim Anblick des Todkranken verweilte sie still. Und sie fühlte, wie sinnlos ein Aufbäumen dem Schicksal gegenüber sei, sie fühlte, daß es leichter und besser sei, mit dem Schicksal zu gehen, als dagegen anzurennen. Und sie wurde ruhig.

Still legte sie ihre Hand auf die des Kranken. Dankbar sah der Mann sie an.

Nach einer Weile kam die Schwester und rief Aysche zum Bettenmachen. Jetzt mußte Aysche erzählen. Es fiel ihr nicht schwer, war doch alles Bittere jetzt von ihr gewichen. Sie selbst aber war noch so erfüllt vom Erlebten, daß ihre Gedanken ständig um Mukbil, Hilal und die wachgerufene Mädchenzeit kreisten.

„Es war wie zu Hause“, sagte Aysche, „ich weiß nicht, ob du mich verstehen kannst. Natürlich sah es in unserer Dorfhütte anders aus als hier in den Häusern der Zitadelle, aber das warme Licht der Petroleumlampe über dem runden Tisch, so übermütig satt und froh mein Mukbil, und Hilal wie ein Bruder! Verstehst du, wie ich das meine?“

Sie gingen zum nächsten Bett.

„Vielleicht kommt es daher, daß ich so lange nicht mehr in einem richtigen Heim war. Die Front – die Lazarette –, ich habe viel Heimweh gehabt, verstehst du das?“

„Ja“, sagte die Schwester, „das verstehe ich.“

„Und der alte Kupferschmied, eine lustige, heitere Seele, maschallah, er wohnt Hilal gegenüber. Seine Frau betreut jetzt Hilal und Mukbil, sie hat uns auch den Kaffee gekocht!“

Die Schwester richtete einen Patienten auf. Aysche klopfte die Kissen. Sie sprachen einige Worte mit dem Kranken, deckten ihn zu – und gingen weiter.

„Ich hatte mich so darauf gefreut, nun öfters hinzugehen, immer, wenn ich freihabe. Aber daraus wird nichts. Der

Alte war wütend, als er hörte, ich hätte einen Privatbesuch gemacht. Weißt du – Ansteckungsgefahr!"

„Natürlich, Aysche, deshalb dürfen wir andern doch auch nicht heim. Hast du denn nicht daran gedacht?"

„Nein, wirklich nicht!"

„Nun, in einiger Zeit haben wir auch die Seuchenbaracke hinter uns! Hoffentlich hast du keinen angesteckt!"

„Inschallah!"

Die Patienten wurden mit Medikamenten versorgt, dann war Aysche allein.

Die Nacht verlief ruhig.

Nur selten rief einer der Männer nach ihr.

Aysche war sehr müde. Die kleine Nachtlampe erfüllte den Raum mit bläulichem Licht. Wie still es war. Aysche zählte die Pulsschläge des Kranken im Bett 3, ging lautlos durch den Saal und saß dann lange am Bett 28.

Es knackte in Fußboden und Wänden. Oft hob Aysche erschauernd den Kopf – ob die Todesengel des Asrail nahten?

Doch nein, die Patienten schliefen. Aysche aber war allein mit ihren Gedanken, ihrem Erschauern, ihrer Müdigkeit.

Für Aysche vergingen Frühling und Sommer viel zu langsam. Sie hatte sich die Worte des Arztes zu Herzen genommen und sah Mukbil jetzt nur durchs Fenster, wenn er mit Hilal oder der Frau des Kupferschmiedes vorüberging.

Eines Tages ließ der Arzt sie zu sich rufen. Aysche war erstaunt, als er sie feierlich bat, Platz zu nehmen, da er etwas mit ihr zu besprechen hätte. Als sie ihm dann gegenübersaß, neugierig auf das, was er ihr zu sagen hätte, stellte er unvermittelt eine Frage.

„Ich ließ Sie rufen, Aysche, um zu erfahren, was Sie für Ihre Zukunft für Pläne haben!"

Aysche wußte nicht, was sie ihm antworten sollte. Pläne? Was sollte sie schon für Pläne haben?

„Ich muß meinen Sohn erziehen", sagte sie deshalb etwas schüchtern.

„Gut – und womit wollen Sie Ihr Geld verdienen?"

Jetzt erschrak Aysche. Wollte er sie hinauswerfen? Sie hatte den Anordnungen des Hauses doch genauestens Folge geleistet. Schnell überdachte sie, was sie in letzter Zeit für Fehler gemacht hatte. Es war wirklich nichts Schlimmes, was ihr einfallen wollte.

„Wenn", begann sie etwas zuversichtlicher, „wenn ich weiter im Lazarett bleiben darf, wäre ich dankbar! Aber bitte – wenn es geht –, in einer Abteilung nichtansteckender Krankheiten! Wegen meines Sohnes –", fügte sie erklärend hinzu. Der Arzt lächelte zufrieden. Gerade das hatte er hören wollen. Er räusperte sich und begann dann feierlich:

„Wie Sie wissen, Aysche, plant unser großer Befreier verschiedene Reformen in unserer neuen Türkei."

Aysche dachte erschrocken an Hilals Worte über die Abschaffung des Tscharschaff, doch –

„Sie brauchen nicht zu erschrecken", fuhr der Arzt schon fort, „wir alle dürfen uns darüber freuen, denn Ankara soll als neue Hauptstadt Vorbild werden in diesem Fortschritt, und deshalb werden hier auch die ersten modernen Schulen für die Ausbildung von Krankenschwestern errichtet. Ich soll die Schwesternschule übernehmen. Da ich Sie als zuverlässig und geschickt in der Krankenpflege kenne und weiß, daß unsere Patienten Sie gern haben, wollte ich Sie fragen, ob Sie Lust hätten, als Schülerin in meine Schule zu kommen, den Beruf einer Krankenschwester oder Helferin zu erlernen und später mit fundiertem Wissen diesen Beruf auszuüben?"

Aufmerksam war Aysche den Ausführungen des Arztes gefolgt. Nun atmete sie tief.

„Ich weiß gar nicht, wie ich Ihnen für diesen Vorschlag danken soll, Herr Doktor – aber ich bin nur eine ungeschulte Frau. In Istanbul begann ich zu lernen – im Dorf meines gefallenen Mannes war das nicht mehr möglich –, und hier in Ankara hatte ich keine Zeit gehabt und keine Gelegenheit. Ich kann nur ein wenig lesen und fast gar nicht schreiben!"

„Das weiß ich", sagte der Arzt und blickte auf die Uhr, „lassen Sie das nur meine Sorge sein. Mir ging es darum zu erfahren, ob Sie wollen oder nicht!"

„Ja, ich will, o ja. Aber", zögernd blickte sie zum Arzt hinüber, der es sehr eilig zu haben schien, „aber ich bin arm, wir besitzen nichts. Ich könnte keine Schule bezahlen!"

„Die Schule kostet Sie nichts. Der Aufenthalt ist frei für Sie. Ihren Sohn, ja, den müßten Sie für diese Zeit irgendwo unterbringen. Na, wir wollen sehen. Die Sache wird erst im kommenden Jahr spruchreif."

Damit verabschiedete er Aysche.

Sehr bald nach diesem Gespräch wurde Aysche in die Innere Abteilung des Lazaretts versetzt. Jetzt wollte sie Mukbil natürlich bei sich haben. Doch gab es da eine Schwierigkeit. In dem Krankenhaus war so wenig Platz, daß in einem kleinen Raum nur drei Betten für Pflegepersonal zur Verfügung standen. Es war nicht daran zu denken, Mukbil ins Krankenhaus zu holen; ja – es wurde ihr sogar nahegelegt, sich ein Zimmer außerhalb des Hauses zu mieten.

Aysche wollte das alles mit Hilal besprechen, auch erfahren, was er davon halte, daß sie zur Schule ginge. Doch Hilal hatte viel zu tun. Täglich war er in Tschankaja, draußen im Hause Mustafa Kemals, oft auch mit anderen Herren unterwegs, um in Dörfern und kleinen Städten Vorträge zu halten über landwirtschaftliche Reformen, die Mustafa Kemal plante. Die Landbevölkerung konnte nur ganz langsam, mit viel Geduld, für die Neuerungen gewonnen werden, die ihr das weitere Leben erleichtern, sie der Welt näherbringen sollte.

Die Frau des Kupferschmiedes sorgte gut für Mukbil. Abends oder an Feiertagen konnte Aysche ihren Sohn besuchen, sofern sie Lust dazu hatte.

Mukbil war gewachsen. Seine Glieder waren schlank, braun und fest geworden, sein Gesicht dunkelhäutig. Lebhaft und wißbegierig blickten seine runden Augen in die Welt. Über der hohen Stirn aber lagen in zwei großen Wirbeln die weichen schwarzen Haare. Seit einiger Zeit ging Mukbil zur Schule. Hilal selbst hatte ihn beim Imam angemeldet, hatte ihm eine Tafel geschenkt und feierlich gesagt, daß er fleißig üben müsse, um seiner Annäh einmal Stütze und Hilfe zu sein. Mukbil hatte sehr ernst zugehört, hatte den Kopf zur Seite gelegt und fest versprochen, ein guter Schüler zu werden. Dann war er zum Bazar gesprungen, die Tafel seinen Freunden zu zeigen. Aufmerksam hatte der Kupferschmied die Tafel betrachtet. Dann hatte er Mukbil angesehen und ihm Allahs Segen gewünscht. Nach einer Weile hatte er ein Kettchen aus himmelblauen Perlen von den goldenen Glocken geknöpft und es dem Jungen um den Hals gelegt.

„Das Glückskettchen, bewahr es gut!“ hatte er dazu gesagt. „Ich schenke es dir zum Schulbeginn.“

Mukbil meinte zu träumen.

Noch nie hatte der Kupferschmied etwas verschenkt – aber es kam noch seltsamer. Denn plötzlich stand da der alte Mützenhändler und hielt einen leuchtendroten Fez in Händen. „Da du nun bald ein gelehrter Herr wirst, mußt du auch einen Fez haben!“ sagte er und lachte dröhnend. Damit setzte er Mukbil das leuchtendrote Ding auf die schwarzen Locken. „Das sollst du haben, Sohn der Gelehrsamkeit – und wenn du einst ein großer Herr bist, inschallah, vergiß den alten Mechmet vom Bazar in Ankara nicht!“ Wieder lachte er schallend.

Mukbil verneigte sich tief vor den beiden lustigen Alten. Zehntausend Segenswünsche sagte er ihnen und sprang dann selig mit Tafel, Kettchen und Fez hinauf zur Zitadelle. Am liebsten wäre er an diesem Abend mitsamt dem Fez ins Bett gestiegen. Dagegen erhob jedoch die Frau des Kupferschmiedes Einspruch. Das Kettchen um den Hals, die Tafel unter dem Kopfkissen, den Fez gleich einer Granatapfelblüte auf der Messingkugel am Fußende seines Eisenbettes, schlummerte er seinem ersten Schultag entgegen.

Und damit hatte die Zeit begonnen, da er täglich zum Hause des Imams lief, wo die kleine Medrese, die Schule, war. Mit einer Schar von Buben sprang er in den Hof, wusch mit denen, die barfuß waren wie er, die Füße am Brunnen, sah zu, wie die anderen ihre Holzschuhe in eigens dafür bestimmte Löcher in der Mauer stellten, und setzte sich gleich den anderen kreuzbeinig auf die für die Schüler ausgebreiteten Teppiche.

Er lernte Koransprüche auf arabisch, lernte Gebete, die er nicht verstand, und malte Häkchen, Schleifen und Punkte auf seine Tafel.

Wenn Aysche freihatte, holte sie ihn von der Schule ab. Dann gingen sie gemeinsam auf ihren Stein hinter der Moschee an den Ruinen des Augustustempels, und wenn sie es wußte, erklärte Aysche ihrem Sohn, was die Koransprüche bedeuteten. Gemeinsam malten sie die Schriftzeichen in den Sand, und Mukbils Wangen glühten fast so rot wie sein Fez, wenn er der Mutter erzählte, was sie alles gelernt hätten.

„Und wenn ich groß bin, Mutter, weißt du, was ich dann werde?“ fragte er eines Tages geheimnisvoll.

Es war im August. Die Luft schien in der brütenden Mittagshitze zu flimmern. Im Sande schlief eine Eidechse.

„Du?“ Aysche lächelte. „Nun, Offizier wahrscheinlich?“ rief sie mit einem kleinen Seufzer, denn sie wußte, wie groß Mukbils Bewunderung für jede Uniform war und daß es für ihn kaum ein größeres Glück gab, als auf Hilals Pferd zu reiten.

„Nein, nein, nein!“ sagte Mukbil verschmitzt und sprang auf einem Bein um den Stein, auf dem die Mutter saß – „Falsch geraten, falsch geraten!“

„Willst du Imam werden?“ forschte Aysche nun neugierig weiter. So weit in die Zukunft hatte sie noch nie gedacht.

„Nein, nein, nein!“ Mukbil sprang auf dem anderen Bein immer wieder die Runde um die Mutter, so daß es Aysche schwindlig zu werden drohte. Mit einem Ruck hatte sie ihn umschlungen, der Fez rollte in den Staub, und Mukbil lag über ihren Knien. Er strampelte mit Armen und Beinen, gluckste vor Lachen und angelte nach seinem Fez. Als er sich aus den Armen der Mutter befreit und vor sie hingehockt hatte, drehte er den Fez in seinen Händen. Ernst werdend schien er nachzudenken. Und als wäre er ein anderes Kind, so starrte Mukbil plötzlich in den Sand, als würde er etwas Furchterregendes sehen.

„Annäh“, sagte er, „ich möchte Arzt werden und alle Kranken heilen, damit es keine Verwundeten mehr gibt und du immer frei bist und nie mehr arbeiten mußt!“

Wie still es ringsum war. Die Luft war still, der Sand und alle Dinge waren still. Still waren auch Mutter und Sohn.

„Inschallah“, Aysches Stimme klang leise. Ohne der Stille etwas zu nehmen, fuhr sie gleich darauf fort: „Das ist ein guter Wunsch, Mukbil, doch mußt du bis dahin noch sehr viel lernen!“

Mukbils Gesicht aber glich fast einer Maske. Es war auch nicht mehr braun. Reglos und blaß starrte er in den Sand. Es schien ihm, als hätte der Sand vor seinen Augen sich gerötet. Soldaten lagen in der Hitze des Sommertages zwischen den Steinen, und ihr Blut rann in den Boden. Die Verwundeten!

Mukbil sah sich wieder einmal auf dem Ochsenkarren neben vielen Menschen liegen, sah Blut, sah schmerzverzerrte Gesichter, hörte lautes Stöhnen.

Es war ein Traum, ein Traum, der immer wiederkam, manchmal längere Zeit nicht mehr, doch dann mit erneuter Deutlichkeit. Mukbil erinnerte sich nicht, wann er diesen Traum zum erstenmal gesehen hatte. Die Zeit des Krieges hatte er längst vergessen. Er scheute sich auch, jemandem von diesem Traum zu erzählen, weil er so schrecklich war. Er konnte nicht darüber sprechen. Wahrscheinlich hätte er ihn nie in Worte zu kleiden vermocht. Doch war es gerade dieser Traum, der in ihm den Wunsch geweckt hatte, Arzt zu werden.

Mukbil seufzte wie unter einem Alpdruck. Hilflos kam er sich vor und winzig!

Er blickte auf und sah in das große, stille Gesicht seiner Mutter. Dann stand er auf, ging zu ihr und setzte sich auf ihren Schoß. Er schlang die Arme um ihren Hals und barg sein Gesicht an ihrer Schulter.

„Wenn ich Arzt werde, wird es keinen Verwundeten mehr geben!“ sagte er in ihren schwarzen Schleier hinein. Dann saßen sie beide ganz still – blickten in die Ferne, blinzelten in die Sonne – Keef! Sehr bald war Mukbils Gesicht wieder braun und kindlich.

„Damit es keine Verwundeten mehr gibt, müßten alle Menschen auf der Welt so gut und friedvoll werden, daß es keine Kriege mehr gibt“, ging die Mutter auf Mukbils Worte ein, als läge keine Zeit dazwischen. „Solange es Kriege gibt, wird es Verwundete geben, solange die Menschen unfreundlich und verständnislos zueinander sind, werden sie einander auch mit Worten verwunden. Du sollst ein guter Mensch werden, Mukbil, und dann ein guter Arzt!“

Mukbil seufzte, als hätte er die ganze Last der Welt zu tragen. „Vielleicht“, meinte er bald darauf, „vielleicht werde ich auch Fischer am Bosporus, wie es der Großvater war“, und eine Sehnsucht schwang in seiner Stimme, eine Sehnsucht nach einer Welt, die er nur aus den Erzählungen der Mutter kannte und die ihm doch Inbegriff allen Glückes war.

„Erzähl von Istanbul, Mutter!“

„Heute nicht, Mukbil, heute ist es spät geworden. Nächstens wieder“, sagte Aysche und stand auf. Sie zupfte den Tscharschaff zurecht, zog den Schleier vors Gesicht und nahm Mukbils Hand in die ihre. Über zerbrochene Säulen und Steine stiegen sie aus dem Tempel.

Als sie durch die Stadt gingen, bemerkte Aysche eine ungewohnte Erregung unter der Bevölkerung. Männer riefen und redeten durcheinander, sie gebärdeten sich höchst seltsam.

„Ja, Telegramme aus Kostamonu und Inebolu sind eingetroffen“, schrie ein Mann und fuchtelte mit den Armen in der Luft. „Ich weiß es genau, der Polizist wohnt in unserem Hause, er hat das Telegramm gesehen!“

„Es ist wahr, maschallah“, pflichtete ein anderer bei, „der Ghazi ist heute morgen in aller Frühe nach Kostamonu gefahren und hält dort große Reden. Er schafft den Fez ab, wir dürfen auch keinen Turban, keinen Kaftan mehr tragen!“

Immer mehr Menschen kamen dazu. „In Kostamonu hat der Ghazi einen Panamahut aus Europa auf dem Kopf gehabt!“

„Mit Rand?“

„Mit Rand!“

„Allah steh mir bei, solch eine Sünde!“

Ein Weißhaariger hockte sich vor Schreck am Wegrand nieder.

„Gar keine Sünde sei das, hätte der Ghazi gesagt, der Rand sei nur ein Schutz gegen die Sonne!“

„Der Ghazi will aus uns eine zivilisierte, den Europäern ebenbürtige Nation machen!“

„Ha, wer zweifelt daran, daß wir den Europäern gleichwertig sind?“

„In Inebolu sagte der Mustafa Kemal auch, es sei unwürdig, daß sich unsere Frauen und Töchter weiße und schwarze Tücher über den Kopf werfen, um Gesicht und Augen zu verhüllen. Unwürdig sei es auch, wenn unsere Frauen sich am Boden niederkauern, sobald ein fremder Mann vorübergeht. In Zukunft sollen sie sich benehmen, wie es Müttern und Töchtern einer großen Nation geziemt. Frei und offen! Das Verstecken sei lächerlich. Ja, so hätte der Ghazi gerufen!“

„Das heißt, daß unsere Mädchen und Frauen unverschleiert auf die Straße sollen!" empörte sich ein Imam.

„Genau das, inschallah!"

„Allah bewahre uns vor dieser Sünde!"

Die Aufregung unter der Bevölkerung wurde größer. „Wir mit europäischen Hüten, unsere Frauen unverschleiert! Kann man sich das vorstellen?"

Aysche hatte genug gehört. Fester nahm sie ihren Jungen an die Hand und ging weiter. Ihr schwindelte. So hatte Hilal doch recht gehabt, als er im Winter die Abschaffung des Schleiers erwähnte. Sie sollten moderne, europäische Menschen werden, sich bewegen, wie Fräulein Berg es tat.

Oh, das würde einen harten Kampf geben! Aysche glaubte nicht daran, daß es möglich sei, diese alten Sitten zu ändern. Die Frauen in den Dörfern sowie die Damen Istanbuls, sie waren gleichermaßen konservativ. Nein, Aysche konnte sich diese Reform nicht vorstellen.

Und doch ging es schneller, als sie gedacht hatte.

Wenige Monate nach diesem Augusttag wurde das Verbot, den Schleier zu tragen, allgemein bekanntgegeben. Ebenso das Verbot, den Fez zu tragen. Diejenigen, die sich sträubten, wurden dazu gezwungen. Es regnete Prügel und Gefängnisstrafen. Ja, einige, die sich den Reformen hartnäckig widersetzten, wurden geköpft! Mustafa Kemal wollte seine neue Türkei zum europäischen Staat umwandeln, und jedes Mittel war ihm recht dazu.

Mukbil konnte es nicht begreifen, daß die Mutter seinen kleinen Fez versteckte und ihm eine graue Wollmütze kaufte. Er sträubte sich, sie aufzusetzen, weinte und stampfte mit den Füßen. Aber wie trostlos war ihm erst zumute, als am Stand des alten Fezhändlers die leuchtende Herrlichkeit verschwunden war. Statt dessen lagen dumme Hüte und Mützen in grauen und braunen Farben auf den Brettern.

Traurig ging Mukbil zum Glockenmann, holte das Schemelchen unter dem Regal hervor, setzte sich hin und stützte den Kopf in beide Hände. Verständnislos blickte er zum Stand hinüber. Das sollte nun einer begreifen! Als die Budike da drüben geleuchtet hatte wie ein hellrotes Mohnfeld, war kaum einer der Männer stehengeblieben. Jetzt, da diese langweiligen Gebilde überall herumlagen, drängten sich die Leute vor dem Stand, um eine Kopfbedeckung zu erstehen – Nein, Mukbil fand sich nicht mehr zurecht in der Welt. Er blickte auf den Messinghändler, auch dieser hatte eine dieser dummen Mützen auf dem Kopf – grau – mit einem Schirm daran. Aber er hatte sie andersherum aufgesetzt als die jungen Männer, bei ihm saß der Schirm im Nacken, nicht über der Stirn –

„Siehst du, Mukbil, damit ich den Himmel sehen und Allah eine klare Stirn zeigen kann, ich brauche mein Gesicht nicht zu verstecken! Im übrigen stört der Rand auch beim Beten. Wie soll man den Boden mit der Stirn berühren, wenn der Schirm ins Gesicht ragt?“

Mukbil stimmte ihm zu und sagte, daß das sehr klug von ihm sei. Dann blickte er auf die blauen Perlen, die über den Messingglocken leuchteten, und bat: „Die aber bleiben hier, immer, nicht wahr, Achmet?“

„Die bleiben da, Mukbil, inschallah! Die bleiben da, immer!“

Auch Aysche hatte es Überwindung gekostet, den Schleier ganz abzulegen. Im Winter hatte sie noch ein Wolltuch um Kopf und Schultern geschlagen, wenn sie hinauslief; da konnte sie ja ein Ende über den Mund ziehen, wenn ein Fremder auf der Straße sie gar zu auffällig ansah. Aber jetzt, im Frühling, konnte sie sich höchstens ein buntes Tüchlein um das Haar binden.

Heute war Mukbil auf dem Schulweg bei ihr vorbeigesprungen. „Annäh, Onkel Hilal muß fort, du sollst am Abend zu uns kommen, kannst du, Annäh?"

„Onkel Hilal muß fort? Wohin denn, Mukbil?"

„Ich weiß nicht, wohin. Ich glaube, es gibt wieder Krieg!" – Und Mukbils Augen glühten dunkel vor Furcht.

„Dummes Zeug, Scheker-Mukbil, mein kleiner Hasenjunge, es gibt nie mehr Krieg!" Die Mutter beugte sich über ihren Sohn und gab ihm einen Kuß.

„Ich komme, sobald die Nachtschwester da ist!"

Mukbil hüpfte davon. Aysche ging nachdenklich an ihre Arbeit. Was sollten Mukbils Worte bedeuten? Wohin war Hilal versetzt? Am Abend zog sie ihr hellgrünes Kostüm an, das sie sich in der vorigen Woche gekauft hatte. Sie band das bunte Tüchlein übers Haar und trat vor den Spiegel. Prüfend blickte sie hinein. Und prüfend sah ihr das junge Gesicht aus dem Spiegel entgegen. Übergroß glänzten die goldbraunen Augen. Fest spannte sich die elfenbeinfarbene Haut über ihre Backenknochen. Die Wangen waren eingefallen. Rundlich und rosig lieben die türkischen Männer ihre Frauen, überlegte Aysche. Nein, sie war keines von diesen begehrenswerten Geschöpfen! Aber Ali hatte sie geliebt, wie sie war.

Ach, Ali!

Und wieder fand Aysche sich dabei, das Traumbild ihrer Jugendzeit Ali zu nennen!

Etwas wehmütig lächelte sie ihrem Spiegelbild zu, fand, daß sie schöne Zähne hatte und daß ihr Mund dem ihres Sohnes glich.

„Mukbil, kleiner Hasenjunge!" sagte sie vor sich hin, zupfte ihr Kostüm zurecht und ging die Treppe hinunter. Als sie auf die Straße trat, meinte sie, daß alle Leute sich nach ihr umblicken müßten. Es war ihr recht ungewohnt zumute in diesem neuen, fußfreien Kostüm. Sie fand es hübsch, und doch schien es ihr, als sei etwas Unwiederbringliches verloren, etwas, was sie geliebt hatte.

Aysche ging nicht durch den Bazar, sondern schlug den Stadtweg ein. Sie ging durch das Labyrinth enger Gassen und stieg dann zur Zitadelle hinauf. Einen Augenblick verweilte sie auf halber Höhe der Burg, dachte an den Wintertag, da Hilal ihr hier den Weg zur Balustrade gebahnt hatte, und lief über den rechteckigen Platz. An der Mauer blieb sie stehen und ließ ihre Blicke über den gegenüberliegenden Hügel schweifen. Sie sah einen grünen Schimmer an den Hängen und dachte wehmütig daran, wie herrlich es wäre, wenn diese zarte Andeutung sich zu saftigem Grün entfalten könnte. Doch in wenigen Wochen schon würden die vorwitzigen Gräschen verdorrt sein und alles, was eben noch frisch war, in brütender Hitze dürsten.

Aysche setzte sich auf den Mauerrand.

Hilal hatte erzählt, daß die Steppe gar nicht so eintönig sei, wie sie von hier aus wirke. Er hatte gesagt, daß sie herrlich sei für weite Ritte und voller Abwechslung. Von einem riesigen Nußbaum hatte er erzählt, der plötzlich in einer Gebirgsschlucht stände, von einem winzigen grünen Tal inmitten kahler Berge, in dem ein Bächlein riesle, Weiden und blühende Kirschbäume an seinen Ufern. Einmal hatte Hilal sogar einen See gefunden, grau und glatt, als sei er gefroren.

Aysche sehnte sich danach, diesen See zu sehen oder den Bach mit den Weiden und Kirschbäumen. Der winzige Fluß dort unten am Fuße des gegenüberliegenden Hügels würde bald ausgetrocknet sein. Oh, wenn Ankara doch ein Stückchen vom Bosporus hätte! Ayschés Gedanken wanderten nach Istanbul.

Ob ihre Magnolie schon Knospen trüge? Wie es im Garten des Paschas aussähe? Sehnsucht nach den Stätten ihrer Kindheit überkam Aysche, und schnell wandte sie sich zum Gehen. Da fiel ihr Blick auf etliche Gerüste unterhalb der Terrasse.

„Neue Gebäude!?" überlegte sie. Sie hatte schon davon gehört, daß Mustafa Kemal Ankara zur modernen Großstadt ausbauen wollte! Was dieser Mensch alles plante!

Aysche durchschritt den Torbogen der Zitadelle und stieg die ausgetretenen Stufen hinauf.

Oben kamen ihr ganz außer Atem mit glühendem Gesicht Hilal und Mukbil entgegen.

„Annäh, Annäh, Onkel Hilal hat mir Reitunterricht gegeben, ich bin geritten, draußen auf den Flächen, wo wir unsere Drachen steigen lassen: Stehend im Galopp!" Mukbils gertenschlanker, sehniger Körper streckte sich.

„Maschallah, geritten bist du! Oh, Hilal, ich danke dir, du bist so gut zu Mukbil!"

Aysche nahm ihren Jungen an der Hand und blickte dankbar zu dem Mann auf, der neben ihr ging.

„Ach was, gut", wehrte Hilal. „Es tut mir leid, daß ich von Ankara weg muß. Ich weiß nicht, wie lange ich fortbleiben werde!"

„Wohin, Hilal?"

„In den Osten. In der letzten Zeit machen die Aufstände der Kurden uns wieder Sorge. Sie glauben ihre Religion durch die europäisierenden Maßnahmen Kemal Paschas gefährdet und wollen für sie kämpfen!"

„Also ist das Blutvergießen noch immer nicht beendet?" Aysche schauderte.

„Nein, es scheint dort recht hart herzugehen."

„Warum bangen sie um ihre Religion, sie sind doch Mohammedaner wie wir? Ihr wollt doch keinem die Religion nehmen?"

Hilal blickte zu Boden und schwieg.

Erschrocken sah Aysche ihn an.

War Hilal ungläubig?

Als sie dann oben um den runden Tisch saßen, die Frau des Kupferschmiedes den Kaffee brachte und alle Fragen der Höflichkeit nach dem Wohlbefinden der Familien gestellt waren, wandte sich Aysche wieder Hilal zu.

„Ist es unschicklich, Hilal, wenn ich dich noch einmal danach frage, ob Mustafa Kemal uns den Islam rauben will, um eine moderne Zivilisation einzuführen?"

„Unsinn, wie kommst du darauf?“ Hilal war sichtlich ungeduldig.

Aysche fürchtete sich ein wenig vor ihm. Sollte sie schweigen, wie es einer Frau zukam? Dann würde es still und friedvoll werden. Aber er selbst hatte gesagt, das türkische Volk solle denken lernen, und sie wollte Klarheit.

„Weil die Kurden glauben, ihre Religion verteidigen zu müssen“, sagte sie leise.

„Ach Aysche, du stellst schwierige Fragen!“ Hilals Stirn zog sich in Falten. „Du weißt, daß unsere Religion durchsetzt ist von Aberglauben. Viele unserer Imams sind keine gelehrten Theologen, sondern Bauernjungen, die nicht einmal schreiben können. Sie sehen den Islam angegriffen, wenn wir die Religion von ihrem Aberglauben reinigen wollen. Deshalb rufen auch einige Imams zum Kampf gegen den Ghazi auf, in dem sie ein Werkzeug Scheitans sehen. Und die Törichten laufen mit in den Kampf und ihr Verderben! So jetzt die Kurden!“

Aysche hatte aufmerksam zugehört.

„Ist der Ghazi fromm?“ fragte sie unvermutet.

„Ich weiß es nicht“, antwortete Hilal ausweichend, „er will das Beste für unser Volk, er will, daß es in der Welt anerkannt dasteht, gleich den zivilisierten Völkern Europas. Will, daß die Wissenschaften in unserem Lande gefördert werden, er will aus unserem abergläubischen, törichten Volk ein denkendes machen!“

„Aber nicht ohne Allahs Segen!“

„Hätte er unser Volk wohl befreien können, wenn Allahs Segen nicht auf ihm und uns geruht hätte?“ antwortete Hilal ärgerlich mit einer Gegenfrage.

„Du hast recht, Hilal, und doch kommt er mir oft hart und grausam vor!“

„Das muß er wohl sein, um zu erreichen, was er für sein Volk als Ziel gesetzt hat! Er muß alles zertreten, was sich ihm entgegenstellt. Er konnte den Aufstand der Armenier genausowenig dulden wie die Verräter in Smyrna. Wenn es auch grausam war, sie mußten vernichtet werden! Und wenn es auch hart ist, wir müssen gegen die Kurden!“

Aysche bedeckte das Gesicht mit beiden Händen.

„Wir pflegen und heilen, und ihr bringt immer neues Leiden!“

„Du denkst mit dem Herzen, Aysche. Natürlich pflegt ihr und heilt, doch wenn ein Patient Geschwüre hat, schneidet ihr sie mit dem Messer heraus. Das ist grausam, aber der Körper kann erst heilen, wenn er sauber ist. Atatürk will unser Volk auch von Geschwüren säubern, deshalb muß ich morgen wieder in den Kampf!“

„Die anderen aber sind auch Menschen und Allahs Kinder!“

Aysche blickte ihn sehr nachdenklich an. „Ich verstehe vieles nicht! Ich habe selbst mitgekämpft, indem ich Munition trug. Ich bin mit Mukbil und den anderen Frauen durch die Wüste gegangen, Tag für Tag, wir schliefen unter den Sternen, und Allah war uns nah. Dann kam ich nach Ankara. Ich habe viele sterben sehen, Hilal, und sie waren Allah nah. Aber ich weiß nicht, ob alle diese Reformen uns Allah näherbringen!“

„Unsinn, Aysche. Allah, darauf kommt es jetzt nicht an! Jetzt kommt es darauf an, unser Volk dem zivilisierten Abendland gleichzustellen. Unser Volk ist so dumm, der

Ghazi aber will Universitäten errichten. Er will Schulen bauen, in denen Wissen vermittelt werden soll, verstehst du? Nicht dieses geisttötende Auswendiglernen von Versen aus dem Koran. Er will, daß das ganze Volk lesen und schreiben lernt! In Lehrerseminaren sollen junge Menschen geschult werden, damit sie in die Dörfer gehen können, um dort die Bauern und deren Kinder zu unterrichten. Den Fortschritt will er, wie er in Europa ist!"

„Warum sollen wir Europa alles nachmachen?" fragte Aysche. „Mir ist nicht wohl dabei! Sind die Menschen dort besser oder glücklicher?"

„Nein", wieder wurde Hilal ungeduldig, „aber sie haben Fahrzeuge, mit denen man sich schneller fortbewegen kann, Maschinen, mit denen man schneller arbeiten kann, Methoden, mit denen man schneller reich wird!"

„Ist es denn gut, schneller zu arbeiten, schneller zu reisen und schneller zu leben?" fragte Aysche erstaunt und dachte an das langsame Leben ihres Dorfes.

„Die Bauern werden mit Maschinen ihr Land bearbeiten, sie werden es leichter haben, ihre Wege werden eben und gut befahrbar sein, sie werden schneller in die Städte kommen, um ihre Erzeugnisse zu verkaufen. Wir werden Fabriken bauen, unser Land wird reich werden!"

Aysche dachte an die Mutter, die sich ins Dorf zurückgesehnt hatte, obgleich Istanbul reicher und bunter war. Sie dachte daran, wie sie sich selbst nach ihrem armseligen Raum mit der offenen Feuerstelle gesehnt hatte, weil er ihr zur Heimat geworden war, und fragte: „Wenn ihr den Fortschritt aus den fremden Ländern in unsere Heimat bringt, kann unsere Heimat da nicht zur Fremde werden?"

Erstaunt sah Hilal die junge Frau an, die so schlicht neben ihm saß. Beide Arme hatte sie behütend um ihren kleinen Sohn gelegt, den sie auf dem Schoß hielt und der ihn ansah.

„Vielleicht", sagte er plötzlich, und seine Stimme klang ganz anders als vorher, „vielleicht soll die Frau nicht nur die Hüterin des Hauses sein, sondern auch Hüterin dessen, was uns die Heimat bedeutet."

„Dann muß sie die Hüterin der Männer und Söhne und ihrer Seelen sein", sagte Aysche sehr schnell, ganz ohne zu überlegen, „damit diese über ihren Maschinen die Moscheen nicht vergessen", fügte sie etwas stockend hinzu. „Ich meine, über ihrem Denken und Kämpfen für das leibliche Wohl ihres Volkes die Seele ihres Volkes nicht vergessen!"

„Ja, die Seele", Hilal merkte plötzlich, daß er in den letzten Jahren nie mehr über die Seele gesprochen hatte. Er merkte plötzlich, daß er das Rufen des Muezzins überhört hatte, weil er Wichtigeres tun mußte. Er merkte plötzlich, wie sehr er vorwärtsgestürmt war, daß er wohl scharf geplant und überlegt und immer an die Zukunft seines Volkes gedacht hatte, doch die Seele des Volkes dabei keine Rolle gespielt hatte! Aysche dagegen, ein ungebildetes Mädchen, dachte mit dem Herzen und sagte Worte, die fast weise waren.

Hilal sah, wie sie Mukbils Hände in die ihren nahm, ihn küßte, wie beide lachten, als sei das ganze Gespräch leicht gewesen wie ein Scherz.

„Ich will nicht mehr ganz ohne Herz planen und entscheiden", sagte er ganz unvermittelt in das Spielen von

Mutter und Sohn, „doch denk du auch nicht mit dem Herzen allein – ein wenig braucht man auch den Kopf dazu!"

Aysche horchte auf und wurde verlegen.

„Du bist klug, Hilal!" sagte sie etwas beschämt und war ernst, als sie jetzt aufblickte. „Ich hätte gern mehr gelernt! Im Dorf glaubte ich, ich sei gescheit. Hier merke ich erst, wie unwissend ich bin!"

„Du bist gut, Aysche, und das ist mehr!"

Aysche wurde ganz unsicher, setzte Mukbil auf den Boden und sagte, er solle seine Tafel holen, um etwas zu zeichnen.

Mukbil sprang zur Schultasche, und Aysche wandte sich wieder Hilal zu.

„Schon vor Wochen fragte ich dich, ob ich zur Schwesternschule gehen soll. Was kannst du mir raten?"

Einen Augenblick zögerte Hilal, am liebsten hätte er sie gebeten, nicht zur Schule zu gehen, sondern bei ihm zu bleiben – als Ruhepunkt in seinem rastlosen Dasein – als Herz seiner Entscheidungen, doch dann sagte er, als hätte er nie ähnliche Gedanken gehabt: „Ja, Aysche, geh zur Schule, melde dich an, gleich morgen. Ich habe Saffet damals geschrieben, als du das erstemal davon sprachst. Sie wird froh sein, Mukbil solange zu sich nehmen zu können!"

„Nach Istanbul? Mukbil nach Istanbul? Nein, Hilal, die Trennung ist zu groß! Kann er nicht bei dir bleiben?" fügte sie nach einer Weile zögernd hinzu.

„Nein, Aysche, das geht nicht. Ich weiß nicht, wann und ob ich zurückkomme. Deine Schule beginnt in einem Jahr.

Wenn ich gesund wiederkehre, bringe ich Mukbil vorher nach Istanbul. Falls ich nicht dasein sollte, schreibe Saffet, wann sie ihn in Haidarpascha abholen soll. Mukbil ist ein großer Junge. Er kann die Fahrt gut allein machen, wenn du den Schaffner bittest, bis Istanbul auf ihn zu achten. Bis dahin, Aysche, wollte ich dir anbieten, mein Zimmer zu beziehen, bis ich wiederkomme. Dann hast du ein Heim und kannst auch bei deinem Jungen sein!“

Ein Jahr, dachte Aysche, das ist lange!

Wie sorgsam Hilal alles überlegt hatte!

„Das ist ein gutes Anerbieten. Ich weiß gar nicht, wie ich dir danken soll. Du handelst nach dem Koran: Seid gut zu Witwen und Waisen, Allah wird es dir lohnen!“

„Unsinn, ich handle wie ein Bruder. Und du, Aysche, bist eine echte Türkin, tapfer und klug. Kennst du die türkische Geschichte? Weißt du, wie die türkischen Frauen lebten, als die ersten Stämme aus der asiatischen Steppe auf der Flucht vor Dschingis-Khan in unser Land zogen?“

Interessiert hob Mukbil den Kopf von der Tafel.

Aysches Wangen begannen zu glühen. „Ja“, sagte sie hastig, „die alte Hanim Efendi hat uns die Geschichte der Türken erzählt, damals in Istanbul, als ich noch ein Mädchen war. Saffet und ich saßen auf dem Stein vor der Marmorbank, und sie erzählte. Wundervoll erzählte sie. Ich sah die Turkstämme vor uns, sah sie über die Steppen und Wüsten ziehen, sah sie kämpfen, sah sie ihre weißen und roten Zelte aufschlagen, sah sie ihre Feste feiern, sah ihre schönen, tapferen Frauen in bunten Trachten neben ihnen auf wiehernden Pferden galoppieren. – Herrlich erzählte sie!“

Aufmerksam hörte Mukbil zu.

„Und von Timur-Leng, der den Turm hier auf unserer Zitadelle erbaute und Beyasid gefangennahm", forschte Hilal weiter, „erzählte sie von diesem auch?"

„Ja", Aysches Wangen glühten, „er, Timur-Leng, der Nachkomme Dschingis-Khans, der Siegreiche und Grausame, brach ein, als unsere Turkstämme schon ansässig waren. Hier in Anatolien besiegte er Beyasid, unseren Sultan, sperrte ihn in einen Käfig und schleppte ihn so hier hinauf zur Zitadelle."

„Und dann?" fragte Mukbil atemlos. „Und was geschah dann?"

„Dann? Dann stürzte sich Beyasid in ein Schwert, weil er diese Schmach nicht zu ertragen vermochte. Timur-Leng aber zog wieder ab mit seinen Horden, und die Söhne Beyasids übernahmen die Herrschaft!" Und Hilal erzählte von diesem grausamen Kapitel der türkischen Geschichte.

Das rötliche Licht der untergehenden Sonne fiel durch das Zimmer, und Mukbil schien es, als würden die Dinge im Zimmer rot vom vergossenen Blut!

Hilal erzählte weiter. Mukbil aber wurde fahl – wieder einmal kam er zur Mutter, schlang die Arme um ihren Hals und barg das Gesicht an ihrer Schulter.

„Scheker-Mukbil, du mein Hasenjunge", lachte diese, „ich denke, du bist ein Held? Stehend kannst du reiten – im Galopp? –"

„Das kann ich."

Trotzig warf Mukbil den Kopf in den Nacken und blickte zu Hilal hinüber. „Onkel Hilal, du hast gesagt, ich sei tapfer", rief er bestimmt –, „das hast du gesagt, Onkel Hilal, nicht wahr?“ Fast herausfordernd barsch klang seine Stimme.

„Das ist er, Aysche“, bestätigte der Mann, „furchtlos galoppiert er durch die Steppe – auch stehend –, doch keinem Lebewesen kann er etwas antun“, fügte er lächelnd hinzu. „Ich wollte mit ihm zur Jagd, da sagte er, es seien Allahs Tiere!“ –

Aysche küßte ihren Sohn.

„Er will Arzt werden, Hilal, und heilen, ich verstehe ihn!“

Und sie legte die Arme fest um ihn und dankte Allah für dieses Kind.

Mukbil aber machte sich frei und lief schnell ans Fenster –

Hilal war etwas enttäuscht: „Ich glaubte, du würdest ein Krieger, ein türkischer Held, ein Kämpfer Atatürks!“

Die langgezogenen Rufe der Muezzins klangen jetzt von den Moscheen zu ihnen herüber.

„Allahu ekber – Allah ist allmächtig“, eine Stimme schwoll an, klang aus, wurde aufgefangen von der anderen – übernommen von einer dritten – auf und ab – weit – lang ausstrahlend – der Ruf zu Gott! –

Aysche stand auf.

„Es ist spät, Hilal, die Sonne ist untergegangen, und du weißt, nach dem Abendruf des Muezzins muß ich ins Lazarett.“ –

Hilal begleitete Aysche.

Sie stiegen die Stufen der Zitadelle hinab und blieben auf der Terrasse stehen. Groß, weit, ja unendlich lag ihr Land vor ihnen, fast unwirklich in der mondhellen Bläue dieses

Frühlingsabends. Alles schien in blausilbernes Licht getaucht.

Die Baugerüste zu ihren Füßen, die den Beginn einer neuen Epoche ankündeten, standen wie Schatten im schleierhaften Schimmer. Aysche meinte hindurchgreifen, hindurchsehen, hindurchgehen zu können!

Die Menschen planen und bauen, Allah aber braucht nur einen Mondstrahl auf die Erde zu breiten, und schon wird Gebautes zu Schemen –

Was ist wirklich?

Was unwirklich?

Aysche und Hilal schwiegen. Alles war gesagt. Und die große Ruhe der Nacht legte sich auch in ihre Herzen.

Ayisches Denken verließ diese Erde und tauchte unter in paradiesische Gefilde, von denen der Koran sagt, „Stille sei in ihnen und fern jegliches Geschwätz".

Ein Jahr war seither vergangen. Aysche stand, ihren Sohn an der Hand, auf dem Bahnhof in Ankara.

Mukbil war sehr aufgeregt, und Aysche konnte es immer noch nicht fassen, daß ihr Junge allein nach Istanbul reisen sollte. Immer fester hielt sie seine Hand, immer schwerer wurde ihr ums Herz, obgleich sie genau wußte, daß dies das beste für Mukbil war. Sie war Saffet von Herzen dankbar, daß sie ihn gemeinsam mit ihrer kleinen Tochter im Yali erziehen lassen wollte. Zuerst sollte er bei Fräulein Berg und dem Imam lernen, der schon Saffet und ihre Brüder unterrichtet hatte. Später sollte er aufs Gymnasium kommen.

Mukbil fühlte sich sehr ungemütlich in der neuen blauen Hose und dem schneeweißen Hemd. Beides durfte nicht schmutzig werden bis Istanbul! So hatte seine Annäh es ihm eingeprägt. Die neue Jacke war ungewohnt steif, und die harten schwarzen Schuhe drückten ihn. Aber Annäh hatte in den letzten Tagen immer wieder betont, daß er ihr Ehre machen müsse in Istanbul bei ihren Freunden und Verwandten. Ordentlich müsse er aussehen und brav und gut und fleißig sein. Mukbil seufzte. Wenn Brav-, Gut- und Fleißigsein genauso schwer war wie ordentlich aussehen, dann ging er einem harten Dasein entgegen!

Doch da stand schon der Zug vor ihnen –

„Mukbil, Dschanoum, geh nicht ans offene Fenster, wenn der Zug fährt. Öffne keine Tür! Hier hast du dein

Essen." Aysche reichte ihm das Bündelchen, das sie in der Hand hielt. „Dein Kamm steckt in der rechten Brusttasche deiner Jacke. Kämm dich, bevor du in Istanbul aussteigst, Liebling, und grüße alle von mir. Und sag Tante Saffet zehntausendmal Dank von mir!"

Wie oft hatte die Annäh dies nicht schon gesagt!

Mukbil betrachtete die schnaufende Lokomotive. Er hatte etwas Angst, in diesen Zug zu steigen und ohne seine Ännäh in die weite Welt zu fahren. Aber er zeigte es nicht. Wollte er nicht ein Held sein? Da kam der Schaffner, und Aysche bat ihn sehr dringend, auf ihren Sohn zu achten, bis er in Istanbul von einer jungen Hanim Efendi abgeholt würde.

Der Schaffner legte Mukbil die Hand auf die Schulter, sagte, daß er das gerne täte und daß er auch zwei Buben daheim hätte, die so groß seien wie Mukbil. Aysche führte ihren Sohn in ein Abteil, in dem schon eine Frau mit zwei kleinen Mädchen saß. Mukbil bekam einen Platz am Fenster angewiesen, und Aysche hob den braunen Karton mit seinen Sachen ins Gepäcknetz. Der Karton war ein schönes Gepäckstück. Mukbil war sehr stolz darauf, denn er wurde von einem echten Lederriemen zusammengehalten.

„Mukbil, lern fleißig, damit du mir bald schreiben kannst. Schekerim, du weißt, Tante Saffet soll mir gleich eine Postkarte schicken, wenn du angekommen bist!"

Auch das hatte die Annäh schon so oft gesagt! Warum sie heute nur so viel sprach? Erstaunt sah Mukbil seine Mutter an. Er war doch schon ein großer Junge, bald acht Jahre! Doch als er in die guten goldenen Augen seiner Annäh blickte, meinte er, sich nie von ihr trennen zu können. Und er, der ein Held sein wollte, begann mit den Tränen zu kämpfen.

„Achte auf den Schmuck an deinem Halse, Mukbil", sagte Aysche und versuchte, gar nicht an die Trennung zu denken. „Die Zeit wird schnell vergehen, und eines Tages komme ich und hole dich!"

Der Zug ruckte –

Der Schaffner kam und sagte, daß Aysche jetzt aussteigen müsse.

„Allah ismarladik! Bleib gesund! Gott schütze dich!" Aysche küßte ihren Jungen, und Mukbil versteckte seine Tränen.

Dann ging alles so schnell. Der Zug rangierte – Aysche sprang auf den Bahnsteig. Mukbil stand am Fenster. Alles winkte. Und Mukbil fuhr allein seinem großen Abenteuer entgegen.

„Ich bin ein Held, ich will nicht weinen", sagte er sich. Dabei rollten große Tränen über seine Wangen.

„Annäh, Annäh, ich will bei dir bleiben! Ich will nicht nach Istanbul, ich will heim zu dir. Ich will warten, bis Onkel Hilal wieder da ist!"

Doch unaufhaltsam rollte der Zug weiter. „Achmet, ich will bei dir auf dem Hocker sitzen und Geschichten von Nasreddin hören", jammerte es in Mukbil. – Er schämte sich seiner Tränen. Er preßte das Gesicht fest an die Scheibe, damit keiner seinen Kummer sähe – doch, „Annäh, Annäh", schrie es immer wieder in ihm.

Ankara wurde kleiner und kleiner, weite Ebenen, Sand, Felsen, ein Flußbett, ab und zu ein Baum flogen an Mukbils Augen vorüber.

„O Annäh!“

Mukbil rührte sich nicht vom Fenster. Auch die gespreizten Hände drückte er gegen die staubigen Scheiben. Ab und zu wischte er sich mit den Hemdsärmeln die Tränen vom Gesicht. – Wenn nur keiner merken würde, daß er weinte! Wie müßte er sich da schämen, besonders vor den kleinen Mädchen hinter ihm, die lustig herumhopsten und unaufhörlich schwatzten.

„Annäh, Annäh!“

Der Schaffner ging durch den Wagen und stellte sich zu ihm. Er strich ihm über die lustigen Wirbel und begann, ihm von Istanbul zu erzählen, der Stadt, die der Traum aller Türken sei, und wie glücklich Mukbil sein müsse, schon als kleiner Junge in diese herrliche Stadt zu dürfen.

Mukbil hörte aufmerksam zu und begann sich wieder auf alles Neue zu freuen. Ja, als die Frau nun einen Korb öffnete und ihren Kindern zu essen gab, meinte auch Mukbil, Hunger zu haben. Er zog sein Bündel auf die Knie, öffnete den Knoten und fischte sämtliche Oliven aus dem Schälchen, das die Mutter ihm eingepackt hatte.

Unterwegs stiegen noch andere Leute zu, es wurde heiß und eng im Abteil. Mukbil drückte sich in seine Ecke und betrachtete neugierig die Menschen. Sie waren durchweg freundlich und lustig, rauchten ihre Pfeifen, saßen und schwatzten durcheinander; es roch nach Knoblauch, Rauch und Schweiß. Die Gerüche erinnerten Mukbil an das Zimmer von Achmet, und er fühlte sich nicht mehr so ganz verlassen.

Der Zug hielt, fuhr an. Er schwebte über schwindelnde Abgründe und ratterte über weite Flächen. – Die Frau mit den Mädchen war ausgestiegen. Ein alter Mann ihm gegenüber schlief und schnarchte laut.

Mukbil hatte keine Ahnung, wie lange er schon unterwegs war. Es schien ihm, als wollte diese Fahrt kein Ende nehmen. Alle Glieder taten ihm weh. Er reckte sich und begann sein Brot zu essen. Der alte Mann erwachte und lächelte ihm freundlich zu. Er öffnete eine Blechdose und löste ein großes Stück süßes, klebriges Helva aus der runden Masse. Er reichte es Mukbil, und das Kind strahlte – köstlich schmeckte diese ölige Speise! Sein Mund klebte, selbst im Haar hatte sich ein wenig Helva festgesetzt, obgleich er jeden Finger einzeln abgeleckt hatte. Ohne daß er sich dessen bewußt wurde, nahm Mukbil abermals seinen Hemdsärmel zu Hilfe. Dann zog er seine Beine hoch und legte den Kopf auf die Arme. Er war müde geworden. Sein Kopf rollte zur Seite, und bald war der Kleine fest eingeschlafen! Er merkte nicht, daß der Alte ihm die neue Jacke zusammengerollt unter den Kopf schob, merkte nicht, daß die Leute aus- und einstiegen, merkte nicht, daß die Landschaft freundlicher, lieblicher wurde.

Als er erwachte und aus dem Fenster sah, lag da ein Wasser im Morgensonnenschein, so groß, wie Mukbil noch keines gesehen hatte. Es glitzerte hell, und an seinen Ufern standen schlanke Bäume, eingehüllt in Schleier von zartestem Grün. Mit einem Ausruf des Entzückens sprang Mukbil auf, doch gleich darauf setzte er sich mit leisem „Au!“. Seine Füße waren geschwollen und schmerzten in den harten neuen Schuhen.

Besorgt hatte der Alte Mukbil beobachtet. Nun lachte er. „Nicht wahr, du bist gewohnt, barfuß zu laufen, hab’ ich recht!?“ Mukbil nickte kläglich. Da riet ihm der Alte, die Schuhe auszuziehen, und glücklich befolgte Mukbil diesen Rat. Er band die Schuhe ins rote Tuch, in dem sein Essen verpackt gewesen war, und stand dann vergnügt am Fenster.

So viel Neues!

Wasser und Bäume – ein Blühen unter strahlendblauem Himmel. Häuser mit Gärten davor. Und wieder Wasser.

„Das ist das Marmarameer“, sagte der alte Mann, „und sieh mal, dort hinten, da kann man die Prinzeninseln sehen!“

Vor lauter Schauen und Staunen hatte Mukbil gar nicht mehr daran gedacht, daß er ordentlich aussehen sollte, wenn er in Istanbul den Zug verließ, er dachte nicht daran, daß in der rechten Brusttasche seiner Jacke ein Kamm steckte, mit dem er sich vor Haidarpascha durchs Haar fahren sollte.

Und so kam es, daß ein kleiner Junge, zerzaust und barfuß, mit schmutzigem Hemd und zerknitterter Jacke, die Spuren vom Staub der Fenster, von Tränen und süßem Helva im Gesicht und an den Händen, vor dem Schaffner stand, als der ihn aus dem Abteil holte, um mit ihm die junge Hanim Efendi zu suchen.

„Wie siehst du denn aus?“ fragte der Schaffner wohl erschrocken. Doch da es keine Zeit zu verlieren galt, holte er dem kleinen Mann den Karton aus dem Netz, drückte ihm das Bündel mit den Schuhen in die Hand und hob ihn aus dem Zug – mitten in das Gewimmel einsteigender und wartender Menschen auf den Bahnsteig von Haidarpascha.

Weiß und zierlich stand das Yali des Efendi Pascha im Frühlingsblühen des alten Gartens.

Auf den ersten Blick konnte man meinen, daß sich hier nichts verändert hätte im Laufe der letzten zehn Jahre. Der Judasbaum leuchtete rot gegen das Blau des Himmels, zart hingen die goldenen Dolden der Mimosen an den Sträuchern, und die alten Kirschbäume schienen übergossen von Blütenschnee. Die dunklen Zypressen ragten noch höher in den Himmel, und im frischen Rasen blühten bunt die Tulpen.

Vielleicht wirkte der Garten nicht ganz so gepflegt wie früher. Auch die Farbe am Yali war gesprungen. An einigen Stellen war sie abgeblättert und ließ gleich silbergrauer Seide das Holz des Hauses hindurchschimmern.

Saffet, die junge Herrin, verließ ihre Gemächer, schritt leichtfüßig die geschwungene Treppe hinunter, durchquerte die Halle und stieg auf der gegenüberliegenden Seite die Stufen wieder hinauf. Prüfend überblickte sie dabei die Räume. Saffet erinnerte stark an ihre Großmutter; sicher und überlegen stand sie ihrem Hause vor, und es gab niemanden, der ihr nicht den nötigen Respekt gezollt hätte.

Nun öffnete sie die Tür zu ihrem Mädchenzimmer und blieb lächelnd stehen. Auf einem Tischchen mit goldverzierten Beinen saß im Kreuzsitz vor dem hohen Barockspiegel ihre sechsjährige Tochter. Sie trug ein gelbes Spitzenkleidchen und blickte prüfend in den Spiegel, während

Fräulein Berg – die Erzieherin – sich bemühte, ihr eine gelbe Seidenschleife in die dunklen Locken zu binden.

„Sitz doch still, Nasli, sonst sind wir noch nicht fertig, wenn Mukbil schon längst da ist!" sagte sie ungeduldig.

Nasli zupfte an den Locken, die ihr über die Schultern fielen, und schürzte schmollend die Lippen.

„Annäh, Fräulein Berg ist nicht lieb zu mir!" rief sie der Mutter entgegen.

„Sie wird wohl ihren Grund dazu haben, wie soll sie dich denn kämmen, wenn du nicht stillhalten kannst!" entgegnete Saffet fest, aber liebevoll. Während die Deutsche nun die Frisur beendete, das zierliche Kind vom Tisch hob und auf den Boden stellte, fragte Saffet, ob das Zimmer für den kleinen Gast bereit sei; sie wolle es gern sehen, bevor sie zum Bahnhof gehe.

Fräulein Berg öffnete die Tür zum Nebenzimmer, in dem Mukbils neues Reich eingerichtet war. Saffet nickte zufrieden, als sie es betrat.

„Ich danke dir, es ist mir eine große Beruhigung, daß du dich auf den Jungen freust!"

Sie ging zum weißen Bett, strich über die geblümte Decke, öffnete den Schrank, schloß ihn wieder und freute sich, als sie auf dem Tisch einen Teller mit Orangen neben einem Holzpferdchen erblickte. „Du hast es reizend gemacht, Fräulein Berg, hoffentlich fühlt er sich wohl bei uns. Ich kann es noch gar nicht glauben, daß Aysche ihren Jungen wirklich allein zu uns schickt. Wie herrlich, wenn sie mitgekommen wäre!"

„Ja, Saffet, ich habe mich auch darüber gewundert und hätte mich gefreut, Aysche wiederzusehen. Nach allem, was Hilal uns schrieb, wird sie sich im Laufe der letzten zehn Jahre sehr verändert haben."

„Ja, sie muß unheimlich tüchtig sein! Lernt einen Beruf! Eine ausgesprochen moderne Frau!"

„Wenn die Jahre ihrer Ausbildung vorbei sind, wird sie Mukbil holen kommen, nicht wahr, Saffet?"

„Ja, das schrieb mir Hilal. Aysches Nachricht über die Ankunft ihres Sohnes war so knapp und ungeschickt, daß mir scheint, sie hat ihre Schreibübungen vernachlässigt!"

„Vernachlässigen müssen, aus Mangel an Gelegenheit, nehme ich an, denn ich kann mir kaum ein türkisches Mädchen denken, das interessierter und fleißiger wäre, als Aysche es war!"

Saffet stimmte dem zu. „Wer weiß, ob der Junge ihr ähnelt? Hilal schrieb, er sei ein Sonnenkind, immer heiter und fröhlich. Ein guter Ausgleich wäre das für unser verwöhntes Prinzeßchen!"

Saffet war umgekehrt und stand nun in der Tür zu Naslis Zimmer. Sinnend betrachtete sie ihr Kind, das sich mit kleinen Schritten vor dem Spiegel drehte.

Fräulein Berg nickte. Obgleich sie ihren Zögling liebte, stimmte sie Saffet zu. „Hoffentlich", sagte sie.

Sie versuchte, Nasli wohl streng und soweit als möglich auch hart zu erziehen, doch waren sämtliche Tanten und Bedienstete anderer Meinung. Sie hatten die bezaubernde Kleine vom ersten Tag an verwöhnt – und Nasli, die kleine Zierlichkeit, ließ sich das gern gefallen.

„Von wem deine Kleine nur dieses ungemein Weiche, Kokette, dieses katzenhaft Verspielte hat?" fragte Fräulein Berg auf französisch, was sie oft tat, wenn Nasli dabei war.

„Du warst ganz anders in deiner stolzen, straffen Zartheit. Du erinnerst mich immer stärker an die alte Hanim Efendi. Dein Turgut ist sehr hart gegen sich, zielstrebig und energisch. Woher hat nur eure Tochter dieses fast Nixenhafte?“

„Vielleicht von meiner Mutter. Ich kannte sie gar nicht, da sie so früh gestorben ist. Sie soll sehr schön, doch immer kränklich gewesen sein, sehr weich und verwöhnt. Großmutter verstand sich nie recht mit ihr, weil sie so anders gewesen sein soll.“

„War nicht Murat ihr ähnlich, in seiner träumerischen Art?“

„Du magst recht haben. Doch nun will ich mich umziehen, um zum Bahnhof zu gehen. Sag Ismet Aga, daß er mit mir kommen soll. Du, liebes Fräulein Berg, achte darauf, daß Nasli sich nicht schmutzig macht; ich will sie nicht zum Bahnhof mitnehmen.“

Als Saffet, eine Stunde später, gefolgt von Ismet, den Bahnsteig von Haidarpascha betrat, war der Zug schon eingelaufen. Viele Menschen bewegten sich dem Ausgang zu. Aber nirgends war ein kleiner Junge allein zu sehen.

„Saffet Hanim, maschallah, sehen Sie doch, kann er das sein?“

Aufgeregt wies der weißhaarige Ismet nach einer Weile des Suchens auf die andere Seite des Bahnsteigs. „Sehen Sie dort den barfüßigen Schmutzfink mit dem roten Bündel neben dem braunen Pappkarton?“

„Ich glaube nicht!“ meinte Saffet und schaute zweifelnd zu dem Jungen hinüber, der reglos dastand und, sein Bündel in der Hand, unentwegt zum Ausgang starrte.

„Wart mal, Ismet Aga, ich will ihn mir näher besehen!"

Mukbil aber sah eine Dame in weißem Kostüm, mit einem Hut aus zarten Rosen und Schleiern auf sich zukommen. Sie war so wunderschön, wie er noch nie eine gesehen hatte. Mukbil starrte sie an wie ein Wunder. Als sie näher kam, verneigte er sich tief vor ihr. Die Dame aber legte ihre Hand auf seine Schulter, lächelte – Mukbil meinte, nur Engel im Himmel könnten so lächeln – und fragte, ob er Mukbil, Aysches Sohn, sei.

Einen Augenblick verschlug es Mukbil die Sprache. Dann ging ein Leuchten über das schmutzige, von Tränen verschmierte Bubengesicht, so daß Saffet meinte, der ganze kleine Kerl, angefangen von den lustigen dunklen Wirbeln über der Stirn, bis hinunter zu den schwärzlichen Zehen, wäre ein einziges Strahlen. Und obgleich Mukbil alles vergessen hatte, was er in diesem Augenblick hatte sagen wollen, und keinen Ton hervorbrachte, wußte Saffet, wer er war. Lachte ihr doch Aysches Mund aus dem Gesicht des Sohnes so unverkennbar entgegen, daß Saffet sich niederbeugte und, ungeachtet ihres blütenweißen Kostüms, den Dreckfink in die Arme schloß und herzhaft küßte.

„Ich bin Saffet, kleiner Mukbil, Tante Saffet darfst du sagen, und das ist Ismet, von dem dir deine Annäh sicher auch schon erzählt hat."

Saffet beugte sich noch einmal über den Kleinen. Und weil Mukbil noch immer nichts sagte, nahm sie ihm das Bündelchen aus der Hand und fuhr freundlich fort: „Deine Sachen nimmt jetzt Ismet Aga, mir gib deine Hand und laß uns heimgehen ins Yali!" –

Mukbil fühlte seine Hand von einer zarten, fein behandschuhten ergriffen. Es schien ihm, als würden alle Wohlgerüche des Himmels ihn umspielen, und er schwor sich, dieser Peri zu gehorchen, ihr zu dienen, ihr jeden Wunsch von den Augen abzulesen, solange er lebte.

Mancher Blick folgte den dreien, als sie durch Üsküdar gingen. Manches Wort wurde geflüstert, als sie am Hause des Fischers vorbeikamen, denn es hatte sich schon herumgesprochen, daß Aysches Sohn ins Yali des Pascha Efendi käme.

Ob das wirklich Aysches Sohn war?

War Aysche tot?

Was sollte das alles bedeuten?

Zehn Jahre lang hatte man nichts mehr von ihr gehört. Jetzt kam ihr Sohn allein nach Istanbul!

Als die drei durch die kunstvoll gearbeitete schmiedeeiserne Pforte den blühenden Garten betraten, meinte Mukbil, ins Paradies versetzt zu sein. Er wußte nicht, wohin er zuerst blicken sollte, rings um ihn so buntes Blühen!

Und plötzlich schien sich eine der gelben Blumen zu erheben und zu schweben, und blütengleich kam ihnen ein kleines Mädchen entgegengelaufen.

Es hatte feine weiße Glieder und ein Gesichtchen, gleich einem Blütenblatt. Ihre übergroßen, mandelförmigen Augen aber blickten ihn neugierig an. Dann rümpfte sie das Näschen, und eine Stimme wie ein Glöckchen fragte spöttisch: „Ist dieser schmutzige Straßenjunge Mukbil?“

Da kam es Mukbil erschreckend zum Bewußtsein, daß er wirklich sehr schmutzig war und gar nicht in diesen schönen Garten paßte. Daß er auf Ankaras Straßen, auf dem Bazar und auf den Steinen hinter der Moschee bei seiner Annäh daheim war, jedoch nicht hier. Und ein Heimweh ergriff ihn, wie er es noch nicht gekannt hatte; so schmerzhaft, daß er laut hätte weinen können!

Doch die Peri, die ihn an der Hand hielt, ließ ihn nicht los, sondern sagte: „Dies, Nasli, ist unser lieber Gast Mukbil. Er hat eine weite Reise hinter sich; ganz allein hat er diese Reise gemacht. Mukbil ist ein Held!"

Und zu Mukbil gewandt, sagte sie:

„Dies, Mukbil, ist Nasli, meine Tochter, die sich sehr auf dich freut und nun hier deine Schwester sein wird!"

„Hosch geldiniz!" sagte Nasli nun mit einer feinen Verneigung, doch spöttisch und abweisend, und – ohne Mukbils Antwort abzuwarten – noch einmal:

„Hosch geldiniz, Mukbil-Held!"

„Hosch bulduk!" antwortete Mukbil, wie er es von der Mutter gelernt hatte, und dachte daran, was Achmet vom Bazar in Ankara ihm über Helden und den Dede-Korkut gesagt hatte! „Ein Held ist ein Jüngling oder Mann oder Knabe, der keine Angst hat, der für das Gute und Rechte kämpft, immer und überall" – und Mukbil nahm sich vor, ein richtiger Held zu sein. Und weil ihm dabei der Schmuck wieder einfiel, den er um den Hals trug, wandte er sich jetzt schnell Saffet zu, öffnete sein Hemdchen und hielt ihr den eingenähten Schmuck mit beiden Händen entgegen:

„Bitte, nimm ihn ab. Den schickt dir meine Annäh, damit du siehst, daß ich der richtige Junge bin!"

Alles war ihm wieder eingefallen, was die Annäh ihm aufgetragen hatte, und so redete er denn weiter …

„Und viele Grüße soll ich sagen und großen Dank und zehntausendmal Allahs Segen!"

Aber froh konnte Mukbil nicht werden. Weder im feinen Hamam, dem Bad mit den vielen Kuppeln an der Decke, den Löwenköpfen an den Wänden, aus deren Mäulern heißes und kaltes Wasser in weiße Marmorbecken floß, noch beim reichgedeckten Abendbrottisch. Ja, als er Naslis abschätzende, verächtliche Blicke auf sich gerichtet fühlte, konnte er keinen Bissen hinunterwürgen. Beinahe hätte er geweint. Doch „ein Türke weint nicht", hätte Achmet wohl gesagt und „ein Held schon gar nicht!" So preßte Mukbil die Lippen aufeinander, aß nichts, sprach nichts und blickte nur traurig auf scinen Teller.

Am Abend jedoch, als er in seinem sauberen Bett lag, weinte Mukbil in die Kissen. „Annäh, Annäh, Onkel Hilal, Achmet und Mechmet – Istanbul ist gar nicht schön! Oh, wenn ich schon wieder bei euch wäre! O Annäh, hol mich doch fort von hier!"

Weder die Wasser des Bosporus, die unter dem Fenster an die Wand schlugen, noch die aufgehenden Sterne am Himmel konnten ihn trösten, denn er dachte an das elfengleiche, böse Mädchen, das im Nebenzimmer schlief und morgen und übermorgen und alle Tage, die nun kamen, dasein würde! Und Mukbil wußte nicht, wie er dieser paradiesischen Hölle, die ihm vorkam wie ein goldener Käfig, entfliehen könnte.

Wenige Tage danach sagte Saffet, daß sie Mukbil jetzt wohl seinen Verwandten vorstellen müsse. Schließlich hätten der Fischer und seine Familie ein Recht darauf, Ayssches Sohn zu sehen.

Für Mukbil wurde einer der beiden Anzüge aus dem Schrank geholt, die eigens für ihn angefertigt worden waren. Er fand diese Anzüge scheußlich, obgleich all die alten schwarzangezogenen Damen, die hier im Haus umherliefen und Mukbil wie Eulen und Fledermäuse erschienen, in Rufe des Entzückens ausgebrochen waren, als er am ersten Tage solch ein dummes Gebilde hatte anziehen müssen.

Auch heute kam er sich in den weißen kurzen Höschen und der weißen Jacke wie ein Mädchen vor. Mukbil schämte sich seines Aufzugs. Er hatte verschiedenen Aussprüchen wohl entnommen, daß dies eine „Mode à la Franka" und etwas Feines sei, doch Mukbil konnte diesem „à la Franka" nichts abgewinnen, besonders wenn es weiß war und man aufpassen mußte, daß man es nicht schmutzig machte. Auch die feinen Söckchen und Sandalen fand Mukbil störend und unnütz. Ein Glück, daß seine Freunde in Ankara ihn so nicht sehen konnten – zu Tode hätte er sich geschämt!

Stumm und blaß saß er über sein Frühstück gebeugt, fürchtete, daß er etwas falsch mache oder etwas Falsches sage, und fand Naslis Geplauder dumm und albern.

Besorgt blickte Fräulein Berg auf den scheuen Jungen, der so ganz anders war, als Hilal ihn in seinen Briefen geschildert hatte. „Ein Sonnenkind! Sah so ein Sonnenkind aus?“ überlegte sie und merkte dabei, wie angstvoll Mukbil zu dem kleinen Mädchen hinüberschielte, als er sich ein zweites Stück Brot aus dem Körbchen holte, angstvoll, als sei Nasli ein wütendes Kamel und kein elfenzartes Kind.

„Annäh“, bettelte nun Nasli, „nimm mich mit zum Fischer, bitte nimm mich mit!“

Mukbil blieb vor Schreck der Bissen im Halse stecken. Entsetzt sah er von Nasli zu Tante Saffet.

Ein kleiner Hoffnungsschimmer war heute morgen in ihm aufgekommen, als Tante Saffet von seinen Verwandten im Fischerhaus gesprochen hatte. Obgleich er wußte, daß seine Annäh die Verwandten in Istanbul nicht sonderlich geliebt hatte, hoffte Mukbil, dort vielleicht einen normalen, barfüßigen Jungen zu finden, der Knoblauch aß, spucken konnte und so ähnlich war wie die Jungen in Ankara. Ja, er hatte sich ganz tief innen schon auf diesen Besuch gefreut. – Und nun würde die dumme Nasli vielleicht wieder alles kaputtmachen durch böse, spöttische Worte!

Nein, nein – angstvoll sahen seine schwarzen Augen Saffet an. Sag doch, daß Nasli nicht mitdarf, bettelten sie.

Und Saffet wandte sich zu Nasli und sagte sehr bestimmt, daß sie diesen Gang mit Mukbil allein machen würde.

Nasli schmollte, Mukbil aber dankte und triumphierte zugleich. Obwohl er keinen Ton äußerte, sahen Saffet und Fräulein Berg deutlich, was in ihm vorging.

Als er nach einer Stunde an Saffets Hand durch die Straßen von Üsküdar ging, wagte Mukbil kaum aufzublikken.

Dieser dumme „Anzug“! Alle Leute blieben stehen! Woher sollte Mukbil auch ahnen, daß nicht sein Anzug ihre Neugier erregte, sondern er selbst. Da fast alle Erwachsenen hier Aysche gekannt hatten, blieben sie stehen, Ayschess Sohn zu betrachten. Saffet anzusprechen hätten sie nicht gewagt – aber lächelnd dastehen und gucken, das konnte ihnen keiner verbieten.

Als Saffet mit Mukbil über den weiten Platz auf das baufällige Haus des Fischers zuging, kam ihr zum Bewußtsein, daß sie nie mehr dagewesen war, seit Aysche und ihre Mutter fortgezogen waren. Erschrocken sah sie, wie baufällig die alte Hütte geworden war. Einige Bretter hingen lose über der Tür. Mehrere Schindeln hatten sich vom Dach gelöst und lagen im Grase. Die Tür war nur angelehnt.

Als sie das Treppenhaus betraten, schlug ihnen ein Geruch von Knoblauch, altem Fisch und Öl entgegen. Aus einem der Zimmer tönte das Weinen eines Kindes.

Auf Saffets Klopfen hörte das Weinen auf, und eine noch junge Frau erschien in der Tür, Leila, die Saffet sofort erkannte. Und plötzlich schien das ganze Haus lebendig zu werden. Während Saffet und Mukbil in der guten Stube auf dem Diwan Platz nahmen, Leila in die Küche eilte, um Kaffee zu kochen, erschien die Frau des Fischers, die an Umfang zugenommen hatte, erschienen die Töchter und deren Kinder, und bald war das ganze Zimmer so angefüllt mit neugierigen Leuten, daß Mukbil am liebsten auf und davon gelaufen wäre.

„Maschallah, Aysches Sohn.“ Die dicke Tante beugte sich zu ihm herab, küßte ihn auf beide Wangen, beklopfte ihn und begann mit einer Flut von Fragen, die Mukbil gar nicht so schnell beantworten konnte, wie sie ihm entgegenflogen.

Mukbil saß neben Tante Saffet auf dem Diwan. Er hatte die Sandalen abgestreift, saß da im Kreuzsitz und fühlte sich sehr ungemütlich.

Nach den üblichen Fragen und Antworten über das Wohlergehen der ganzen Familien begann die Frau des Fischers zu klagen. Die vielen Münder in ihrem Hause seien schwer satt zu kriegen, und sie könnten kaum noch einen weiteren Esser brauchen. Saffet merkte wohl, daß die rundliche Frau Angst hatte, sie könne Mukbil bei ihr lassen. Sie versicherte sofort, daß Mukbil im Yali bleibe und mit ihrer Tochter erzogen würde und sie sehr hoffe, eines Tages auch Aysche bei sich zu haben.

Nun war die Fischersfrau wie umgewandelt.

„Ein liebes Kerlchen scheint Aysches Sohn zu sein, und ihren Mund hat er geerbt“, rief sie süß. Er sei ja gar nicht viel größer als Nedschlas Junge; die hätte bald nach Aysches Abfahrt auch geheiratet. „Einen feinen Mann! Er ist angestellt in einem Büro, und sie leben in dem Zimmer, das Aysche und ihre Mutter bewohnt haben. Auch Leila ist verheiratet und zu Besuch da. Ihr Mann ist Polizist, und sie haben zwei Kinder. Während Nedschla, Allahs Segen ist reich, schon vier Kinder hat.“

Mukbil fand es entsetzlich langweilig. Er betrachtete neugierig die vielen Menschen, die zuerst etwas schüchtern, dann immer mutiger in der Tür erschienen waren, herumstanden und am Boden hockten; Menschen, die gekommen waren, um Ayches Sohn anzusehen und vielleicht etwas vom Gespräch der Frauen mitzubekommen.

Und während Saffet nun von Ayches Schicksal und Tapferkeit berichtete, war Mukbil leise vom Diwan gerutscht und ans Fenster geschlichen. Denn von dort ertönte ein Flötenton, so fein, wie Mukbil ihn noch nie gehört hatte. Und als er sein Gesicht zwischen die Gitterstäbe preßte, sah er Ibrahim, den Blinden, im Sessel sitzen und auf der Flöte spielen.

„Ibrahim", flüsterte Mukbil, und sein Herz begann schneller zu schlagen. Das konnte nur Ibrahim sein! Genauso hatte seine Annäh ihn geschildert! Und nun hielt es Mukbil nicht länger im stickigen Raum.

„Ja, auch unsere Jüngste ist verlobt", hörte er die Fischersfrau in höchsten Tönen berichten, „vor einer Woche wurde das Nikiah-Fest bei uns gefeiert. Sie ist ein schönes Mädchen geworden, maschallah! Wo steckst du denn, Nihal? Komm schnell, und sag Saffet Hanim guten Tag!"

Und während nun die Blicke aller auf Nihal gerichtet waren, die rosig und mollig angetänzelt kam, benutzte Mukbil die Gelegenheit, hinter dem Rücken der Tanten aus dem Raum zu schlüpfen.

„Ibrahim!"

Leise lief er die Treppe hinunter, lief aus dem Hause und bog langsam um die Ecke. Da saß er – Ibrahim, nur wenige Schritte von ihm entfernt. Mukbil ging auf ihn zu, blieb vor ihm stehen, und Ibrahim hielt inne im Spiel. Er blickte auf Mukbil, als könne er ihn sehen, streckte seine Rechte aus nach ihm und fragte: „Du bist Ayches Sohn?"

„Ja“, antwortete Mukbil und trat näher, erstaunt und erfreut fragte er: „Ibrahim, kannst du wieder sehen?“

„Nein, aber ich hörte von den Leuten, daß du da seist, und fühlte dich kommen! Wie heißt du, Aysches Sohn?“

„Mukbil! Den Namen gab mir Annäh, weil mein Vater gefallen war.“

„Komm zu mir, Mukbil, damit ich fühle, wie du aussiehst, und ich dich kennenlerne!“

Und als Mukbil dicht neben ihm stand, tasteten Ibrahims Hände über das Gesicht des Jungen, über sein Haar, seine Stirn, seine Augen, seine Nase, die Wangen und den Mund. Ibrahim ertastete auch sein Kinn, den Hals, die Ohren, die Kopfform und seine Hände.

„Ich glaube, wir können Freunde werden“, sagte er dann weich und behielt Mukbils Hände in den seinen, denn als er auf dessen weicher Kinderwange eine Träne gespürt hatte, wußte er um Mukbils Heimweh.

„Du mußt mir von deiner Annäh erzählen und von allen Freunden in Ankara. Und wir können vom Himmel sprechen und von Tieren, Bäumen, Muscheln und Steinen.“

„Und du erzählst mir deine Märchen?“ bat Mukbil fragend.

„Ja, ich erzähle sie dir!“

„Oh, Ibrahim, kennst du auch die Geschichten des Dede-Korkut?“ fragte Mukbil schnell und atemlos. „Kennst du sie? Achmet, der Messingschmied vom Bazar, kannte sie, aber er konnte sie nicht erzählen. Er sagte damals auch, ich sei zu klein für diese Geschichten!“

Ibrahim lachte leise. „Ja, ich kenne die Geschichten des Dede-Korkut, und du bist nicht mehr zu klein dafür. Wenn du morgen um dieselbe Zeit hierherkommst, erzähle ich dir eine und an den kommenden Tagen noch andere, heute wird es zu spät. Du wirst wohl nicht so lange fortbleiben dürfen!"

Ibrahim hatte recht! Schon hatten sie in der Fischerstube Mukbils Abwesenheit bemerkt, suchten ihn und riefen nach ihm.

„Bis morgen, Ibrahim", verabschiedete sich Mukbil vertraut, als sei Ibrahim von eh und je sein Freund.

„Allah sei mit dir, Mukbil!" sagte Ibrahim und hob die Hand.

Was nun folgte, erschien Mukbil nebensächlich und unwichtig vor dem großen Erlebnis: Ibrahim und die Geschichten des Dede-Korkut! Das Streicheln und Küssen im Fischerhaus, die vielen, vielen Worte, alles rieselte an ihm ab wie Wassertropfen am Fell eines Eselchens. Mukbil ging durch diesen Tag wie im Traum.

Saffet hatte ihm erlaubt, morgen nach dem Frühstück zu Ibrahim zu gehen – und Mukbil zitterte diesem Morgen entgegen wie einem noch nie erlebten Fest.

Er merkte kaum, daß Nasli nicht mehr spöttisch, sondern fast neidisch zu ihm herüberblickte. Er beachtete sie nicht, denn in seinen Gedankenkreis war Ibrahim, der Blinde, getreten.

Am nächsten Morgen saß Mukbil in seinem alten Höschen und barfuß dicht zu Füßen Ibrahims. Er hatte kaum gemerkt, daß sich rings um ihn noch Kinder und Männer versammelt hatten, die hockend und stehend den Worten des Blinden lauschten.

Und Ibrahim erzählte.

Von den Helden des alten Oghusen-Stammes berichtete er, von strahlenden, mutigen Jünglingen und bärtigen Kämpfern, von kühnen, schönen Frauen, die neben dem Gatten in die Kämpfe zogen, von wilden Festen unter bunten Sonnensegeln. Er erzählte von weißen, roten und schwarzen Zelten, von Pferden, Kamelen und Hengsten. Von Ehre, Freundschaft und Liebe, von Treue und Edelmut – doch auch von Hinterlist und Falschheit der Feinde.

Mukbils Wangen glühten. Keinen Blick wandte er vom Munde des Blinden.

„Und Dede-Korkut, der alte Sänger, berichtete von Deli Dumrul, dem Sohne Ducha Kodschas, so laßt mich euch von diesem erzählen!"

Und Ibrahim begann die Geschichte des Deli Dumrul:

„Deli Dumrul, ein Held von Mannhaftigkeit, Kühnheit und Tüchtigkeit, suchte sich einen Gegner, damit sein Ruhm weit durch die Welt getragen würde, doch keiner stellte sich ihm zum Kampfe. Eines Tages nun hörte er laute Totenklage am Brückenkopf seines Flusses und fand einen Jüngling sterbend, beweint vom Trupp fremder Nomaden.

‚He, ihr Schurken, was soll das Geschrei an meiner Brücke?' fuhr er die Fremden an.

‚Uns ist ein schöner Mann gestorben', erwiderten diese, ‚den beweinen wir!'

Da fragte Deli Dumrul: ‚Wer hat euren Jüngling getötet?'

‚Bei Gott, junger Bey', versetzten sie, ‚der rotbeschwingte Asrail nahm auf Geheiß Gottes, des Erhabenen, dem Jüngling seine Seele.'

‚He', rief Deli Dumrul da aus, ‚was für ein Mann ist euer sogenannter Asrail, daß er den Menschen die Seele raubt? Allmächtiger Gott, zeig doch meinen Augen Asrail, damit ich mit ihm kämpfe, ringe und streite und dem schönen Jüngling sein Leben rette!'

Damit wandte sich Deli Dumrul um und ging wieder heim.

Gott, dem Erhabenen, mißfielen Dumruls Worte, und er befahl Asrail, dem Todesengel, dem tollen Dumrul sein Antlitz zu zeigen und ihn sterben zu lassen. Und so geschah es.

Während nun Deli Dumrul mit seinen vierzig Gefährten bei Speise und Trank in bunten Zelten saß, trat plötzlich Asrail ein, schaurig schön und leuchtend rot, doch keiner der Torhüter hatte ihn kommen sehen. Die Welt verfinsterte sich. Deli Dumruls Augen sahen nicht mehr, seine fassenden Hände faßten nicht mehr – da schrie er laut auf und sprach die Verse:

‚Wer bist du, furchtbarer alter Mann? Meine Hüter am Tore sahen dich nicht, auch meine Wachposten bemerkten dich nicht! Meine sehenden Augen sahen nicht mehr, meine packenden Hände packten nicht mehr, meine Seele erbebte, zitternd in Furcht, mein goldener Becher entfiel meiner Hand!'

Asrail ergrimmte und rief:

‚Oftmals hast du, toller Schurke, gesagt: Fällt mir der rotbeschwingte Asrail in die Hand, ich werde ihn töten und schöner Jünglinge Leben seinen Händen entreißen! Nun, du Tollkopf, hier bin ich, um dir deine Seele zu nehmen. Gibst du sie mir freiwillig, oder willst du kämpfen?'

‚Bist du der rotbeschwingte Asrail?' fragte Deli Dumrul.

‚Gewiß, der bin ich!' antwortete der Todesengel.

Da zog Deli Dumrul seinen dunklen Säbel und stürzte sich auf Asrail. Doch dieser entflog als Taube durch den Rauchfang. Dumrul schwang sich aufs schnellste Roß, nahm den Falken in die Faust und preschte hinter ihm her. Nachdem er einige Tauben getötet, kehrte er um. Da erschien Asrail vor den Augen des Pferdes, daß es aufbäumte und Deli Dumrul zu Boden warf. Asrail aber setzte sich ihm auf die Brust, bis er stöhnte und schließlich röchelnd hervorstieß: ‚Hab Erbarmen, Asrail, ich kannte dich nicht, nimm meine Berge, nimm meine Hänge, laß mir die Seele!'

Asrail jedoch versetzte: ‚Was flehst du mich an, flehe zu Gott, dem Erhabenen, ich bin nur sein Knecht!'

‚Dann ist es also Gott, der Erhabene, der die Seelen gibt und nimmt?'

‚Er ist es!' war die Antwort.

Da wandte sich Deli Dumrul Asrail zu und fuhr ihn an:

‚Scher dich fort, du jämmerlicher Knecht!'

Und er wandte sich an Gott und sprach die Verse:

‚Höchster der Hohen bist du! Niemand weiß, wie du bist, schöner Gott. Viele Toren suchen dich im Himmel, wünschen dich auf Erden, deine Wohnstatt ist der Frommen Herz! Ewiger, mächtiger Gott! Ewig vergebender Gott! Nimmst du mir meine Seele, nimm sie mir selbst, nicht durch Asrail!'

Diese Worte gefielen Gott, dem Erhabenen, und er gebot Asrail:

‚Da der tolle Schurke meine Einheit bekannt und ihr gedankt hat, Asrail, soll seine Seele frei sein, wenn er für sie eine andere findet!'

Und Deli Dumrul ging eine Seele suchen, um sein Leben zu erhalten. Kein Freund erhörte ihn.

Der alte Vater küßte ihn:

‚Teil meiner Seele', rief er, ‚Löwensohn, wenn Asrail meine schwarzen Berge will, sie sollen seine Sonnenweiden sein, wenn er meine kalten Quellen will, sie sollen seine Tränke sein, will er meine vielen schnellen Falkenrosse, sie sollen seine Reittiere sein, meine langen Züge Kamele sollen seine Lasttiere sein. Meine Schafe sollen seiner Speise dienen. Über Gold, Silber und Geld soll er verfügen. Mein Leben kann ich jedoch nicht opfern!'

Und die Mutter weinte und sprach:

‚Sohn, mein lieber Sohn, den ich unterm Herzen trug, den ich zur Welt gebracht, Sohn, den ich in weicher Wiege sanft gewiegt, Sohn, den ich mit weißer Milch habe genährt – all meinen Schmuck, all mein Gold gäbe ich her für dich. Meine Schönheit gäbe ich her! Die Welt jedoch ist süß, das Leben zu teuer, die Seele opfern kann ich nicht!'

Nach diesen Worten erschien Asrail, Deli Dumruls Seele zu holen. Da bat dieser um eine letzte Gnade.

‚Du toller Schurke', lachte Asrail schaurig, ‚auf wessen Seele hoffst du nun noch, nachdem die Mutter dir ihr Leben verweigert?'

Deli Dumrul erwiderte:

‚Ich besitze noch jemanden, nach dem ich mich sehne, mein Weib, ihr möchte ich mein Erbe anvertrauen. Danach magst du meine Seele nehmen!'

Er machte sich auf den Weg, kam zu seinem Weib und sprach:

‚Vom Himmel herab kam der rotbeschwingte Asrail geflogen, ließ sich als Sieger auf meiner weißen Brust nieder und wollte mir meine süße Seele nehmen. Und weil dem so ist:

Meine hohen schwarzen Berge sollen deine Triften sein! Meine kalten, kalten Flüsse sollen deine Tränke sein! Meine vielen Falkenrosse sollen dein als Reittiere sein! Mein mit Gold verziertes Wohnzelt, Schatten spenden soll es dir, meine Züge von Kamelen sollen dein als Lasttiere sein, meine Schafe in der Hürde sollen deine Speise sein! Wenn dein Auge jemand findet, in dein Herz die Liebe einzieht, wähle diesen dir zum Gatten!'

Darauf sprach liebend das schöne, stolze Weib:

‚Was sagst du und was redest du? Du, den ich sah, wenn ich die Augen aufschlug, dem das Herz ich schenkte, den ich liebe! Mein starker Held, mein junger Schah! Deine schwarzen Berge drüben ohne dich, was sind sie mir? Grabstatt soll die Trift mir sein! Deine kalten, kalten Flüsse? Trinke ich, dann nur mein Blut. Wenn dein Goldgeld ich verwende, sei es für ein Leichentuch. Reite ich die Falkenrosse, soll es nur im Sarge sein. Gott in Allmacht sei mir Zeuge: Meine Seele sei für deine dargebracht!'

Damit gab sie ihre Zustimmung, und Asrail erschien, um des Weibes Seele zu nehmen.

Deli Dumrul jedoch flehte zu Gott, dem Erhabenen! Er sprach:

‚Höchster der Hohen bist du. Niemand weiß, wie du bist, schöner Gott! Ewiger, mächtiger Gott! Rasthäuser will ich bauen an den großen Straßen dir zuliebe! Speisen, wen ich hungrig sehe, dir zuliebe! Kleiden, wen ich nackt antreffe, dir zuliebe! Nimmst du die Seelen, nimm sie beide! Läßt du sie frei, laß beide Seelen frei! Allmächtiger, gütiger Gott!'

Da Gott, dem Erhabenen, Deli Dumruls Worte gefielen, gebot er Asrail:

‚Laß von diesen Seelen! Jenen beiden Gatten habe ich ein Leben von hundertvierzig Jahren gewährt!'

Und so lebten der Held Deli Dumrul und sein tapferes, gutes Weib hundertvierzig Jahre in Glück und Segen! Gott verlieh ihnen Wohlstand und vergab ihnen ihre Sünden um Mohammeds willen – sein Name sei gepriesen!"

Mukbil dachte viel nach über diese Geschichte. Er stellte sich vor, er sei Deli Dumrul, und er träumte von seinem Kampf mit Asrail. Doch immer stand sein Schutzengel, von dem ihm seine Mutter erzählt hatte, schneeweiß und leuchtend hinter ihm. Ja, manchmal verschwamm das Bild des Schutzengels mit dem der Gattin Deli Dumruls und wollte ihm, Mukbil, seine Seele schenken – Da flehte Mukbil zu Gott:

„Allah, nimm mir den Schutzengel nicht, ich will gut sein zu allen Menschen und Tieren und tapfer für jeden kämpfen, der meine Hilfe braucht. Wenn es sein muß, so nimm uns beide, meinen Schutzengel und mich!“

So vergingen Tage und Wochen.

Mukbil fürchtete sich nicht mehr vor Nasli, denn es war so vieles um ihn, das ihn beschäftigte.

Bald wußte er Bescheid im ganzen Yali, als sei er schon immer da gewesen.

Er lief ins Selamlik zum gelähmten Pascha, der in seinem Erker über dem Bosporus im gestickten Sessel saß, und erzählte ihm vom Bazar in Ankara, von Achmet und Mechmet. Von seiner Annäh erzählte er, und wie Onkel Hilal ihn im Schnee gefunden hatte. Er lief zu Ismet, ließ sich berichten, wie man Bäume beschneidet, Blumen pflanzt und daß die Welt früher schöner gewesen sei als heute, da man nie wisse, was der nächste Tag an Neuerungen brächte.

Er saß auch gern bei Fräulein Berg und hörte, welch seltsamer Erdteil Europa sei und daß es für Fräulein Berg kein schöneres Land gäbe als Deutschland, weil es ihre Heimat sei. Ob es dort auch Geschichten gäbe, wie die Heldenlieder des Dede-Korkut, fragte er. O ja, viele. Das große Heldenlied der Deutschen heiße „Nibelungenlied", und einmal wolle sie es ihm erzählen, versprach sie.

Er lief zu Saffet, brachte ihr einen glänzenden Stein, eine bunte Feder oder eine schillernde Muschel, die er gefunden hatte, und strahlte, wenn Tante Saffet ihm beteuerte, daß sie noch nie so einen schönen Stein, eine so wundervolle Feder oder eine so vollkommene Muschel gesehen habe.

Er hockte, jetzt manchmal sogar mit Nasli, bei Ibrahim, dem Blinden, sprach mit ihm und lauschte seinen Märchen und Geschichten. Am liebsten aber war er oben im Park auf der Magnolie seiner Annäh. Hier fühlte er sich ihr am nächsten, und wenn er bis in die höchsten Äste kletterte, meinte er, bis nach Ankara sehen zu können.

Wenn die Kinder in den Park wollten, mußten sie um Erlaubnis bitten. Dann brachte ein Erwachsener sie über die Straße, denn die alte Brücke, die den Garten des Paschas mit seinem Park am Hang verbunden hatte, war eingestürzt. Zu beiden Seiten des Weges waren nur noch Mauerreste zu sehen, bewachsen mit Moos, hohen Gräsern und blühendem Unkraut.

Heute standen alle Blüten der Magnolie offen wie kleine Schalen. Sie verdeckten die Zweige des Baumes und hüllten ihn gleichsam in rosig-weißen Blütenschaum.

„Komm, Nasli, ich helfe dir, du kannst bestimmt hinauf!"

Mukbils Worte klangen etwas herablassend und doch hilfreich. Er wollte es einfach nicht fassen, daß jemand vor solch einem Baum herumhüpfen konnte, ohne das Verlangen zu haben, hinaufzuklettern bis in die obersten Äste.

„Komm schon, ich helfe dir!"

Doch Nasli lachte leise glucksend: „Kletter du nur, ich bin ein Mädchen und bleibe hier!"

„Ein Mädchen? Was macht denn das? Meine Annäh saß auch auf den Ästen dieser Magnolie und deine Annäh auch!" rief Mukbil verständnislos.

Nasli zuckte nur die Achseln und begann, Anemonen und Schlüsselblumen zu pflücken.

Mukbil betrachtete Nasli, wie man einen seltsamen Käfer betrachtet.

„Nun", sagte er dann überlegen, sich zu seiner vollen Größe von acht Jahren emporreckend, „du bist auch noch sehr klein!" Er schwang sich am untersten Ast empor und kletterte gewandt wie ein Äffchen am Baum hinauf. Er merkte wohl, daß Nasli im Blumenpflücken innehielt und zu ihm aufblickte. Das tat ihm gut.

„Du bist wirklich sehr klein", beteuerte er noch einmal, jetzt von der obersten Spitze des Baumes herab, und fühlte sich groß, stark und sehr überlegen.

Nasli hatte eine ganze Hand voll Blumen, sie setzte sich auf die Marmorbank unter dem Baum und begann einen Kranz zu winden. Drei Blüten nahm sie und wand einen Grashalm herum, zwei Blüten dazu, wieder Gras – und so fort. Es wurde ein schöner Kranz, und die kleinen Hände arbeiteten unermüdlich weiter. Mukbil jedoch saß oben auf seinem Vogelthron, bog die Äste auseinander und blickte weit über den Bosporus auf die Häuser des gegenüberliegenden Ufers.

„Ich sehe ganz Istanbul!“ rief er stolz. „Ich sehe Häuser, Moscheen, Türbeen –!“

Nasli blickte auf und sah gleichfalls über den Bosporus.

„Das alles sehe ich auch“, stellte sie fest, „viele, viele Häuser – ich sehe genau so viele wie du!“

„Das glaube ich nicht“, rief Mukbil.

„Komm herunter und guck selbst! Soooo viele Häuser!“

Aber Mukbil dachte nicht daran herunterzukommen. „Es ist wundervoll“, sagte er, „so viele Häuser zu sehen!“

„Es ist wundervoll“, echote Nasli, überzeugt davon, weil Mukbil es sagte, „sooo viele Häuser!“

„Und wenn man bedenkt“, ertönte da Mukbils Stimme nach einer Weile, sie klang weise und überlegen, „und wenn man erst bedenkt, daß alle diese Häuser nachts auf dem Kopf stehen!“

„Auf dem Kopf?“ fragte Nasli in ungläubigem Staunen und rührte sich nicht.

„Ja, nachts stehen alle Häuser auf dem Kopf!“ versicherte Mukbil mit Nachdruck.

„Das glaube ich nicht“, rief die Kleine jetzt fast entrüstet.

„Doch, das ist wahr – die Erde ist rund und dreht sich, und was tags unten ist, ist nachts oben!“

„Du bist aber dumm!“ lachte Nasli und begann ihren Kranz weiterzuflechten.

„Nein, das hat mir Fräulein Berg gesagt, also ist es so!“ beteuerte Mukbil.

„Das ist nicht wahr, das ist nicht wahr!“ rief Nasli noch immer lachend –

„Warum denn", fragte Mukbil, nun ein wenig unsicher geworden, „warum soll das nicht wahr sein?"

„Wenn die Häuser nachts auf dem Kopf ständen, würden wir ja alle aus den Betten fallen!" erklärte Nasli lachend.

Und diese Feststellung mußte wohl etwas für sich haben, denn Mukbil dachte jetzt angestrengt nach. Plötzlich schien ihm die Erleuchtung gekommen zu sein, denn triumphierend erklärte er von oben herab:

„Ha, du kleine Dumme, und doch ist es wahr! Maschallah, nachts schlafen wir ja, da merken wir es nicht, daß die Häuser auf dem Kopf stehen, und darum fallen wir auch nicht aus den Betten!"

Schweigen.

„Ach so", sagte Nasli nach einer Weile kleinlaut und gab sich geschlagen. Das Kränzchen war fertig, und sie setzte es auf ihre dunklen Locken.

„Guck mal, Mukbil, ist es schön?"

„Ja", sagte Mukbil und blickte zwischen den Zweigen hindurch auf das Mädchen, das, sein Kränzchen auf dem Kopf, das Röckchen leicht gerafft, nun mit kleinen, wiegenden Schritten um den Baum tanzte.

Wieder kam sie Mukbil seltsam fremd vor – fremd, als hätte er sie noch nie gesehen. Da fiel sein Blick auf den Stein, auf den Nasli zutänzelte, und es verschlug ihm fast den Atem vor Schreck. Im warmen Sonnenschein lag dort ein Skorpion.

Mukbil kannte diese Tiere genau. Die Mutter hatte sie ihm gezeigt und ihm erzählt, daß im Krankenhaus ein kleiner Junge sterben mußte, weil er auf dieses Tier getreten und gestochen worden war.

Und nun drehte sich Nasli direkt auf den Stein zu!

Mit einem Satz sprang Mukbil vom Baum, gerade auf das kleine Mädchen zu, packte es und riß es mit sich auf den Weg zum Ausgang des Parkes.

„Laß mich los!" schrie Nasli und hämmerte mit zwei Fäusten wild auf Mukbil ein. „Laß mich los, du Scheitan!"

Und ihre schwarzen Augen blitzten vor Zorn.

Doch atemlos riß Mukbil sie mit sich. Als er sie losließ, lag das Kränzchen zerrissen am Boden.

„Du Böser, du Garstiger, du Schlechter", schluchzte Nasli und bückte sich, um die Blüten aufzuheben. „Oh, du, du, du –", und immer neue Tränen rollten über ihre Wangen.

Mukbil stand erschrocken vor dem weinenden Mädchen und den Blüten zu ihren Füßen.

Was hatte er getan? Er wollte sie retten und hatte ihr weh getan! Aber sie war am Leben, war gesund, nun mußte er versuchen, sie auch wieder froh zu machen.

Er bückte sich und half ihr, die Blüten vom Boden zu lesen. Doch Nasli war so zornig, daß sie es nicht dulden wollte.

„Laß meine Blüten liegen!" schrie sie. Wieder schlug sie mit Fäusten auf ihn ein, ja, sie trat selbst mit dem Fuß nach ihm. Mukbil hob zur Abwehr die Arme über den Kopf, dabei blickte er ihr in das gerötete Gesicht und erschrak über den heftigen Ausdruck des Zorns.

„Nasli!" brüllte er sie an, so daß die Kleine erschrocken innehielt. „Leg sofort die Hände vors Gesicht!"

Mukbil befahl es so streng, daß Nasli gehorsam ihre Fäustchen öffnete und die Hände vors Gesicht legte.

„So“, sagte Mukbil und atmete tief – „Jetzt bleib stehen und hör zu!“

Nasli stand reglos, die Händchen an die Augen gepreßt.

„Ein Skorpion, ein Tier, das dich böse stechen wollte, saß auf dem Stein. Ich habe dich gerettet! Verstehst du, sonst wärst du jetzt tot!“ verkündete er mit grausamer Deutlichkeit.

Naslis Hände sanken vom Gesicht.

„Leg die Hände vors Gesicht!“ schrie Mukbil wieder.

Und gehorsam wanderten Naslis Hände vors Gesicht.

„Warum“, fragte sie, „warum die Hände vors Gesicht?“

Verständnislos blinzelte sie durch die gespreizten Finger.

„Warum? – Weil dein Gesicht böse ist! Du weißt doch, daß du einen Schutzengel hast, licht und hell mit schneeweißen Flügeln? Weißt du das?“

Nasli bejahte.

„Siehst du“, fuhr Mukbil noch immer vor ihr hockend fort, „und daß Scheitan gegen die Engel kämpft, weißt du das auch?“

Mukbil sprach genau, wie seine Mutter es getan hatte, als sie ihm den Kampf des Dunklen gegen das Licht erklärt hatte.

„Nein“, sagte Nasli, „das weiß ich nicht!“

Sie wagte es nicht mehr, die Hände vom Gesicht zu nehmen.

„Also, Scheitan, der Teufel, liebt keine Engel, und Schutzengel schon gar nicht. Scheitan freut sich, wenn die Menschen zornig werden, unfreundliche, mißmutige Gesichter machen und ärgerlich sind! Verstehst du?“

„Ja, Scheitan freut sich, wenn kleine Mädchen und Jungen ungezogen sind!“

„Ganz recht, und der Schutzengel weint dann. Darum muß man freundlich und gut sein und gute, freundliche Gesichter haben –“

„Ja“, nickte Nasli und preßte ihre Händchen vors Gesicht. Das verstand sie gut.

„Wenn es geschieht, daß man ein böses Gesicht bekommt, darf man es nicht zeigen, sondern muß schnell die Hände vors Gesicht legen. Man muß still sein“, erklärte Mukbil weiter, „in eine Ecke gehen und mit seinem Schutzengel gegen Scheitan kämpfen. Wenn man wieder lieb sein kann, ist Scheitan fort, und der Schutzengel freut sich, verstehst du?“

Mukbil atmete tief nach dieser langen Rede und blickte erwartungsvoll auf Nasli.

Nasli aber stand noch immer da, die Hände vors Gesicht gepreßt.

„Wenn Scheitan fort ist, kannst du die Hände vom Gesicht nehmen“, sagte Mukbil jetzt.

Doch Nasli antwortete nicht.

„Ist Scheitan fort?“ fragte Mukbil ernst.

„Ich weiß es nicht!“ kam die klägliche Antwort.

„Zeig dein Gesicht!“ befahl Mukbil.

Da lösten sich die Händchen vom Gesicht, und angstvoll blickten die großen Augen Mukbil an.

„Ist er fort?“ fragte Nasli leise und zaghaft.

„Ja, ich glaube, er ist fort!“ stellte Mukbil fest. „Lächle!“

Und Nasli lächelte.

„Jetzt ist es gut!“ sagte Mukbil. – „Komm!“

Er nahm Naslis kleine Hand in die seine und ging mit ihr den Weg entlang bis zum Ende des Parks. Hier pfiff er laut und lang dreimal. Da öffnete sich die schmiedeeiserne Pforte zum Garten des Yali, und Ismet erschien auf dem Weg. Er lief über die Straße, nahm an jede Hand ein Kind und brachte sie sicher ins Haus.

Seit diesem Tage blickte Nasli zu Mukbil auf, bewunderte ihn und hörte auf ihn.

Ein Jahr lang hatte Mukbil beim Imam wunderbare Linien, Schnörkel, Punkte und Striche gemalt – fein säuberlich von rechts nach links, und Nasli hatte es ihm nachzumachen versucht.

Dann kam der Tag, an dem das ganze türkische Volk in Aufregung geriet, an dem alt und jung beisammenstand, das große Ereignis zu bereden:

Mustafa Kemal verkündete eine neue Schrift!

Lange hatte er mit den Gelehrten überlegt, erwogen und verworfen, und nun stand es fest, das neue türkische Alphabet, das so leicht sein sollte, daß jeder Bürger es erlernen konnte! Allen Lehrern wurde es beigebracht, in allen Schulen wurde es gelehrt, und jeder Mann und jede Frau, so sie noch nicht vierzig Jahre zählten, mußte in Abendkursen lesen und schreiben lernen!

In den Städten und Dörfern wurden „Schulen der Nation" eingerichtet – der Ghazi war nicht mehr oberster Feldherr, sondern oberster Lehrer, der selbst durchs Land zog, seinem Volke zu erklären, warum er ihm die neue Schrift schenke:

„Kameraden", rief er am 9. August 1928 auf der Serailspitze den vielen, die sich dort versammelt hatten, zu, „um unsere schöne Sprache zu schreiben, führen wir jetzt auch türkische Buchstaben ein. Lernt sie rasch! Lehrt sie die ganze Nation, die Bauern und Hirten, die Lastträger, die Schiffer. Dies ist eure Pflicht, denn beschämend ist es, wenn achtzig von hundert eines Volkes nicht lesen können!"

Und in Städten und Dörfern, auf den Bergen, in den Wäldern und Tälern saßen die Türken, vom Schuhputzer bis zum Rinderhirten, jetzt auf der Schulbank. Auch Aysche saß in den Abendstunden neben anderen Frauen und Mädchen in der „Schule der Nation" und malte sorgfältig die Buchstaben des neuen Alphabets in ihr Heft, die so ganz anders waren als die arabischen und sich so leicht zu Worten zusammenfügen ließen –

„Jetzt wird Mukbil mir bald schreiben und meine Briefe lesen können", dachte sie dabei, „lieber kleiner Mukbil, wieviel habe ich dir zu erzählen!"

Mukbil und Nasli aber saßen gemeinsam im Schulzimmer, in dem schon ihre Mütter Unterricht gehabt hatten, und malten ein i, ein a, ein o auf ihre Tafeln, genauso, wie es die Kinder in Europa tun.

Mukbil war mit strengem Ernst bei der Sache, während Nasli das Lernen spielerisch und leicht nahm, wie alles, was sie tat.

Fräulein Berg sah sich genau an, was die Kinder malten, verbesserte hier und dort etwas und sagte, daß dies lateinische Buchstaben seien, mit denen fast alle europäischen Sprachen geschrieben würden, auch die in Amerika. Es sei gut, daß die Türken sie lernten, sie würden es leichter haben in der Welt.

Aber nicht alle waren ihrer Meinung –

Saffet kannte diese Schrift wohl schon lange, denn sie hatte ja Deutsch und Französisch gelernt, aber ihre Tanten entsetzten sich über die häßlichen Hieroglyphen und schimpften über Mustafa Kemal, der ihre schöne Türkei ganz auf den Kopf stelle.

So verging denn ein Tag nach dem anderen. Es wechselte der Mond. Er blickte voll und rund in die Schlafzimmer der Kinder, hing als schmale Gondel am Himmel und wurde zum goldenen Halbmond –

Die Herbststürme rüttelten die Bäume im Garten des Paschas. Schnee und Regen peitschten die Wasser im Bosporus, so daß sie fast schwarz, mit Schaumkronen bedeckt, an die Wände des Yali krachten.

Die Kinder durften weder in den Park noch zu ihrem geliebten Ibrahim. Sie saßen am Fenster und schauten in das tobende Wetter.

Doch es kam auch wieder die Sonne hinter den Wolken hervor. Die Wasserverkäufer sangen wieder ihre eintönigen Lieder auf den Straßen, es kam der Bozahändler, der Muezzin kündete die Fastenzeit, die Böllerschüsse riefen zum Mahl, die Lämpchen in den Minaretts leuchteten auf und schmückten die Nächte des Ramazan.

Und es wurde Scheker-Bayram gefeiert –

Mukbil saß wieder auf der Magnolie. Jetzt las er schon aus seinem Lesebuch der unter ihm hockenden Nasli lustige Geschichten vor, langsam buchstabierend, stockend, doch Nasli verstand ihn und hörte ihm zu.

Und der Opfer-Bayram wurde gefeiert. Jeder, der es konnte, schlachtete einen Hammel zur Erinnerung an Ibrahims Sohn.

„Ja", erklärte Ismet, „die Lämmchen, die wir schlachten, weisen uns einst, wenn wir gestorben sind, den Weg ins Paradies."

„Und die Armen, die kein Geld haben für ein Lämmchen?“ fragte Mukbil, an all seine Freunde in Ankara denkend. Ismet kratzte sich den Kopf – „Oh, die? Denen opfern die Reichen ein zweites und ein drittes Lamm!“

Zweifelnd blickte Mukbil ihn an, sagte jedoch nichts.

An einem Nachmittag, als der Herbstregen heftig gegen die Scheiben des Yali prasselte, betrat ein Offizier den Garten des Paschas. Groß und stattlich, im grauen Mantel der Armee, hatte er die Mütze ins Gesicht gezogen, den Kragen hochgestellt und beide Hände tief in die Taschen gesteckt.

Seine klugen braunen Augen suchten das Fenster im Yali, hinter dem das Arbeitszimmer des Paschas lag.

„Armer alter Mann“, flüsterte der Offizier, „wieder mußt du einen Schlag hinnehmen. Erst war es Murat, dann der Zusammenbruch des Sultanats und nun –“

Er atmete tief und biß sich auf die Lippen. „Und immer bin ich es, der die Hiobsbotschaft überbringen muß!“

Der große Mann trat unter die Kastanien und lehnte sich an einen nassen Stamm. Dabei wanderten seine Blicke zum Haremlik, das wie ausgestorben vor ihm lag. Ein kleines Lächeln legte sich über die harten Züge. „Saffet, Freude meines Lebens! Geliebte kleine Saffet“, und dann: „Nasli, meine Tochter!“

Hastig wandte er sich dem Selamlik zu und ging mit großen Schritten über den freien Platz.

Doch das Haus war nicht ausgestorben. Ismet hatte ihn gesehen und kam nun über den Hof gelaufen. Er hatte sich eine Decke um die Schultern gehängt und beugte das Knie vor dem Herrn.

„Allah segne deine Heimkehr, Turgut Efendi, oh, dieses Glück, der junge Herr zu Hause! Wie wird Saffet Hanim sich freuen, maschallah!"

Die rührende Freude des Alten brach jäh ab – besorgt und angstvoll blickte er in das ernste Gesicht seines jungen Herrn.

„Turgut Efendim, verzeiht dem alten Ismet, der in das Haus gehört wie die Ufer zum Bosporus, die Frage: Ist etwas mit Hilal Efendi, unserem Lachenden?"

„Ja, Ismet Aga", antwortete Turgut düster und ging auf das Yali zu, während der Alte neben ihm herlief –

„Allah steh mir bei – und dem Pascha Efendi und der lieben Saffet Hanim!" murmelte der Greis. Sein blutleeres Gesicht glich gelbem Pergament. Schwerfällig, doch eilig humpelte er ins Haus, um dem jungen Herrn einen Kaffee kochen zu lassen.

Sehr bald schon hatte Saffet erfahren, daß ihr Mann beim Vater sei. Selig brachte sie das ganze Haremlik durcheinander.

„Schnell, schnell, richtet den Tisch festlich! – Fräulein Berg, Fräulein Berg, Turgut ist da! Ich eile, mich umzuziehen. Mach du die Kinder nett! Nasli, Liebling, der Vater ist da, maschallah. Mukbil, mein Großer, er kommt aus Ankara, sicherlich mit Grüßen von der Annäh – schnell – schnell!"

Wie ein junges Mädchen sprang Saffet in ihre Gemächer hinauf, um sich umzuziehen.

„Mein Offizier", flüsterte sie dabei, wie damals als Vierzehnjährige, als sie mit Aysche auf ihrer Magnolie gesessen und über ihn gesprochen hatte. Wie sehr sie ihn schon damals liebte!

Saffet trat ins Ankleidezimmer und überlegte: Sollte sie das gelbe Gewand mit der schwarzen Stickerei nehmen oder das aus nachtblauem Samt? Dann aber wählte sie das rote mit den Goldbordüren, das sie angehabt hatte zur Brautschau, als Turguts Mutter ins Yali kam, und später zum Nikiah-Fest, als Turgut selbst ihr zum erstenmal entgegengetreten war.

Oh, nie würde sie diesen Tag vergessen! Wie war sie voller Freude gewesen – „Ob er genauso ist, wie er in meinem Herzen lebt? Ob ich ihm gefallen werde? Ob er mich lieben kann?“ Saffet erinnerte sich an jede ihrer Regungen, als sei es gestern gewesen.

Sie holte das Kleid, das schon etwas erweitert worden war, aus dem Schrank und schlüpfte hinein. Es saß wie angegossen. Sie drapierte die Schärpe, die in golddurchwirktem Rot von der Schulter hing, so daß sie gefällige Falten warf. Sie trat zum Spiegel, strich über die volle, hohe Frisur und legte einen hauchdünnen Goldschleier übers Haar. Mit dem Lippenstift zog sie die Konturen des Mundes nach – ein wenig Parfum – und nun noch –

Da hörte sie den geliebten, festen Schritt im Nebenzimmer. Saffet lief zur Tür, und schon hielt Turgut sie in seinen Armen.

„Licht meines Herzens!“

„Meine Seele, daß du gesund heimgekehrt bist!“

„Saffet – du mein Brillant, wie habe ich mich nach dir gesehnt, mich auf dich gefreut!“

Die Tanten, Fräulein Berg, Nasli und Mukbil an der festlich gedeckten Tafel mußten lange warten, bis die beiden zum Essen erschienen.

„Ein Brief von Annäh!"

Es war das Schönste, was Mukbil seit langem erlebt hatte, und der fremde Onkel, der Nasli auf dem Schoß hielt und mit ihr scherzte, hatte ihn mitgebracht.

Mukbil betrachtete den fremden Onkel Turgut, der Naslis Vater und Tante Saffets Mann war, genau – er war sehr dunkel und sehr ernst, sehr groß und sehr still – gar nicht so fröhlich und licht wie Onkel Hilal – aber er blickte gut und spielte mit Nasli.

Mukbil preßte den Brief an sich. Ob er zur Magnolie durfte? Während des Frühstücks hatte er immer wieder zum Fenster gesehen. Ob der Regen heute gar nicht aufhören wollte? Nun aber brach die Sonne doch durch; ein ganzes Bündel ihrer Strahlen zerriß die blauvioletten Wolkenwände. Der Sturm hatte sich gelegt. Mukbil ging, den Brief noch immer fest an die Brust gedrückt, zu Saffet.

„Darf ich in den Park?" –

Etwas erstaunt blickte Saffet auf den kleinen Mann. Doch als sie Mukbil mit dem Brief vor sich stehen sah, das Gesicht erwartungsvoll glühend auf sich gerichtet, fühlte sie, daß dies ein großer Augenblick im Leben des Jungen war, den er auf der Magnolie erleben wollte. Sie ahnte, was im Brief stand, beugte sich herab zu ihm und küßte ihn.

„Geh nur, Mukbil, und komm bald wieder!"

Mukbil rannte aus dem Hause, über die Straße und schnurstracks den Hang hinauf in den Park zu seiner

Magnolie. Hier in den feuchten Ästen des alten Baumes öffnete er den Umschlag, las Annähs Worte, erst buchstabierend langsam, dann immer flotter – einmal, zweimal, dreimal! Grüngolden tanzten die Sonnenflecken auf dem Boden, silbern glitzerten die Regentropfen auf dem Laub. Mukbil rührte sich nicht, er las den Brief, bis er ihn auswendig konnte, während Tränen unaufhaltsam über seine Wangen rollten:

„Mukbil, mein Augenlicht, Freude meines Lebens,

ich grüße Dich und hoffe, daß Du gesund bist. Ich grüße auch Tante Saffet und Fräulein Berg, ich grüße den Pascha und Nasli, ich grüße den alten Ismet, ich grüße Ibrahim und die Verwandtschaft im Fischerhaus. Ich grüße Istanbul, den Bosporus, das Yali und die alte Magnolie. Ich bin bei Dir, mein Sohn, und mit Dir. Allah segne Dich!

Wenn Du wissen willst, wie es mir geht, so kann ich Dir berichten, daß ich gesund bin und meine Prüfung als Schwester bestanden habe. Ich bin in einem schönen großen Krankenhaus angestellt und bewohne ein helles, hübsches Zimmer.

Ich habe Dich sehr vermißt, Mukbil-Sohn, und ich weiß, daß auch Dir das Leben in der Fremde am Anfang nicht leichtgefallen ist. Aber es war gut so, denn in der Zeit, da ich lernte, habe ich mit drei anderen Schwesternschülerinnen in einer kleinen Kammer geschlafen und jeden Kurusch umgedreht, bevor ich ihn ausgab.

Onkel Hilal war lange fort. Ihr alle, auch der Pascha, habt lange nichts von Hilal gehört, er sagte es mir. Er hat es nicht übers Herz gebracht, ihnen zu schreiben, was ihm geschehen ist.

Heute, da Turgut bei ihm war und heimfährt, um in Istanbul zu bleiben, erlaubte er mir, Dir davon zu berichten. Onkel Hilal ist bei den Kämpfen mit den Kurden schwer verletzt worden. Eine Explosion zerschmetterte ihm das linke Bein. Als er nach Ankara gebracht wurde, durfte ich ihn besuchen. Er lag im Lazarett, nicht in unserem Krankenhaus.

Ich erfuhr es eher als er, daß sein linkes Bein bis über das Knie hinauf verloren sei und daß auch der rechte Fuß bis zum Knöchel wohl nicht gerettet werden könnte. Onkel Hilal war verzweifelt, als der Arzt es ihm sagte. Er bat Allah um den Tod. Es schien ihm unmöglich und grausam, so weiterzuleben.

Lieber kleiner Mukbil, es war eine schwere Zeit! Unser großer Ghazi hat ihn dann persönlich besucht. Er soll Onkel Hilal angeschrien haben, laut und heftig. Ein Held aus Mustafa Kemals Armee kämpfe bis zum letzten Atemzug und bettle nicht um den Tod. Und als Onkel Hilal ihm bitter geantwortet habe, bei ihm sei's wohl aus mit dem Kämpfen, hätte der Ghazi noch immer polternd gefragt, wer ihm denn seine neue Hauptstadt bauen solle, wenn seine Architekten es nicht wollten. Und er hat Onkel Hilal den Auftrag gegeben, mitzuplanen an der neuen Stadt Ankara, die groß und modern werden soll.

Nachher sagte mir Onkel Hilal, er habe sich seiner Schwäche sehr geschämt und sich gleich bei den beiden Professoren aus Europa gemeldet, die vom Ghazi den Ruf nach Ankara bekommen hatten, in möglichst kurzer Zeit die Stadt neu zu bauen. Es sollen nette, kluge Herren sein, die Onkel Hilal schon Arbeit ins Lazarett brachten.

Jetzt wohnt Onkel Hilal nicht mehr auf der Zitadelle, sondern in einem neuen Haus im Erdgeschoß. Sein Bursche, der ihn auch im Kriege begleitete, versorgt ihn. Onkel Hilal muß im Rollstuhl geschoben werden. Sein Reitpferd hat er nicht verkauft, es steht in Tschankaja, und täglich läßt sich Onkel Hilal hinausfahren, um das Tier zu besuchen. Wenn der Bursche Ausgang hat, fahre ich Onkel Hilal hinaus, und die Wiedersehensfreude zwischen ‚Sturm' und seinem Herrn rührt mich tief an.

Ich soll Dich grüßen von Onkel Hilal und soll Dich grüßen von der alten Fatma, auch Achmet und Mechmet sagen Dir ihre Grüße, und viele Jungen auf der Straße fragen nach Dir.

Jetzt, mein Mukbil, könntest Du wieder heimkommen, wir haben sehr gute Schulen, und auch eine Universität soll Ankara bekommen. Wenn ich ein Zimmer außerhalb des Krankenhauses gefunden habe, werde ich, inschallah, selbst nach Istanbul kommen, Dich zu holen!

Ich segne Dich, mein Sohn, in Liebe Deine Annäh."

An einem Frühlingsmorgen, als Mukbil die Augen öffnete, stand die Annäh in der Tür!

Mukbil richtete sich steil auf und glaubte zu träumen, doch da kam sie schon auf ihn zu, nahm ihn in die Arme, herzte und küßte ihn – und hinter ihr standen lachend Saffet, Nasli und Fräulein Berg. Das ganze Zimmer war voll Liebe und Geborgenheit, und Mukbil hatte ein Gefühl, als wäre er ein ganz, ganz kleiner Junge und brauchte kein Held mehr zu sein, kein guter Schüler und kein schützender Großer – sondern nur Annähs kleiner Junge!

Er seufzte tief auf und sprang aus dem Bett. Als er hörte, daß auch Onkel Hilal mitgekommen sei und beim Pascha im Selamlik weile, kannte seine Freude keine Grenzen mehr.

Es wurde ein herrlicher Tag! Am liebsten wäre Mukbil nicht von der Seite der Mutter gewichen, doch Saffet und Aysche waren beide dafür, daß die Kinder wie immer unterrichtet würden. So saßen Mukbil und Nasli denn schweren Herzens im Schulzimmer. Hilal führte inzwischen ernste Gespräche mit seinem Vater. Saffet und Aysche aber gingen gemeinsam durchs Haus, saßen auf der Marmorbank am Bosporus, wanderten über die nicht mehr so gepflegten Wege unter den dunklen Pinien und begrüßten Ismet. Immer wieder brach Aysche in Erstaunen aus.

„Sieh nur, dieser Kirschbaum, den hat Ismet damals gepflanzt, wie er gewachsen ist! Das Yali erscheint mir dagegen viel kleiner als vor vierzehn Jahren, als ich es das erste Mal betrat!" – Und als sie überlegte, wen sie noch alles sehen wollte, wohin sie noch gehen wollte, erschien ihr der Urlaub überaus kurz.

„Bleib länger, Aysche, bleib ganz da!"

Aysche lachte. „Du bist wie früher, Saffet, wirklich, aber ich habe ja meinen Beruf. Meine Kranken warten auf mich!"

Saffet sah voll Hochachtung zur Freundin auf.

„Du bist eine der modernsten Frauen der Türkei, Aysche, und doch hast du dich kaum verändert. Weißt du, als du heute morgen aus dem Zug stiegst, erschienst du mir sehr anders. Du bist größer und stärker geworden und so bestimmt. Dies fremde Kleid verändert dich auch, ich kannte dich doch nur in türkischen Gewändern!"

Sie gingen über die Straße. Aysche blickte sinnend auf die moos- und grasbewachsenen Reste der alten Brücke.

„Doch jetzt", fuhr Saffet fort, „jetzt kann ich gar keine Veränderung mehr an dir entdecken, und je genauer ich dich ansehe, desto vertrauter wirst du mir wieder!"

„Mir geht es ähnlich! Vorhin auf dem Bahnhof sah ich nur die feine, elegante Dame. Ich hatte das Gefühl großer Fremdheit und hätte nicht geglaubt, daß du in kurzer Zeit schon wieder meine alte Saffet wärst!"

Die beiden sahen einander lächelnd an. Leicht stiegen sie den Hang zum Park hinauf, gingen die verwilderten Wege zwischen hohen, blühenden Gräsern entlang, vorüber an Thymian und Heckenrosen und blieben an der sonnendurchwärmten kleinen Mauer unter den alten Kastanien stehen. Wie verzaubert blickte Aysche über den vor ihnen liegenden türkisfarbenen Bosporus. Plötzlich hob sie schnuppernd die Nase.

„Levkojen? Ach Saffet, da muß es sein, das Levkojenfeld!“

Schnell wandte sie sich um und ging auf die hohen Sträucher zu, bog die Äste auseinander, und da lag vor ihr, wild wuchernd in üppigem Blühen, das Levkojenfeld. Tief sog Aysche den Duft der Blüten ein, der sich würzig mit dem der Pinien mischte.

„Als sei die Zeit stillgestanden!“ rief sie und wandte sich wieder der Freundin zu.

„Ja“, antwortete Saffet, „und doch ist in dieser Zeit wohl mehr an Umwälzungen geschehen als je zuvor!“

„Du hast recht!“ Aysche war sehr nachdenklich geworden. „Wie sehr hast du recht!“

Sie blickten aufs Yali hinab.

„BISMILLAH IR RAHMANI RAHIM!“ las Aysche. „Weißt du noch, wie du es mir das erste Mal vorgelesen hast? Oh, wenn doch über jedem Hause und über jedem Leben diese Worte stünden!

Im Namen Gottes, des Allbarmherzigen!

Ich fürchte doch, daß die vielen Neuerungen, die Maschinen, die ganze Technik, die Autos, die jetzt in unser Land kommen, ja, der ganze Fortschritt, uns von Gott entfernen. Wenn die Fremden, deren Leben wir annehmen sollen, uns damit auch ihre Unrast und Zeitnot bringen, ist es nicht gut! Du solltest die europäischen Professoren in Ankara sehen, die mit Hilal arbeiten. Sie planen Dinge, die groß und erschreckend sind, sie erzählen von neuen Flugzeugen, die wie silberne Vögel durch die Lüfte fliegen sollen, von Apparaten, mit denen man von einem Ende der Welt zum andern hören kann – sie sagen, daß ein neues Zeitalter anbricht, aber von Allah sprechen sie nie – und das erschreckt mich!"

„Ist Hilal auch so geworden?" fragte Saffet voller Sorge.

„Hilal war so", antwortete Aysche nachdenklich, „doch seit dem Unglück und der langen, schweren Zeit im Lazarett ist er Allah nahe! Vorgestern, als ich bei ihm war, malte er diesen Spruch auf einen Bogen und sagte mir, daß er auch über den Eingang seines Häuschens käme, das er sich ganz modern in Ankara bauen will – BISMILLAH IR RAHMANI RAHIM!"

Die jungen Frauen gingen weiter, auf beiden lastete Hilals Schicksal.

Ein Wind war aufgekommen und spielte in ihren Kleidern, zauste in den Haaren und rötete ihre Wangen. Als sie vor der Magnolie standen, dachten sie plötzlich das gleiche, und Saffet, übermütig, fragte halb lachend, ohne die Worte ernst zu meinen:

„Ob wir es noch können?"

Aysche war sofort bei der Sache. Und nachdem sie sich vergewissert hatten, daß keiner sie sehen könne, geschah das Unfaßbare, Unglaubliche, daß zwei türkische Damen in modernen europäischen Kleidern sich in die alte Magnolie schwangen und bald darauf, in eifrigste Gespräche versunken, zwischen den blühenden Ästen des geliebten Baumes saßen.

Lachen und Weinen, Kummer, Not und seliges Glück, alles, was sie seit Aysches Weggang erlebt hatten, breiteten sie voreinander aus.

Erst als die Kinder ihre Mütter suchten, merkten die beiden, wie lange sie hier auf dem Lieblingsplatz ihrer Mädchentage gesessen hatten.

„Still, Saffet“, Aysche legte die Finger auf den Mund, „hier oben dürfen sie uns nicht finden! Denk nur, wo bliebe da der nötige Respekt!“

Doch schon hatte Mukbil die beiden erspäht. Mit lautem Jubelgeschrei kletterte er wie ein Äffchen zu den geliebten Frauen hinauf und noch viel höher, damit Annäh sehen könne, was ihr Junge für ein Held sei.

Nasli aber stand fassungslos unter dem Baum und konnte es nicht begreifen, weshalb die Tanten immer sagten, „Baumklettern“ sei nichts für kleine Mädchen – wenn doch plötzlich große Mütter wie Vögel in den Zweigen saßen –

Am Nachmittag erschien der Pascha, von Turgut geschoben, im Haremlik zum Kaffee. Saffet selbst hatte Hilal abgeholt. Nun saßen sie alle im Wintergarten, dessen Glaswand zum Bosporus geöffnet war, die Weite des Wassers, den Blick auf ihre herrliche Stadt vor sich –

Ein Bericht löste den andern ab. Turgut erzählte von seiner neuen Arbeit an der Universität, wo er einen Lehrstuhl erhalten hatte, Aysche von ihrer Ausbildung als Schwester. Der Pascha fragte nach diesem und jenem, als Hilal plötzlich die Sprache auf jene Reform brachte, von der er bereits wußte, obgleich sie noch nicht bekanntgegeben war.

„Jeder Türke soll einen Familiennamen wählen, den er seinen Kindern vererbt, wie es in Europa üblich ist!“

Wieder einmal war der Pascha empört darüber, daß diese Neuerungen anscheinend kein Ende nehmen wollten. Er äußerte heftige Worte über Mustafa Kemal, denen die Tanten noch eifriger beistimmten.

Turgut aber meinte ernst, es sei vielleicht angebracht zu überlegen, welchen Familiennamen man denn wählen würde, und daß es schön sei, Stammvater eines Geschlechtes zu werden, dessen Namen man selbst hatte bestimmen dürfen.

Saffet war ganz aufgeregt. „Turgut, Liebster, den schönsten Namen wählen wir uns – einen Namen, in dem Blumen oder Sterne vorkommen oder – ein ganzer Rosenhain –"

Turgut lächelte.

„Ich würde mir eher einen Namen wählen, in dem Ruhe vorkäme – Ruhe – Rahat – findest du es nicht schön: Saffet Rahat, Nasli Rahat, Turgut Rahat?"

„Ja", meinte Saffet, „aber ‚Gülistan' – Rosengarten – fände ich auch sehr schön – klingt es nicht fein: Turgut Gülistan – oder Saffet und Nasli Gülistan?"

Fräulein Berg fand beide Namen schön, der Pascha jedoch war fassungslos über so viel Unsinn und sagte, das einzige, was er gelten ließe, sei „Sohn des Süleyman" oder „Sohn des sowieso", welchen Namen der Vater auch immer getragen hätte – er sei es wert, der Sippe gegeben zu werden.

„Das habe ich mir auch für Mukbil gedacht – sein Vater hieß Ali – Mukbil soll Alioglu heißen – Sohn des Ali."

„Das ist schön", pflichteten alle bei, „Mukbil Alioglu klingt gut!"

„Doch du, Aysche, du selbst, was hast du dir für dich gedacht?" fragte Saffet neugierig. „Du kannst dich doch nicht Alioglu nennen?"

„Ich könnte es, wenn mein Sohn so heißt, doch ...“

„Ich habe Aysche vorgeschlagen, sich ‚Takdis‘ – Segen – zu nennen, denn sie ist ein Segen für jeden Kranken“, wurde sie hier von Hilal unterbrochen. „Ich nenne mich ‚Refik‘ – Kamerad, doch wenn dieser Name, der gleichermaßen zu Aysche paßt wie ‚Takdis‘, Aysche besser gefällt, könnten wir den gleichen Namen tragen, denn kaum gibt es bessere Kameraden als Aysche und Hilal!“

Ganz still war es geworden nach diesen Worten.

Aysche war es heiß ins Gesicht gestiegen. Erstaunt blickte der Vater von Hilal auf die junge Frau und von dieser zurück zum Sohn. Erfreut aber streichelte Saffet die Hand der Freundin.

Die Sonne hing als blutrote Kugel über dem Goldenen Horn, wie in leichte Schleier gehüllt ragten die Minaretts der Yeni-Cami-, der Süleymanye- und Achmet-Moschee in den Abendhimmel – vor der märchenhaften Silhouette des Top-Kapu-Serails fuhren die Kähne jetzt zum Fischfang hinaus. Ihre bunten Farben leuchteten in der untergehenden Sonne gleich Rubinen, Smaragden und Goldtopasen im flüssigen Silber des Bosporus. Blütenweiß aber lag am Ufer das zauberhafte Schloß Dolmabahce. Und langgezogen schwang die Stimme des Muezzins im gleichmäßigen Auf und Ab voll und tönend durch den Abend.

Ist es möglich, daß Tage so schnell dahinfliegen können?

Aysche besuchte ihre Verwandten, sie sprach mit Nachbarinnen und erzählte ihren Brautwerberinnen ausführlich von Ali und seinem Dorf –

Sie wunderte sich darüber, daß die Frauen und Mädchen auch hier ihre Schleier abgelegt hatten und fröhlich durch die Straßen gingen, als hätten sie nie ihr Gesicht verhüllt. Natürlich gab es noch viele, die den Mund verdeckten und fortblickten, sobald ein Mann ihnen begegnete. Die Jüngeren aber bewegten sich frei und sprachen schon über Berufe.

Oft schob Aysche den Rollstuhl, in dem Hilal saß, durch Üsküdar. Sie fuhr ihn zum Friedhof, auf dem die alte Hanim Efendi unter dunklen Zypressen ruhte. Sie sprachen in Liebe und Verehrung von der Großmutter – Allah hab sie selig – und von den Tagen, da Aysche zum erstenmal das Yali betreten hatte.

Und Aysche schob Hilal auf den Bosporusdampfer, fuhr ihn durch die Straßen Stambuls, durchquerte mit ihm den Bazar – besuchte mit ihm die alten Moscheen oder saß am weißen Strand von Floria, weit über das Marmarameer blickend an seiner Seite.

Meistens war Mukbil bei ihnen, oft begleiteten auch Saffet und Nasli die beiden. Und immer wieder fiel die Frage: „Weißt du noch?“

An Deck des Dampfers saßen die Frauen nun neben den Männern, sie sprangen aus der gleichen Straßenbahn. Junge Mädchen gingen lachend und fröhlich in kurzen Sommerkleidern spazieren, und fremde, seltsam lärmende Musik tönte aus dem Lautsprecher eines Grammophons über die Straßen. Alte und neue Welt waren so dicht miteinander verwoben, daß sie untrennbar ein Ganzes bildeten, oft ein wirres, verwirrendes, unklares Ganzes.

Türkisches Volk, werden deine Kräfte ausreichen, aus diesem Chaos geordnete Einheit zu formen? Nur wenige Männer dachten nach über dieses Problem – heftig diskutierte der Pascha mit Turgut und Hilal darüber –, die Frauen freuten sich der kleineren Dinge.

Und Nasli lief jetzt wie ein Schatten neben dem geliebten Freunde her, an den sie sich so gewöhnt hatte, daß ein Abschied von ihm ihr unfaßbar schien.

„Mukbil", erklärte sie eines Tages ganz entschieden, als sie unter der alten Magnolie spielten, „ich komme mit euch nach Ankara. Willst du, daß ich mitkomme? Ich will!"

Mukbil, der gerade Kapitän eines Schiffes auf dem stürmischen Bosporus war, fiel fast ins Wasser vor Überraschung.

Mühsam balancierte er auf dem Stein, der sein Schiff war, segelte mit den Händen in der Luft, um das Gleichgewicht zu bewahren, und sagte dann:

„Du willst mit nach Ankara? Das geht nicht, maschallah, wo willst du denn schlafen?"

„Bei euch natürlich!" antwortete Nasli mit einer Selbstverständlichkeit, die Mukbil völlig aus der Fassung brachte.

„Bei uns?" Und er dachte an den Flur der Lazarettbaracke, in dem er mit seiner Annäh geschlafen hatte, an die schlichte Wohnstätte Achmets auf der Zitadelle und an die einfachen Lehmhütten auf dem Hügel. Er betrachtete Naslis gepflegte kleine Person, ihr hübsches Kleid, die Seidenschleife und sagte voll Überzeugung:

„Nein, Nasli, das geht nicht!"

„Warum nicht?" wollte Nasli wissen.

Ja, wie sollte man das einem kleinen Mädchen erklären? – Während Mukbil scharf überlegte, wie er das in Worte kleiden könne, füllten sich Naslis Augen mit Tränen.

„Du willst mich nicht! Schäm dich, Mukbil, und ich gab dir gestern noch die Hälfte von meiner Baklawa, die du so gern ißt!" –

Ja, das hatte sie getan. Sie hatte den gezuckerten, fetten Kuchen unter ihrem Kopfkissen versteckt, um ihn am Abend Mukbil hinzuschieben, und obgleich Fräulein Berg am nächsten Morgen sehr gescholten hatte über das verklebte Bett, hatte sie nicht verraten, daß es für Mukbil geschehen war. Der dachte gerührt daran und beeilte sich, ihr zu versichern, daß er sie wolle.

„Aber?" fragte Nasli drängend.

„Aber du bist noch so klein!" erklärte Mukbil. „Wenn ich groß bin, hole ich dich!"

„Bestimmt?"

„Bestimmt!" beteuerte der Knabe – „Und ich werde dir auch ein Andenken schenken", fuhr er dann fort und legte die Stirn in Falten. „Ich habe einen wundervollen Schmuck von der Annäh, den Schmuck, den ich immer am Hals trug, eingenäht, wegen der Räuber, den schenke ich dir!"

„Mir? Wirklich, Mukbil?“

„Ja, ganz wirklich!“

„Wo ist er denn jetzt?“ wollte Nasli wissen.

„Bei deiner Annäh! Ich gab ihn doch Tante Saffet, als ich ankam, zum Zeichen, daß ich der richtige Junge bin!“

„Ich weiß“, und nach einer kleinen Pause: „Der gehört wirklich ganz mir?“

„Ja, Nasli, ganz dir!“ beteuerte Mukbil. Er kam sich sehr großartig und wichtig vor, solch ein Wunder verschenken zu können.

„Dann schenke ich dir auch etwas von hier! – Was willst du mitnehmen von uns?“

Jetzt hockten die Kinder kreuzbeinig auf ihren „Schiffen“.

Mukbil starrte übers „Wasser“ zu Nasli hinüber, die fünf Schritte entfernt auf ihrem Stein saß und ihn erwartungsvoll ansah.

„Was ich will? Ach, Nasli, das, was ich mitnehmen will, kannst du mir doch nicht geben!“

„Ich kann!“ schrie Nasli energisch. „Ich will! Was ist es?“

Mukbil lachte und sagte:

„Kannst du nicht! Kann keiner!“

„Was ist es – sag schnell!“ bat Nasli.

Und Mukbil seufzte: „Die Magnolie!“

Entgeistert blickte Nasli ihr Gegenüber an –

„So was Dummes, maschallah!“ rief sie dann empört. „Die Magnolie! Dafür brauchst du ja ein ganzes Schiff!“

„Siehst du, und mit dem Schiff kann man nicht nach Ankara!“

„Warum nicht?“

„Aber Nasli! Wenn Fräulein Berg das gehört hätte, sie wäre geplatzt vor Schreck! Ankara ist doch in der Wüste! Wir fahren im Zug!“

„Warte!“ rief Nasli und sprang vom „Schiff“. Sie vergaß, daß es tiefstes Wasser war, durch das sie nun lief, und rannte, ohne zu ertrinken, den Hang hinab über die Straße geradewegs zum alten Ismet.

Der stand da und begoß seine Blumen. „Mein Augenlicht! Kleine Hanim Efendi, was ist geschehen?“ fragte er erschrocken, als die kleine Zierlichkeit so atemlos vor ihm stand.

„Du mußt mir helfen, Ismet Aga, bitte hilf! Du weißt Bescheid über Bäume und Blumen. Ich will Mukbil die Magnolie schenken, wie machen wir das?“

Ismet stellte die Gießkanne hin, die er gerade in der Hand hielt, und setzte sich auf einen Stein am Wegrand.

„Die Magnolie schenken? Hörte ich richtig, kleines Seelchen, die Magnolie?“

„Ja“, ungeduldig stand Nasli vor ihm, „natürlich, er liebt doch die Magnolie, verstehst du das denn nicht?“

Nun, daß man die Magnolie liebte, verstand der alte Ismet wohl, doch daß man sie nehmen und verschenken wollte – und dies als das Natürlichste der Welt empfand, nein, das konnte der Alte nicht recht begreifen. Deshalb kratzte er sich jetzt den Kopf unter der Mütze und fragte dann etwas ängstlich:

„Und soll er sie auch mitnehmen nach Ankara, diese Magnolie?“

„Natürlich“, bestätigte Nasli wieder.

„Schwierig!“ meinte Ismet und blickte nachdenklich auf seine Fußspitzen. „Laß mich nachdenken!“

Und während Nasli nun eine ganze Weile still zusah, wie Ismets Stirn „nachdachte“, schien diesem schon ein brauchbarer Gedanke zu kommen, denn plötzlich erhellte sich das weißbärtige Pergamentgesicht, und während der Alte die Kleine an beiden Händen faßte, flüsterte er geheimnisvoll:

„Der alte Ismet weiß einen Weg. Wir schenken Mukbil einen Teil der Magnolie!“

„Ja!“ Naslis Gesicht hellte sich auf.

„Ja, inschallah!“ antwortete der gute Alte und erhob sich. „Heute abend gehen wir zwei hinauf in den Park, nehmen einen Ableger vom Baum, und wenn es auch nicht ganz die rechte Zeit für Ableger ist – wir versuchen es – vielleicht treibt er Wurzeln – Allahs Wille geschehe – und dann kann Mukbil die kleine Magnolie im Topf nach Ankara mitnehmen und vor sein Haus pflanzen. Wenn er sie pflegt, wird sie schön und groß werden!“

„Oh, Ismet Aga, du Guter, ich danke dir!“ Und Nasli schlang stürmisch ihre Arme um den Hals des Alten und küßte ihn zärtlich auf die Wange.

Drei Wochen danach kam Nasli eines Nachmittags geheimnisvoll zur Marmorbank, auf der Mukbil mit seiner Annäh saß, während Onkel Hilals Rollstuhl neben ihnen im Grase stand.

Behutsam trug das kleine Mädchen einen bunten Topf in Händen, in dem etwas zu wachsen schien –

„Was ist das denn, was du so vorsichtig daherbringst?“ fragte Aysche neugierig.

Da blieb das Mädchen stehen und stellte den Zweig neben Mukbil auf die weiße Bank.

„Das ist die Magnolie, Mukbil, die ich dir zum Abschied schenke. Wenn du sie vor dein Haus pflanzt und sorgsam pflegst, sagt Ismet, dann, inschallah, wird sie wohl groß und stark werden!"

Mukbil betrachtete neugierig den Zweig.

„Die Magnolie, maschallah, Nasli, wie hast du das gemacht?"

Und während Nasli nun ausführlich berichtete, untersuchte Mukbil diesen Ableger aufs genaueste.

„Wirst du ihn einpflanzen?" forschte Nasli und setzte sich nun auch auf die Bank.

„Natürlich!" erklärte Mukbil.

„Dschanoum, Liebling", Aysche legte den Arm um ihr Kind, „ja, Mukbil, wo willst du denn die Magnolie einpflanzen?" Der Mutter tat es weh, daß sie ihrem Jungen kein Stückchen Erde geben konnte, seinen Baum zu pflanzen. „Im möblierten Zimmer kann man keinen Baum großziehen!"

Erschrocken sahen Mukbil und Nasli auf Aysche.

Da kam Hilals ruhige Stimme zu Aysche und den Kindern herüber und sagte:

„Ich habe doch ein Grundstück gekauft für das neue kleine Haus, welches ich bauen werde. Dort ist Platz für einen Garten. Wenn es dir recht ist, soll die Magnolie das erste sein, was da wächst, und Mukbil soll sie pflanzen und pflegen!"

Mukbil strahlte auf, sprang von der Bank und nahm den bunten Topf in beide Hände. Er trug ihn zu Hilal, stellte ihn auf seine Decke, und überzeugt davon, daß er aus diesem Ast den herrlichsten Baum würde ziehen können, versicherte er: „Vor deinem Haus soll sie stehen, Onkel Hilal, und ganz groß werden, maschallah!"

Hilal nahm die kleine Magnolie in seine Hände, dann blickte er nachdenklich auf Aysche. „Vielleicht soll sie vor unserem Hause stehen?" fragte er leise.

Und während Mukbil der kleinen Nasli versicherte, daß er sie bestimmt holen würde, wenn die Magnolie ein Baum geworden sei, um ihr die Zitadelle und den Bazar zu zeigen und sie mit all seinen Freunden bekannt zu machen, sah Aysche im Geiste ein kleines weißes Haus stehen, vor dem eine Magnolie blühte, sie sah Hilal und Mukbil miteinander sprechen, füreinander dasein und sah Ali, froh über das, was seinem Sohn gegeben wurde!

Aysche sah Hilal an und antwortete genauso leise:

„Vielleicht, inschallah, unser Haus!"

In den letzten Tagen vor ihrer Abfahrt ließ Hilal sich von Ismet ins kleine Café vor der Moschee fahren. Es war wie ein Abschied von der Stadt seiner Kindheit und den Leuten, die hierher gehörten.

Dort saß er dann unter den Männern, die umständlich ihre großen Wasserpfeifen entzündeten, die Mundstücke aus Bernstein und Meerschaum in den Mund nahmen und den leisen, gurgelnden Tönen der Pfeifen lauschten. Er sah zu, wie in den langstieligen Dscheswes der Kaffee gekocht wurde und schäumend in die winzigen Kaffeeschalen floß. Er genoß den Duft, wenn die Schälchen auf dem Hängetablett herumgereicht wurden, und wunderte sich, wie sich hier alles gleichgeblieben war. Keine Frau hätte es gewagt, dieses Café zu betreten. Nach ungeschriebenem Gesetz gehörte es den Männern, die dort nach alter Gewohnheit auf eisernen Stühlen hockten. Die alte Platane spendete kühlenden Schatten.

Die Männer schauten. Sie sprachen wenig. –

Die leichte Brise vom Bosporus umspielte ihre bärtigen Gesichter. Sie dachten eigentlich gar nichts, ließen das Leben auf dem Platz nur an sich vorbeiziehen, als wäre es ein Schauspiel.

Wieder schrillte die fremde Musik aus dem Lautsprecher über dem Eingang des Cafés.

Da erhob sich die Stimme des Muezzins und versuchte den Lautsprecher zu übertönen.

Würde sie siegen?

Ein Motorrad ratterte über die Straße. Es bremste quietschend und zerriß den Wettkampf des Muezzins mit dem Lautsprecher.

Ein Kupferschmied trieb seinen humpelnden Esel an den silbergrauen Holzwänden alter Häuser vorüber. Aus einem Fenster, versteckt hinter dem kunstvollen Holzgittervorbau, rief eine Frau ihn an. Er hieß den Esel stehen, lief ans Fenster und nahm die Teller zum Verzinnen entgegen, die ihm die weiße Frauenhand durchs Gitter reichte.

Junge Mädchen in kurzen bunten Kleidern gingen eilig zum Dampfer. Die Röckchen wippten. Schmunzelnd blickten ihnen die Männer nach.

Ein Alter schimpfte über die schamlose Jugend „von heute", die die Moscheen vergaß und modernen Vergnügungen nachlief.

Es kam der Süßwarenhändler und pries seinen Lokum, seine Helva und die feingezuckerten Mandeln an.

Und da schritt langsam, von einem kleinen Jungen geführt, Ibrahim über den Platz. Seine Augen waren hell, als könne er sehen. Er setzte sich unter die alte Platane auf die Bank, die nicht zum Café gehörte, und der Wirt lief händefuchtelnd herzu, ihn zu begrüßen. Ibrahim war ein angesehener Gast, ein beliebter Gast, und der Cafébesitzer wußte wohl, weshalb er ihm jetzt einen Tee servierte, einen Tee mit extra viel Zucker.

Die Kühle des Abends legte sich nach der Hitze dieses Tages wohltuend über die Gemüter.

„Ibrahim, alter Kamerad, erzähl!"

„Erzähl, Ibrahim!"

Hilal beobachtete, wie der Blinde seinen Tee trank, wie er lächelte und den Kopf zur Seite wandte, als lausche er bestimmten Worten. Er winkte Ismet und ließ sich zum Blinden unter die Platane fahren.

„Ich habe dich noch nie gehört, Ibrahim", sagte er, als sein Rollstuhl neben dem Blinden stand.

Und Ibrahim hob den Kopf und lauschte in die Richtung, aus der die Stimme kam, ja, er blickte Hilal an, als könne er ihn sehen. Dann stand er auf und ging einen Schritt auf Hilal zu. Er hob die Hände, er fühlte den Rollstuhl, beugte sich über den Mann und tastete mit den Händen über dessen Kopf, über seine Stirn, seine Augen, die Wangen, er strich über die Nase, den Mund und den Hals.

„Hilal", sagte er nach einer Weile, „ich kenne dich. Es ist gut, daß du gekommen bist, es ist eine Freude für den blinden Ibrahim."

Kinder hatten sich eingefunden, als sie Ibrahim unter der Platane sahen. Nun standen sie da, klebrige Süßigkeiten in den Händen, hockten vor ihm am Boden und kauerten auf der Bank.

„Wirst du erzählen, Ibrahim?"

Saffet und Aysche, begleitet von Turgut und den Kindern, kamen über den Platz. Als sie Ibrahim umringt von Buben und Mädchen dasitzen sahen, wandten auch sie ihre Schritte zur alten Platane. Mukbil rannte, gefolgt von Nasli, den Erwachsenen voraus.

„Ibrahim, erzählst du? Ach, Onkel Hilal ist da –", und Mukbil ließ sich zu Boden gleiten, hockte nun erwartungsvoll da, den Rollstuhl im Rücken, gerade vor seinem blinden Freund.

Bald schon waren alle Eisenstühle aus dem Café unter den großen Baum gerückt. Die Wasserpfeifen schmorchelten leiser, der Kaffee wurde nicht ganz so laut wie sonst geschlürft, und Ibrahim begann ernst:

„Männer, Allah ist groß! Allah ist der Größte! Allah ist allmächtig und allwissend! Mohammed jedoch ist sein Prophet! – Ihr alle kennt die Prophezeiung Mohammeds aus dem Koran, daß Dedschal kommen wird. Doch wer von euch hat nachgedacht darüber?"

Ein Gemurmel erhob sich. Nein, nicht alle kannten die Geschichte von Dedschal, und deshalb begann Ibrahim.

Er erzählte langsam und eindringlich, er erzählte klar und ruhig, er senkte seine Stimme, er hob sie, und vielen schien es, als spräche er aus einer anderen Welt. Einige vergaßen das Rauchen, andere ließen den Kaffee stehen – Ibrahim aber erzählte:

„Ein Mann schreitet über die Welt, groß und prächtig. Sein Gewand gleißt metallisch in der Sonne.

Herrlich ist er anzuschaun.

Dedschal!

Mit übermenschlichen Gaben hat Allah ihn bedacht.

Soll er den Menschen das Leben verschönen?

Soll er sie prüfen?

Scheitan, nie müde für seinen Kampf, raubte ihm ein Auge.

Es ist das Auge, welches Allah sah.

Einäugig eilt der Glänzende jetzt in Windesschnelle über die Erde. Einäugig vermag er in weiteste Fernen zu sehen. Er vermag an einem Ende der Welt das Flüstern am andern Ende zu vernehmen. Er kann die Stahlflügel seines

Gewandes öffnen, ausbreiten und die Lüfte durchmessen. Wo sein Fuß die Erde berührt, öffnet sie sich – Schluchten bringen Schätze hervor, blendend in ihrem Reichtum breitet sich Gold, Diamant und Edelgestein vor den Menschen aus. Und diese jubeln Dedschal zu. Sie spielen mit den Steinen und hüllen sich in Gold. Er aber läßt Regen fallen und Blumen erblühen. Vor ihren staunenden Augen vollbringt er Wunder über Wunder. Er zeigt ihnen Gifte, die den Tod bekämpfen, und solche, die töten.

Und die Menschen sehen nur noch ihn.

Er weist ihnen Kräfte, die ihre Arbeit tun, ihre Feinde besiegen, Kräfte, die selbst Welten zu sprengen vermögen.

Und die Menschen halten ihn für Gott. Sie fallen nieder vor ihm und beten ihn an.

Sie merken nicht, daß sie, gleich Dedschal, das Auge – welches Gott zu erkennen vermag – verlieren und, einäugig wie er, in der von ihm veränderten Welt stehen."

Erklärung türkischer Ausdrücke

Aga	höhergestellter Angestellter; Höflichkeitsform, mit der Bedienstete angeredet werden
Allah	Gott
Allah ismarladik	Gott befohlen
Allahu ekber	Allah ist groß
Annäh	Mutter
Annädschi	Mütterchen
Annädschiim	mein Mütterchen
Atatürk	Vater der Türken
Azan	(sprich: Asan) Ruf des Muezzin
Baba	Vater
Baba Annäh	Vaters Mutter (Großmutter)
Baba Annädschi	Vaters Mütterchen (Großmütterchen)
Babadschiim	mein Väterchen
Baklava	öliger Blätterteig mit Honig und Nüssen
Bakschisch	Trinkgeld
Baschörtü	Schleier, mit dem die Frauen im Hause ihr Haar bedecken
Bazar	(sprich: Basar) Kaufstätte, Markt
Boza	(sprich: Bosa) dickflüssiges, gelbliches, süß-säuerliches Getränk
Bulgur	dicke Graupensuppe, die besonders in den Dörfern Anatoliens viel gegessen wird
Burnus und Kaftan	orientalische Männerbekleidungsstücke
Büyük	groß
Büyük-Annädschi	Großmütterchen
Cami	(sprich: Tschami) Moschee

Dede-Korkut	Name des Sängers dieser oghusischen Heldenlieder, die das Heldenepos des türkischen Volkes bilden
Dedschal	Gestalt einer Prophezeiung Mohammeds
Dschanoum	Seelchen
Dscheswe	kleine Metallkännchen mit langem Stiel, in denen über einer Flamme Kaffee gekocht wird
Dschi-Dschiim	Liebling
Efendi	Herr
Efendim	mein Herr
Evet	ja
Fez	(sprich: Fes) alte türkische Kopfbedekkung aus rotem Filz
Ghazi	(sprich: Gasi) Ehrentitel = der Siegreiche
Das Goldene Horn	Wasserarm, der vom Bosporus aus Istanbul in zwei Teile teilt
Güle, güle	lächle, lächle (Redensart: kehr lächelnd wieder!)
Haidarpascha	Bahnhof auf dem asiatischen Ufer Istanbuls, Ausgangspunkt sämtlicher Züge in den Osten
Hamal	Lastenträger
Hamam	türkisches Bad
Han	Herberge
Hanim	Frau
Hanim Efendi	Frau Herrin
Haremlik	Flügel des Hauses, den die Frauen, Kinder und Dienerinnen bewohnen (Frauenraum)

Helva	türkische Süßigkeit aus Nuß, Öl und Zukker
Hohe Pforte	Regierung des Sultanats
Hosch geldiniz	(sprich: geldinis) Fühlen Sie sich wohl bei uns! (Begrüßung)
Ifrit	Luftelf, freundlicher, schöner Luftgeist
Imam	Geistlicher, Prediger
Inschallah	So Allah es will; Gott gebe es; so es Gott gefällt; hoffentlich
Islam	Religion der Mohammedaner = „Hingabe“ an Gott
Jawasch, jawasch	langsam, langsam (Redensart: Immer mit der Ruhe!)
Jok	nein
Jurten	Rundzelte
Kaik	Boot
Kalif	Oberhaupt der mohammedanischen Glaubensgemeinde
Keef	ein stilles Nichtstun – Nichtsdenken – Entspannen – Behagen
Khan	Fürst
Kismet	Schicksal (von Quisma = der Anteil); die persönliche Vorbestimmung; Begriff der Ergebenheit in Gottes Wollen; Gehorsam (kein stures Sich-Ergeben)
Konak	Schloß
Koran	das heilige Buch des Islam, das die Botschaft Mohammeds enthält (Koran heißt arabisch: Lies! Vernimm! Höre!)
Köschk	kleiner Pavillon

Kurusch	türkische Münze (100 Kurusch = 1 Lira)
Lokum	türkische Süßigkeit aus Zucker, Reismehl, Rosenwasser, Nüssen und Pistazien
Mangal	Feuerbecken aus Kupfer oder Messing, das, mit glühender Holzkohle gefüllt, in die Mitte des Raume gerückt, Wärme spendet
Maschallah	Allah bewahre uns vor dem bösen Auge! Gott helfe! Gott schütze! (wird bei jedem Lob angewandt)
Maschlah	Über Kopf und Schultern fallender Schal oder Schleier, der das Gesicht frei läßt. Er wurde von den Frauen im Garten oder im eigenen Park getragen.
Medrese	Schule
Mihrab	Gebetsnische
Minarett	(sprich: Minareh) die hohen schmalen Türme der Moscheen
Minder	Teppich
Mohammed	Allahs Prophet; Religionsstifter; Begründer des Islam
Moschee	mohammedanische Kirche; Gotteshaus der Mohammedaner
Muezzin	(sprich: Müesin) Gebetsrufer, der von den Balustraden der Minaretts die Gläubigen zum Gebet ruft, fünfmal am Tag (heute mittels Lautsprechern)
Nargileh	Wasserpfeife
Nikiah	Summe, die der Bräutigam für die Braut zahlen muß

Padischah	der Herrscher
Pascha	hoher Würdenträger
Pasteln	Sandalen aus einem Stück Leder geschnitten und genäht
Peri	Blumenelfe oder Blumenfee (weiblich)
Raki	Anisschnaps
Ramazan	sechswöchige Fastenzeit vor dem Scheker-Bayram
Riket	Kniefälle während des Gebets
Scheker	Zucker
Scheker-Bayram	Zucker-Bayram, religiöses Fest, das die Fastenzeit des Ramazan abschließt. Zehn Wochen danach wird der Opfer-Bayram gefeiert.
Schekerim	Liebkosung, mein Süßer
Selamlik	Flügel des Hauses, der den Männern gehört und für Besuche und Empfänge vorgesehen ist; wörtlich: Begrüßung; Selam = Frieden
Serail	Palast
Suren	die Verse des Korans
Teschekür	Dank
Teschekür ederim	ich sage Dank
Top-Kapu-Serail	Landspitze, die vom Marmarameer, dem Bosporus und Goldenen Horn umspült in den Bosporus ragt; Sitz des Sultans, voll kleiner Paläste, Pavillons, Brunnen und Blumengärten (heute Museen)
Tschamlidscha	Hügel mit herrlichem Ausblick auf dem asiatischen Ufer von Istanbul

Tscharschaff	Straßengewand mit Tuch und Gesichtsschleier, den die türkischen Frauen vor der Reform Mustafa Kemals außerhalb von Haus und Garten tragen mußten
Tschok teschekür	vielen Dank
Türbee	Grabstätte
Wallahi	Ausruf: Es ist bei Allah wahr!
Yah	Ausruf des Staunens und Lobens
Yali	schlößchenartige Villa am Wasser
Yedikule	„Festung der Sieben Türme", südlicher Teil der Stadtmauer von Istanbul
Yeni Cami	(sprich: Jeni Tschami) Neue Moschee

Es wurden als Quellen benutzt:

Gesellschaft zur Erforschung der türkischen Geschichte in Istanbul: Die Geschichte der Türkei
Benoit Mèchin: Mustafa Kemal, Begründer der neuen Türkei
T. E. Lawrence: Die sieben Säulen der Weisheit
Muhammed Asad: Mein Weg nach Mekka
Franz von Caucig: Reiseführer Türkei
Alexander von Gleichen-Rußwurm: Aus der Kulturgeschichte Orient, Bd. I u. II
Woodsmall: Aufstieg der mohammedanischen Frau
Friedr. von Rummel: Die Türkei auf dem Weg nach Europa
Bofinger: Türkische Arabesken
H. C. Armstrong: Grey Wolf (Mustafa Kemal)
Barbro Karabuda: Türkei ohne Schleier
Yakub Kadri: Sämtliche Schriften, insb. Der Fremdling
Krüger: Die Türkei
Rudi Paret: Mohammed und der Koran
Jockel: Die lebenden Religionen
Hanna Hindbeck: Der Wind schlägt um am Bosporus
Herbert Kreft: Istanbul
Ann Bridge: Begegnung am Bosporus
H. v. Glasenapp: Die fünf großen Religionen
Der Koran, Goldmann-Ausgabe
Robert Liddell: Die Stadt am Bosporus

Dem Manesse-Verlag sowie Herrn Joachim Heim danken wir für die freundliche Genehmigung, die Geschichte des Deli Dumrul seinem Band Das Buch des Dede Korkut – aus dem Oghusischen übersetzt und erläutert von Joachim Heim –, verkürzt, jedoch teilweise wörtlich zu übernehmen.

Wenn ich einige meiner Quellen sehr weitgehend zitierte, geschah es, weil die Art der Niederschrift und das Thema mich stark gefangengenommen haben.

Käthe v. Roeder-Gnadeberg

Lesespaß für Mädchen

Käthe von Roeder-Gnadeberg

Und Liebe gehört auch dazu

Dieser Roman begleitet Ursula und Matthias Glawen durch einen wichtigen Abschnitt ihres Lebens. Wir erleben sie und ihre Freunde seit der Schulentlassung in Freizeit und Familie, in Ausbildung und Arbeitswelt und erfahren von ihrem Schicksal heute – nach acht Jahren.
Wir lernen ihre Freuden und Nöte kennen, ihre angenehmen und ihre unangenehmen Charakterzüge. Langsam fassen sie im Berufsleben Fuß. Sie werden erwachsen und müssen sich als selbständige, eigenverantwortliche Menschen bewähren. Und jeder dieser jungen Menschen kommt zu der Erkenntnis, daß Liebe das tragende Fundament des Lebens ist: Die Liebe zum Beruf, die Nächstenliebe, selbst dort, wo Auffassungen auseinanderklaffen, vor allem aber die verstehende und opferbereite Liebe in einer partnerschaftlichen Beziehung.

Loewe

Lesespaß für Mädchen

Doris Jannausch

Nina und Ninette

Das sind ja schöne Aussichten für Ninas große Ferien. Ihre ältere Schwester will eine Radtour machen, die Eltern haben ihren Urlaub fest geplant, und Nina soll mal wieder zu Tante Henriette abgeschoben werden. Ferien bei Tante Henriette – das ist bestimmt kein Zuckerschlecken. Doch niemand hat mit Ninette gerechnet. Ninette ist nicht nur Ninas Großcousine, sondern auch eine berühmte Schauspielerin. Sie holt Nina zu sich nach Berlin, und es beginnt ein aufregende Zeit.

Josef Carl Grund

Du hast Freunde, Angelina

Angelina hat Ärger mit der hochnäsigen Tochter des Gutsherren. Nicht nur Angelinas Eltern – nein, das halbe Dorf ist abhängig von Signor Toselli. Doch was kann eine arme Fischerstochter schon gegen einen mächtigen Großgrundbesitzer tun? Zum Glück hat Angelina Freunde … Rosita, das Zigeunermädchen aus Spanien, möchte eine große Tänzerin werden. Doch soll sie deshalb ihr bisheriges Leben aufgeben und seßhaft werden?